ES GESCHAH

IT HAPPENED AT THE WALL

CELA S'EST PASSÉ AU MUR

SUCEDIÓ EN EL MURO

É ACCADUTO AL MURO

Eine Bilddokumentation des Sperrgürtels um Berlin (West), seine Entwicklung vom „13. August“ 1961 bis heute mit den wichtigsten Geschehnissen.

A documentation in pictures of the military ring around West Berlin, its development from "August 13th", 1961 up to today with the most important events.

Documentation photographique de la ceinture de barrage autour de Berlin-Ouest, son développement du «13 août» 1961 jusqu'à nos jours avec les événements les plus marquants.

Documentación fotográfica del cinturón de cemento alrededor de Berlín occidental, su desarrollo desde el «13 de agosto» de 1961 hasta hoy, con los acontecimientos más importantes.

Una documentazione fotografica della fascia di sbarramento intorno a Berlino-Ovest, i suoi sviluppi dal «13 Agosto» 1961 ad oggi e gli avvenimenti più importanti.

Katalog zur Ausstellung der Arbeitsgemeinschaft 13. August:
»DIE MAUER – VOM 13. AUGUST BIS HEUTE« im **»HAUS AM CHECKPOINT CHARLIE«**,
17. erweiterte Auflage, im Oktober 1990, 128 Seiten, 194 Fotos

Zusammenstellung und Text: **DR. RAINER HILDEBRANDT**

Herausgeber: **VERLAG HAUS AM CHECKPOINT CHARLIE BERLIN**
1 Berlin 61, Friedrichstraße 44, Telefon 030 / 2511031

ISBN 3-922484-29-8

Vorwort zur 5. ergänzten Auflage — im Frühjahr 1974

Dieses Buch will nicht von Menschenrechtsverletzungen anderer Orte ablenken und nicht dem Blick auf das Positive in der DDR eine Mauer vorschieben. Aber das Anliegen für alle Betroffenen war viel zu groß. Nur die Toten an der Mauer werden sichtbar, und auch diese nicht alle. Im Dunkel bleiben die weitgrößere Zahl von Selbstmorden durch die Trennung, von seelisch Verwundeten als Folge der „Mauer-Krankheit" — inzwischen ein Begriff der psychiatrischen Literatur geworden. Und auch diese Fälle sind nur Ausnahmen unter den tausenden getrennten Familien und Paaren, die nicht mit ihrem Los fertig werden. Vieles hat der Grundvertrag gelindert. Aber das Anliegen bleibt, solange die Mauer nur in einer Richtung durchlässig bleibt. Die Gesamtauflage von 135 000 — gekauft fast ausschließlich von den bisher 4 Millionen Besuchern des ‚Haus am Checkpoint Charlie' — belegt zugleich das Informationsbedürfnis aus allen Teilen der Welt. Dieses Buch liefert nur einen Aspekt. Unser Ausstellungsteil ‚Abbau der Mauer durch Aufbau Europas' und unsere Studie über die „Realisierbarkeit eines schrittweisen Abbaus des Schießbefehls und der Minen" ermahnen die Mauer in größeren Zusammenhängen zu sehen, einschließlich der Schwierigkeiten für eine Nach-Ulbricht-Regierung. Nicht sporadische und kurzzeitige Besserungen können große Wirkungen erzielen, sondern nur kontinuierliche, auch wenn langsame. Mit der schließlichen Entfernung der Minen an der ungarisch-österreichischen Grenze hatte sich nicht nur das nachbarliche Verhältnis auf verschiedenen Ebenen gebessert. Die Begleiterscheinungen schufen in Ungarn eine größere Anziehungskraft, welche Fluchttendenzen kompensierte.

Vorwort zur 6. ergänzten Auflage — im Frühjahr 1976

Mit dieser Auflage erscheint das 200 000. Exemplar. Die Geschehnisse an den Grenzen und deren Entwicklung erforderten jeweils neue und ergänzte Auflagen. Aber auch die Nachfrage. — Diese Sechste kann zurückblicken auf drei Jahre eines wesentlich verbesserten Transitverkehrs nach Berlin und einen — durch neugeschaffene Übergänge — sich ebensogut entwickelnden „Kleinen Grenzverkehr" für Nichtbürger der DDR.

Sind diese und andere Besserungen aber ein Ausgleich dafür, daß Bürger der DDR nur in seltensten Ausnahmefällen Genehmigungen zu „Westreisen" erhalten? Sind sie ein Ausgleich für den nach wie vor bestehenden Schießbefehl an den innerdeutschen Grenzen, für den Ausbau der Selbstschußanlagen an der Grenze der Bundesrepublik, für 6 000 bis 7 500 politische Häftlinge, deren Zahl seit Herbst 1973 nicht mehr sank und unter denen etwa 4 000 im Zusammenhang mit „Republikflucht" Verurteilte sind. Viele wurden verurteilt wegen „Staatsfeindlichem Menschenhandel" (worunter die DDR-Strafgesetzgebung nahezu jede Art von Fluchthilfeleistungen versteht), andere wegen „Staatsfeindlicher Hetze", darunter zahlreiche DDR-Bürger, die für die Wahrung der UNO-Charta der Menschenrechte demonstriert hatten, in der Erwartung, ihre Regierung als neues UNO-Mitglied sei zu gerechterer Beurteilung gezwungen oder zumindest die UNO werde sich für sie einsetzen. Mehrfach waren es geschlossene Familien, die so zugleich für ihre Ausreise demonstrierten und an Ort und Stelle verhaftet wurden (s. S. 99). Zweieinhalb Jahre Zuchthaus war die geringste, sechs Jahre die höchste Strafe dafür.

Die Mauer ist nicht mehr die „Bankrotterklärung des DDR-Regimes". Hinter ihr entfaltete sich eine in der Weltrangliste an siebter Stelle stehende Wirtschaftsmacht. Täuschen wir uns nicht: Weltpolitisch werden die eingetretenen Besserungen als ein Ausgleich angesehen, jedenfalls gegenwärtig. Und das Schweigen zum Unrecht gegen die Betroffenen und die Gewöhnung daran, werden gerechtfertigt oder hingenommen. Jede der sechs Auflagen hatte im Wandel der Politik eine andere Stellung. Die ersten drei standen in Konkurrenz mit den kostenfrei vertriebenen Dokumentationen amtlicher Stellen. Sie bestanden diese Konkurrenz. Diese Sechste wird — ebenso wie die Fünfte — keine amtliche Förderung mehr erfahren können. Der Herausgeber ist diesem Schicksal nicht gram, solange er noch in der Lage ist, sein „Haus am Checkpoint Charlie" aufrechtzuerhalten und die täglichen Anfragen zu beantworten, Materialbitten zu erfüllen und unerläßliche Forschungsarbeit zu leisten. Da sich andere Institutionen neuen Aufgaben zugewandt haben oder aufgelöst wurden, sind die Anforderungen gewachsen. Das rege Interesse an den Neuauflagen dieser Schrift beweist: Unabhängig von allen Veränderungen der Politik besteht unverändert Anteilnahme am menschenrechtlichen Aspekt der deutschen Teilung, am Los der Abgetrennten, am Verhalten der Mauerwächter, an denen, welche die Mauer überwinden und an denen, die dabei scheitern.

Der mutige Regime-Kritiker Sacharow hat uns mahnend daran erinnert, daß der Charakter der Macht im Innern von außen stark beeinflußbar ist. Durch Einbußen oder Gewinne der Wirtschaft e b e n s o wie durch Einbußen oder Gewinne des Prestiges. Seine Stimme, die er für die Entrechteten erhoben hat, ebenso wie die mutigen Worte seines Gefährten Havemann in der DDR, sollen Gehör finden. Möge diese Dokumentation dazu beitragen.

Vorwort zur 7. ergänzten Auflage — im Frühjahr 1977

Die 6. Auflage ging schneller zu Ende als jede der Vorhergehenden. In mehreren westlichen Ländern wurde deutlich, daß die Verbesserungen der politischen, wirtschaftlichen und kulturellen Beziehungen zu den sowjetkommunistischen Staaten nicht mit Entspannung verwechselt werden dürfen, wenn nicht zugleich der zumindest schrittweise Abbau der gravierendsten Menschenrechtsverletzungen gewährleistet ist. Mit dieser Erkenntnis wuchs auch das Interesse am menschenrechtlichen Anliegen; aber auch durch Helsinki — das Recht auf Einlösung einer von der DDR-Regierung gegebenen Verpflichtung. Und das Feuer, in welchem Pfarrer Brüsewitz sich verbrannte, hat ein Zeichen gesetzt. Und viele Kommunisten der DDR hat der 14. Parteitag — mit den Reden der Italiener, Franzosen, Rumänen — auch zu größerer Offenheit ermutigt. Ob der Druck aus der Bevölkerung oder aus der Partei kommt — den Starren wird mehr Sinn für Gerechtigkeit unterstellt, als das ‚System' und der Apparat zulassen. Dies charakterisiert die Gesinnung der Initiativen, aber auch ihre Klugheit. An den Rückschlägen gemessen hat sich wenig gebessert. Aber für viele Betroffene gibt es kein Kapitulieren mehr, und das ist neu. Um so größer ist die Verpflichtung, der „Demokratischen Bewegung" nicht in den Rükken zu fallen. Für ihre Feinde zählt nicht die Zahl der mutig Bekennenden und nicht die Zahl der Bestraften, sondern was in der Welt registriert und nicht allzu schnell vergessen wird.

Vorwort zur 9. – 12. Auflage – im Sommer 1981

Das 430 000. Exemplar der seit Jahren einzigen Fotodokumentation über DIE MAUER geht in Druck. Er fällt in eine Zeit vermehrter Hoffnungen, aber auch vermehrter Rückschläge. In den sowjetkommunistischen Staaten zeichnen sich „demokratische Bewegungen" ab: die „Charta 77" der CSSR, die „Helsinki-Gruppen" in der UdSSR, Dr. Nitschkes „Petition zur vollen Erlangung der Menschenrechte" in der DDR, „Solidarność" in Polen und viele Einzelgänger, welche „leuchteten und dabei verbrannten" oder welche das Dunkel verschlang. Noch viele der Vorangehenden werden in den Graben springen müssen, damit andere darüber und weiter schreiten können. Möge dieses Buch dazu beitragen, die Menschenrechtsbewegungen zu stärken und so auch die Opfer zu unterstützen, gerade weil ihre Peiniger – inneren Schwierigkeiten ausgesetzt – außenpolitische und wirtschaftliche Erfolge benötigen und deshalb auch zu Gegenleistungen bereit sind.

INDEX CAPITUM

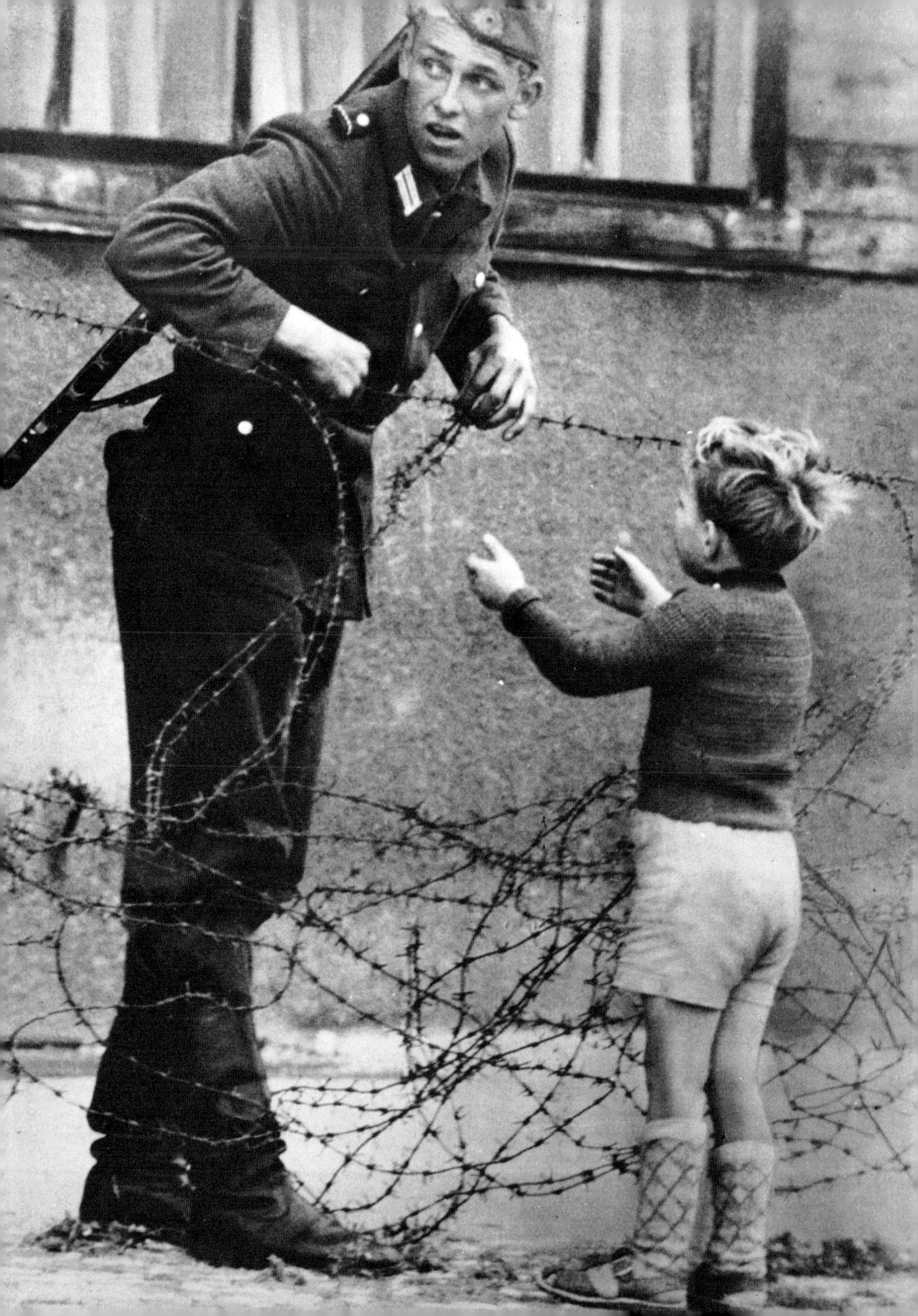

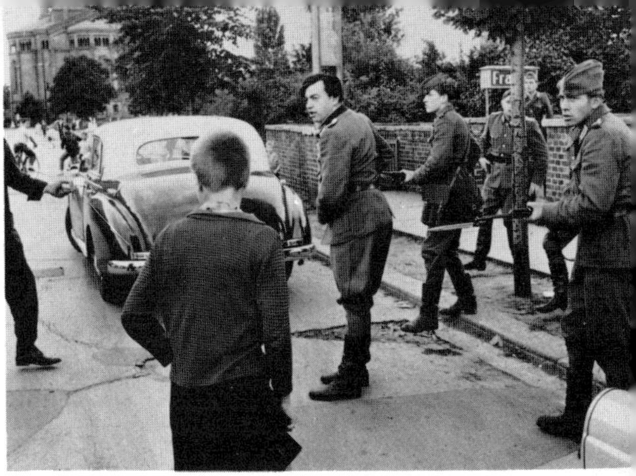

DER ERSTE TAG (4—9) Dieses Kind will hinüber. Der Posten hat Befehl, niemand durchzulassen. Trotzdem öffnet er den Draht. In diesem Augenblick sieht es der Vorgesetzte (Bild). Wegen seines Vergehens wurde der Posten sogleich abkommandiert. Niemand weiß, was aus ihm wurde.

Die Straße wird zur Grenze. Die Ostberliner (Hintergrund) dürfen sich ihr nicht mehr nähern. Ebenso wird den Westberlinern der Weg versperrt. Oft geht es hart auf hart. Auch hier. Die Wirklichkeit will dieser Westberliner nicht anerkennen.

THE FIRST DAY (4—9) This child wants to cross. The guard has orders to let nobody pass. Nevertheless he opens the barbed wire. At this moment (photo) his superior sees what is happening. Because of his acting contrary to the command he was immediately detached. Nobody knows what has become of him.

The street becomes a border and the East Berliners (in the background) are not allowed to draw near. The way is barred to the West Berliners as well. Often diamond cuts diamond. Here too. This West Berliner refuses to recognize reality.

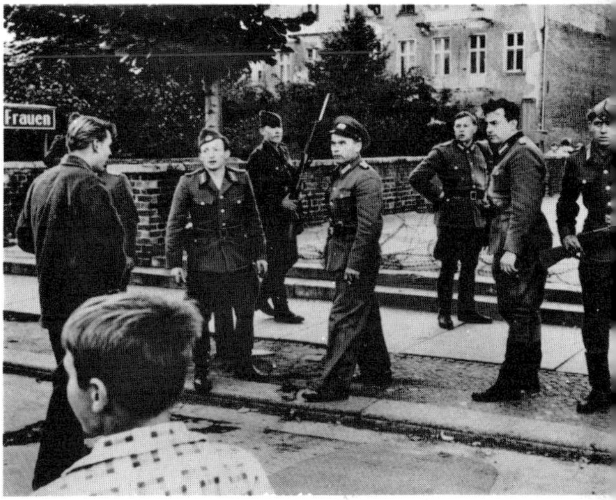

LE PREMIER JOUR (4—9) Cet enfant voudrait traverser. La sentinelle a l'ordre de ne laisser passer personne. Elle ouvre néanmoins le barbelé. A cet instant son supérieur s'aperçoit de ce qui se passe (photo). La sentinelle est immédiatement relevée à cause de sa désobéissance. Personne ne sait ce qu'il est advenu d'elle.

La rue devient frontière. Les Berlinois de l'Est (dans le fond) n'ont plus le droit de s'en approcher. De même, la route est barrée aux Berlinois de l'Ouest. Souvent, il y a de la bagarre. Comme ici. Ce Berlinois de l'Ouest refuse de se plier à la réalité.

EL PRIMER DIA (4—9) Esta criatura quiere pasar. El centinela tiene orden de no dejar pasar a nadie, pero no obstante, abre la alambrada. En ese momento (véase la fotografía) es descubierto por el oficial. Quien por su falta, ordena el inmediato relevo del centinela. Nadie supo más de él.

La calle es el límite. Los berlineses orientales (al fondo) no pueden acercarse más. Tampoco se permite el paso a los berlineses occidentales. A veces es con extremada dureza. También aquí. Este berlinés occidental se resiste a creer esta realidad.

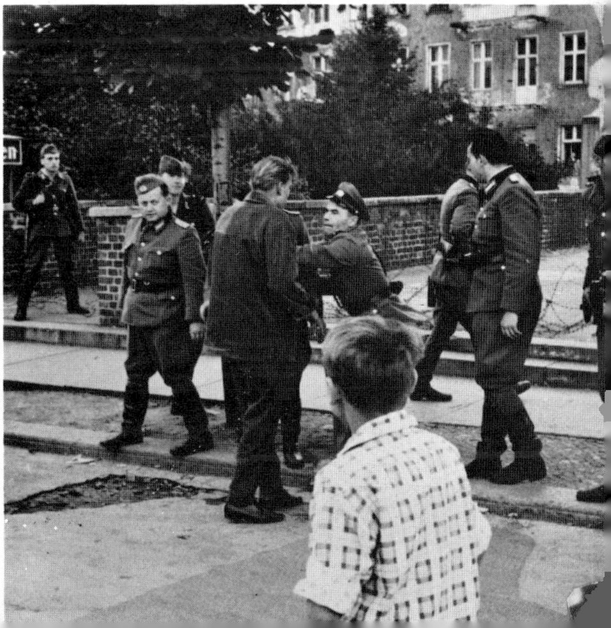

IL PRIMO GIORNO (4—9) Il bambino vuole andare dall'altra parte. Il soldato di guardia ha l'ordine di non lasciar passare nessuno, tuttavia solleva il filo spinato. In questo momento (foto) lo vede un ufficiale. Per questo suo atto il soldato fu immediatamente messo a rapporto. Nessuno sa cosa gli sia poi accaduto.

La strada diventa il confine, e i berlinesi dell'est non possono piu avvicinarvisi. Anche ai berlinesi occidentali viene impedito il passaggio. Spesso si arriva ai ferri corti. Anche qui: questo berlinese occidentale non vuole riconoscere la realtà.

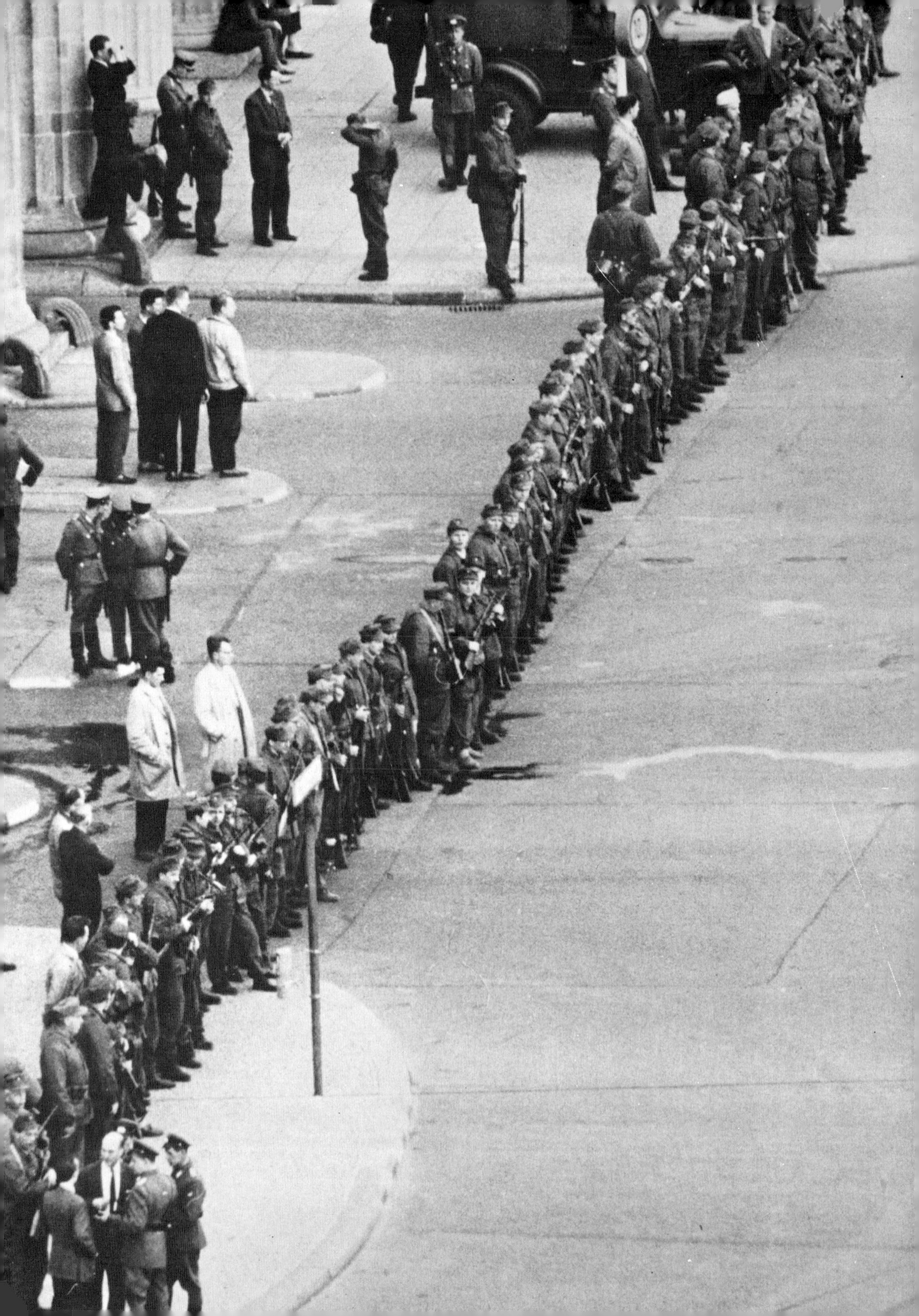

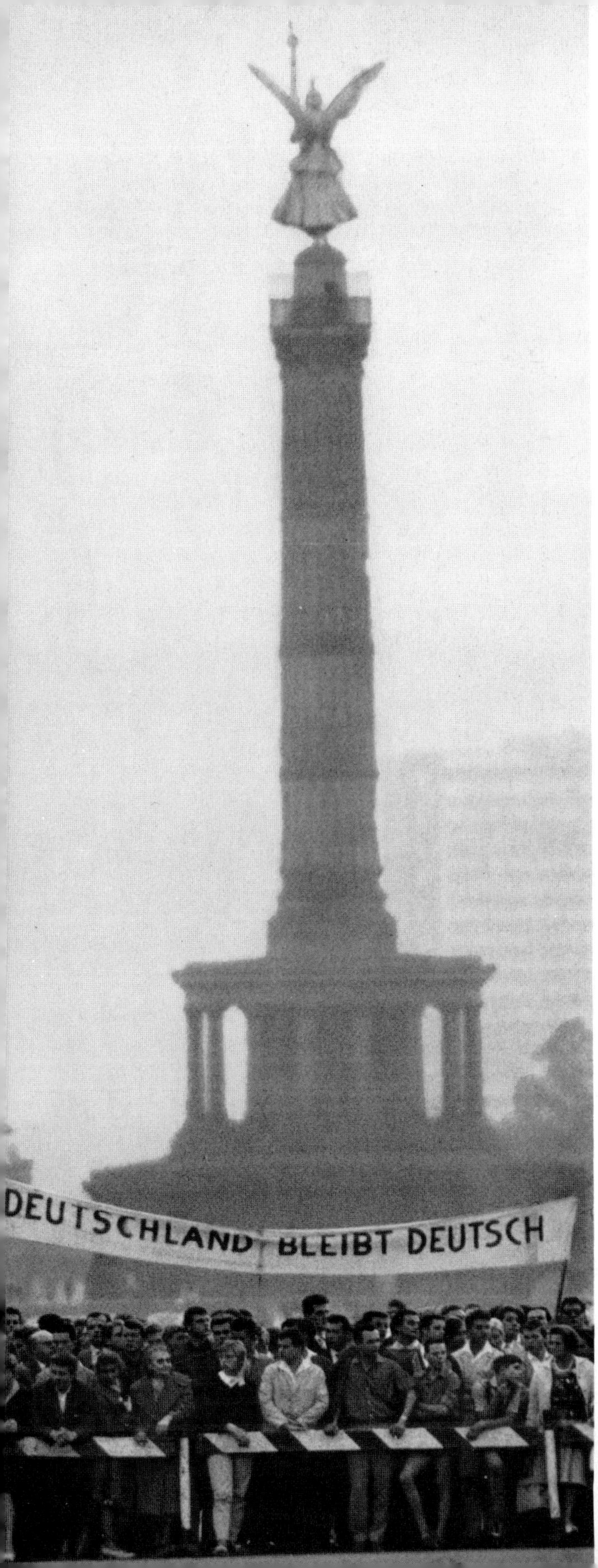

Sechs Kompanien verschiedener militärischer Verbände sollten am Brandenburger Tor die „geschlossene Abwehrfront" demonstrieren. In West-Berlin sammelten sich Tausende vor dem Brandenburger Tor. Die Polizei mußte es 100 m davor absperren.

Six companies of different military units had to demonstrate the "solid front of defence" at the Brandenburg Gate. In West Berlin thousands gathered in front of the Brandenburg Gate. The police had to cordon it off at a distance of 100 m. The poster reads: "Germany remains German".

Six compagnies de différentes unités militaires devaient démontrer 'le front commun de défense' à la Porte de Brandebourg. A l'Ouest, des milliers d'hommes se sont rassemblés devant la Porte. La police occidentale dut installer un barrage à 100 mètres de la Porte. Sur la pancarte: «L'Allemagne reste allemande».

Seis compañías de diferentes unidades militares demuestran en la Puerta de Brandenburgo "el cerrado frente de defensa". En la Puerta de Brandenburgo, en la parte de Berlín occidental, se congregan miles de personas. La policía tuvo que establecer un cordón a 100 metros de la puerta. En la pancarta: «Alemania sigue siendo alemana».

Sei compagnie di diverse specialità dimostrano davanti alla Porta di Brandeburgo il «compatto fronte difensivo». Di fronte a loro, a Berlino-Ovest, si riuniscono migliaia di cittadini. La polizia occidentale installa sbarramenti 100 metri davanti alla Porta. Su questo striscione è scritto: «La Germania resta tedesca».

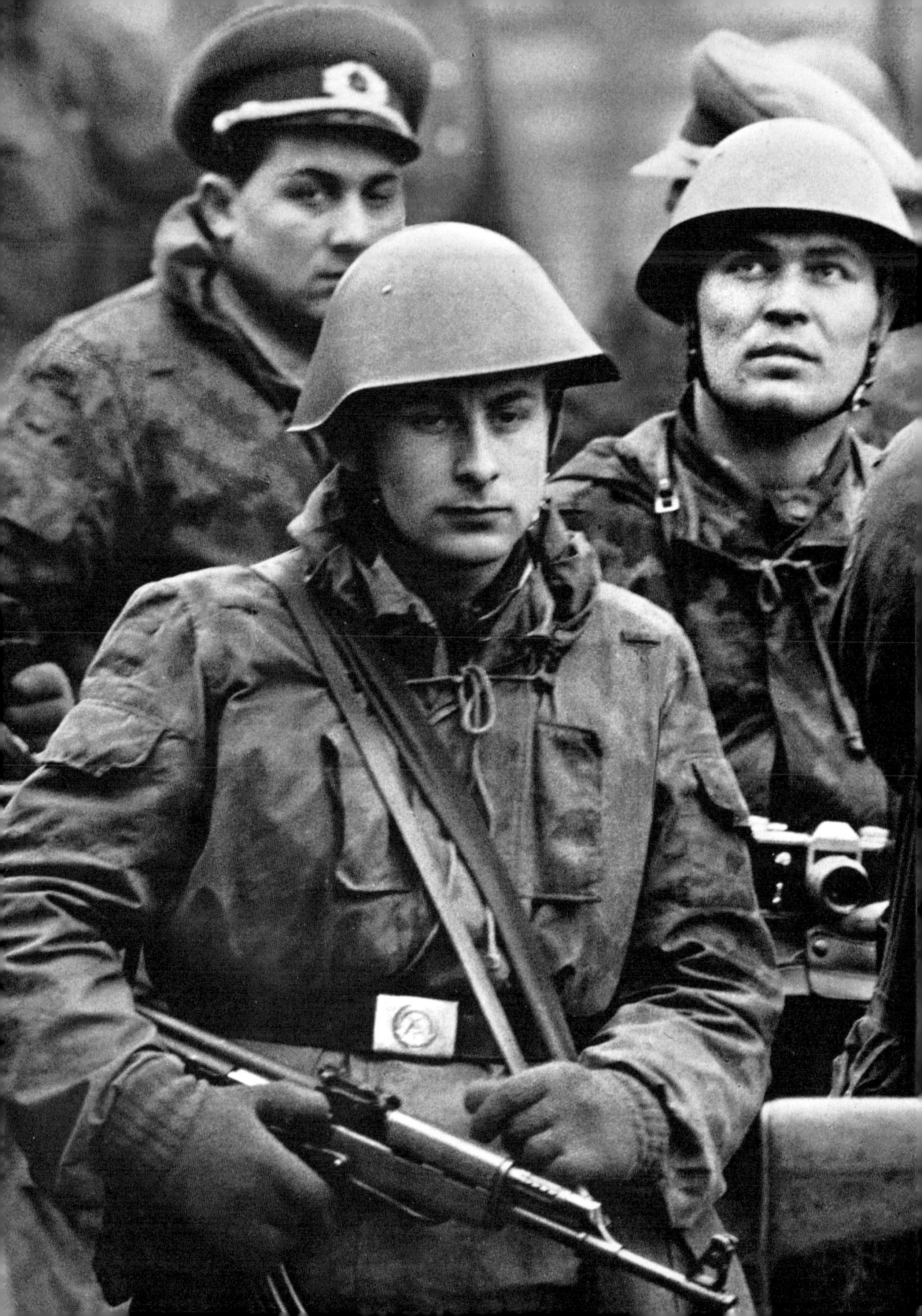

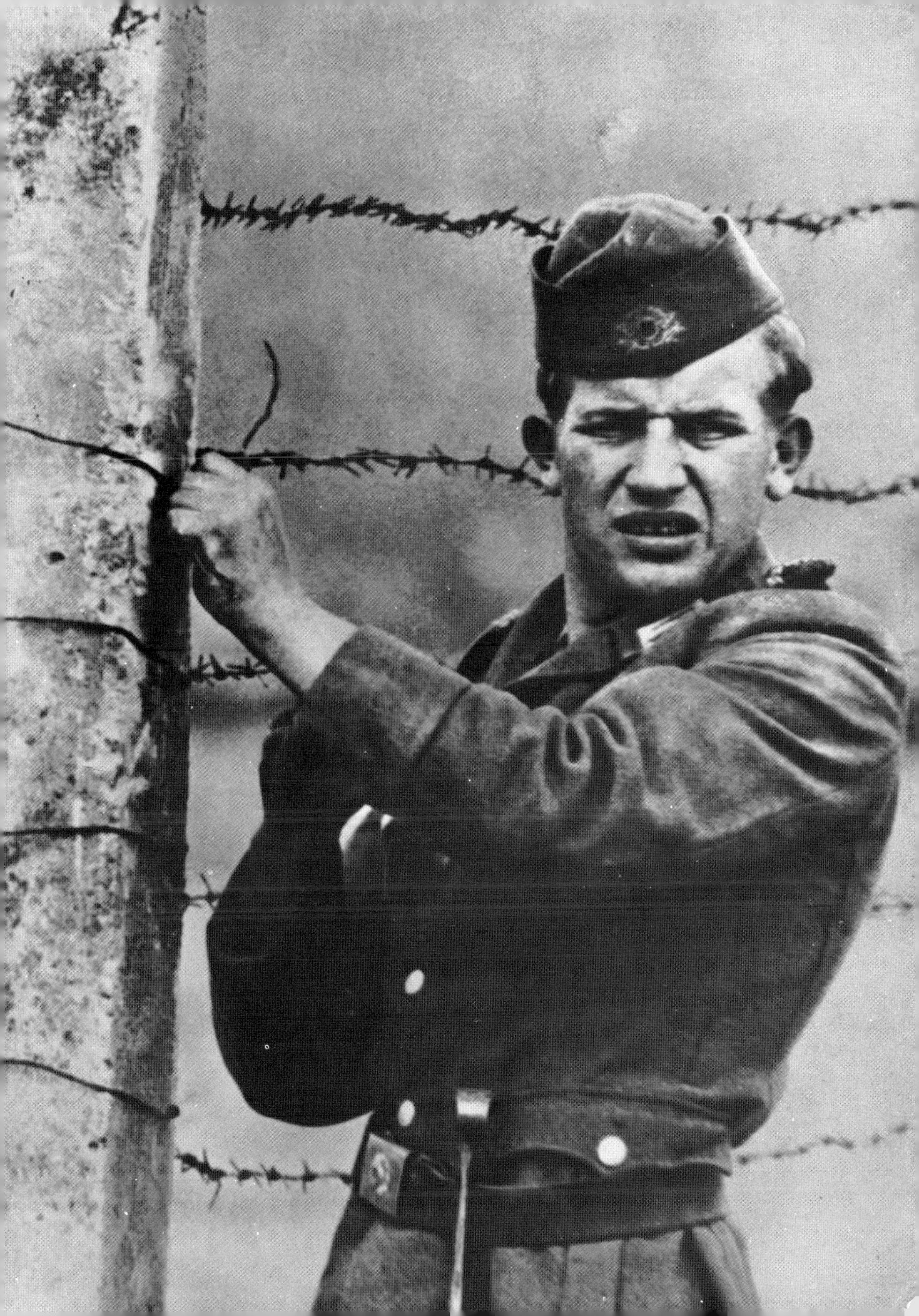

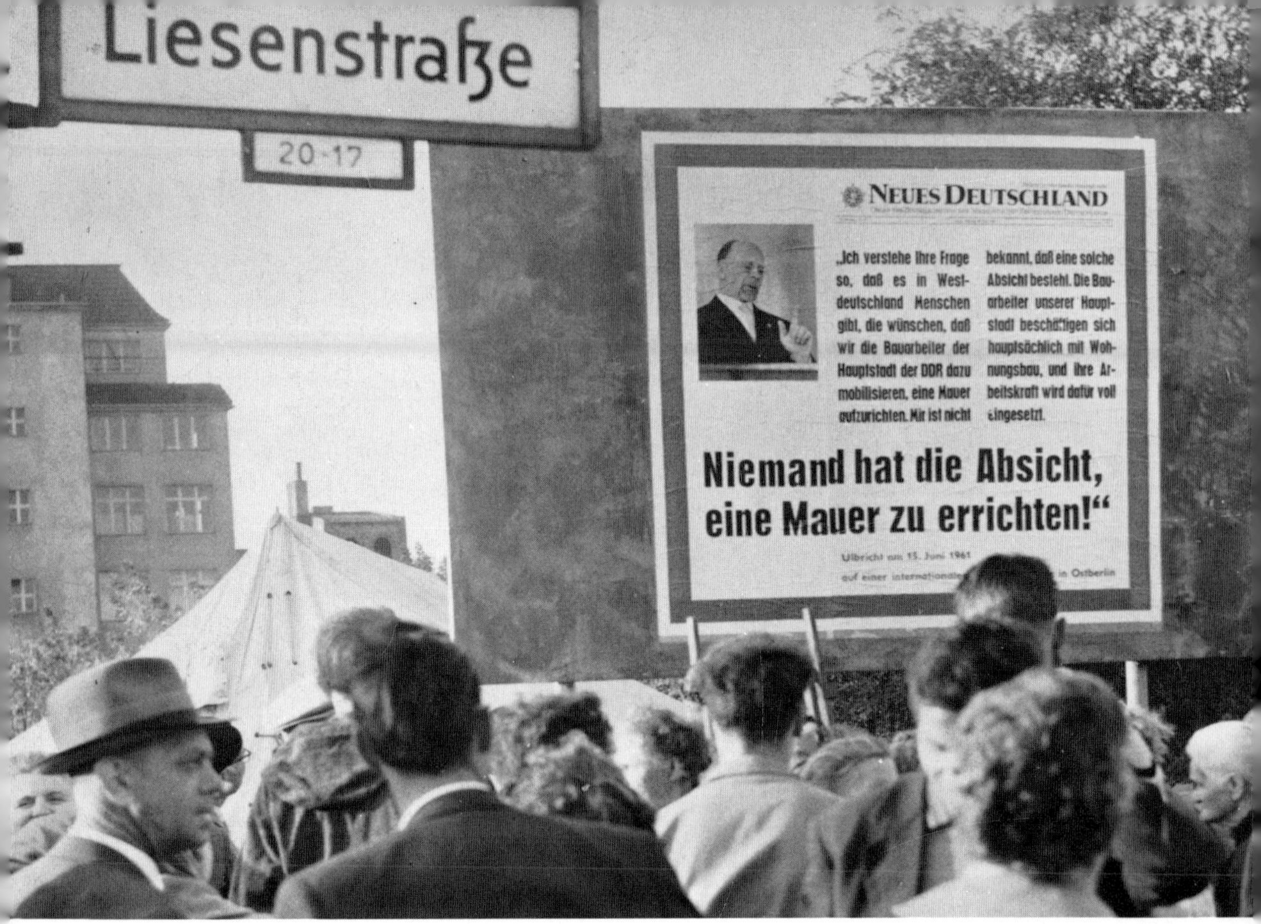

DER ERSTE MONAT (10–14) Am 15. Juni 1961 hatte Ulbricht auf einer internationalen Pressekonferenz versichert: „Niemand hat die Absicht eine Mauer zu errichten. Die Bauarbeiter unserer Hauptstadt sind hauptsächlich mit Wohnungsbau beschäftigt, und ihre Arbeitskraft wird dafür voll eingesetzt." In Westberlin steht dieses Zitat nun auf einem Plakat vor den Erbauern der Mauer.

Schon wenige Tage nach dem „13. August" wurden an vielen Stellen die Stacheldrahtzäune durch eine Mauer ergänzt. Ihre Gesamtlänge Mitte September: 3 Kilometer.

THE FIRST MONTH (10–14) On June 15th, 1961 the president of the "DDR's" Privy Council, Walter Ulbricht, had affirmed on the occasion of an international news conference in East Berlin: "Nobody has the intention to build a wall. The builders' labourers of our capital are principally engaged in housing schemes and their working power is completely employed for that purpose." Now this quotation is to be seen on a West Berlin poster, erected face to face with the builders of the WALL.

Just a few days after the "August 13th" the barbed-wire fences were replaced by a wall in many places; in the middle of September the wall already had an overall length of 3 km.

LE PREMIER MOIS (10–14) Le 15 juin 1961, Walter Ulbricht, Président du Conseil d'Etat de la RDA, a affirmé lors d'une conférence de presse internationale: «Personne n'a l'intention d'ériger un mur. Les ouvriers du bâtiment de notre capitale s'occupent avant tout de la construction de logements et leur capacité de travail est entièrement consacrée à cette tâche.» Cette citation est actuellement reproduite sur une affiche à Berlin-Ouest, en face des constructeurs du MUR.

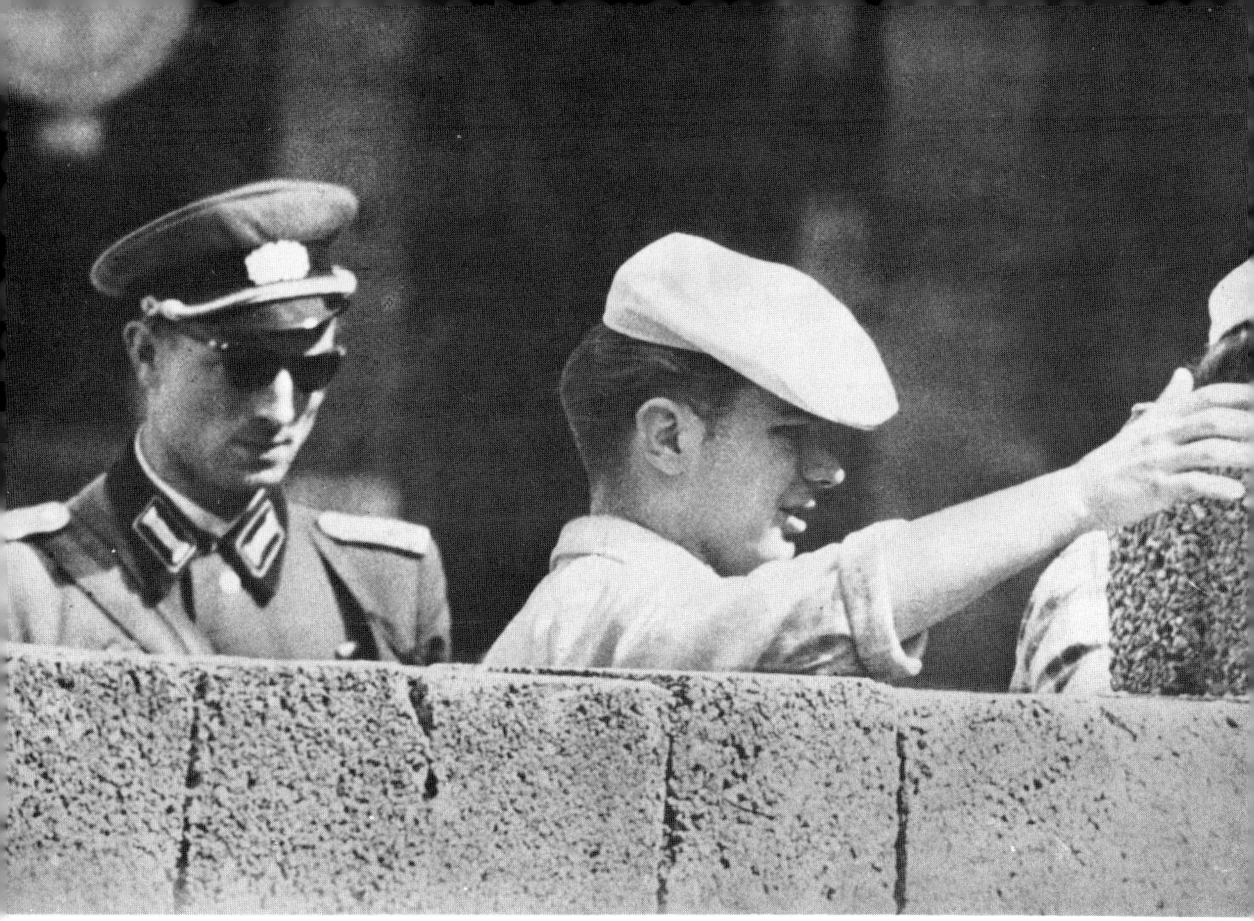

Déjà peu de jours après le 13 août 1961, les fils de fer barbelés furent doublés d'un mur en plusieur endroits. A la mi-septembre, il mesurait 3 kilomètres.

EL PRIMER MES (10–14) El 15 de junio de 1961 aseguraba Walter Ulbricht, en una conferencia internacional de prensa en Berlín oriental: "Nadie tiene la intención de construir un muro. Los obreros de nuestra capital se ocupan principalmente en construir viviendas, empleando todas sus fuerzas en ello." En Berlín occidental se colocó junto al MURO delante de quienes lo construyeron, un cartel con esta frase.

Pocos días después del "13 de agosto" se sustituyó en muchos puntos la alambrada por un muro, que a mediados de septiembre alcanzaba en total una longitud de 3 kilómetros.

IL PRIMO MESE (10–14) Il 15 giugno 1961 Walter Ulbricht, presidente del Consiglio di Stato della «DDR», nel corso di una conferenza stampa tenutasi a Berlin-Est aveva assicurato: „Nessuno ha l'intenzione di costruire un muro. I muratori della nostra capitale sono occupati in massima parte nella costruzione di abitazioni, e le loro capacità di lavoro sono completamente impegnate in questo sforzo». Questa citazione si legge ora su un cartellone eretto a Berlino occidentale davanti al muro e ai suoi costruttori.

Già pochi giorni dopo il «13 Agosto», i reticolati di filo spinato erano sostituiti con un muro che — calcolato nel suo insieme — alla metà di settembre aveva già raggiunto la lunghezza di tre chilometri. Il reticolato dietro il muro non solo non venne eliminato, ma a questo se ne aggiunsero ben presto un secondo e poi un terzo.

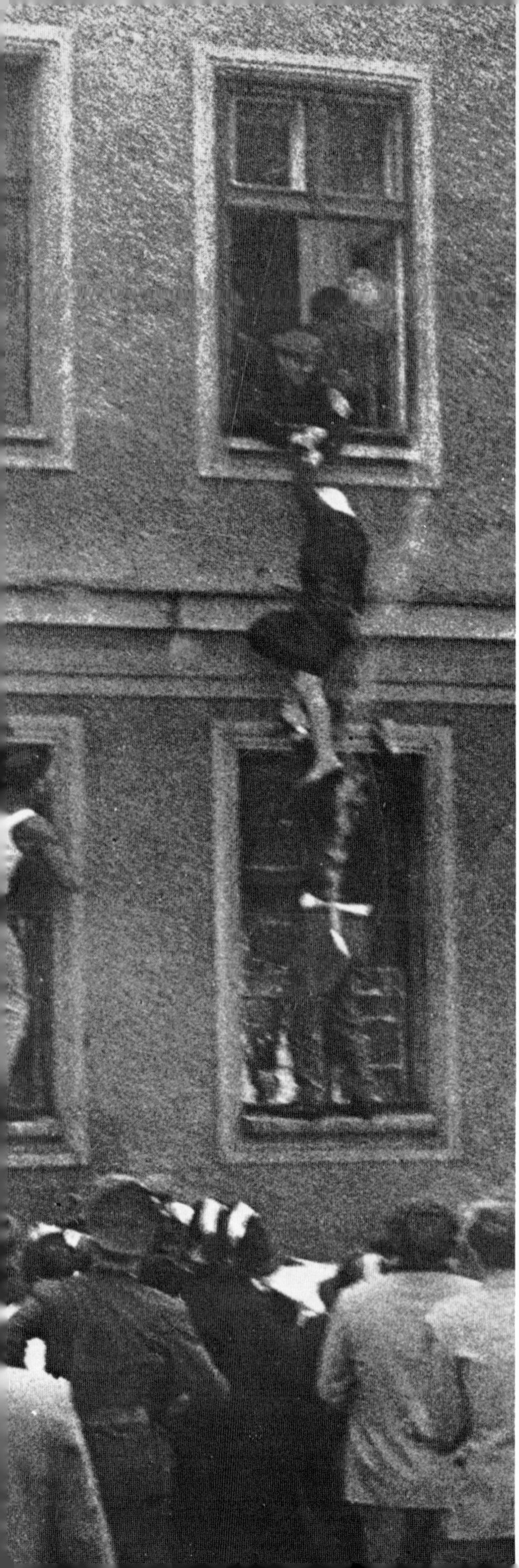

Bernauer Straße. Die Grenzposten dringen in die Wohnungen ein, begleitet von Maurern, welche nun auch die Fenster der oberen Stockwerke zumauern sollen. Viele Zurückgebliebene kann jetzt nur noch der Sprung aus dem Fenster retten. So auch diese 77jährige, die eine Viertelstunde über dem ausgespannten Sprungtuch stand. Da drangen Funktionäre in ihre Wohnung ein, warfen eine Rauchkerze in das aufgespannte Sprungtuch, und wollten sie wieder nach oben ziehen. Eingeschüchtert von den Drohungen der Menge wurde die Frau schließlich losgelassen. Alles ging gut.

Bernauer Straße. The guards enter the houses and flats together with masons who have to wall up the windows on the upper floor, too. Many remaining occupants of the houses can only save themselves by jumping out of the window, as e. g. this 77 year old lady who had been standing a quarter of an hour on the window-sill with the jumpingsheet spread under her ready to receive her. Then functionaries entered her flat and tried to pull her up again. They threw a smoke cartridge. At last intimidated by the crowd's threats they let the woman go. Everything turned out well.

Bernauer Strasse. Les sentinelles pénètrent dans les appartements, accompagnées de maçons chargés de murer les fenêtres des étages supérieurs. Pour ceux qui sont restés en arrière, il n'y a plus que le saut par la fenêtre qui puisse les sauver, comme c'est le cas pour cette femme de 77 ans, qui est restée pendant un quart d'heure dans le vide au-dessus de la toile déployée. Des fonctionnaires entrèrent alors dans son appartement et tentèrent de la récupérer. Ils lancèrent une cartouche fumigène dans la toile tendue. Finalement intimidés par les menaces de la foule, ils finirent par lâcher la femme. Tout alla bien.

Bernauer Straße. Los centinelas penetran en las viviendas acompañados de albañiles para tapiar también las ventanas de los pisos superiores. Muchos de los que aún quedan sólo pueden salvarse saltando por la ventana, como ocurrió a esta anciana de 77 años, que permaneció más de un cuarto de hora sobre la lona extendida, suspendida en el vacio. Entoncesentraron en su casa unos funcionarios comunistas que arrojaron una bomba de humo sobre la lona y trataron de subirla de nuevo. Por último, intimidados por el griterío de la multitud, dejaron a la mujer. Afortunadamente todo salió bien.

Bernauer Strasse. Le guardie di frontiera entrano negli appartamenti accompagnati dagli operai che ora devono murare anche le finestre dei piani superiori. Chi è rimasto può ora salvarsi solamente saltando da una finestra, come questa 77enne che rimase un quarto d'ora indecisa non trovando il coraggio di lanciarsi sul telone dei pompieri. Nel frattempo, funzionari della polizia dell'est irruppero nell'appartamento e, dopo aver gettato un candelotto fumogeno sul telone, tentarono di far rientrare la donna. Intimiditi dalle minacce della folla, la lasciarono infine cadere. Tutto si concluse per il meglio.

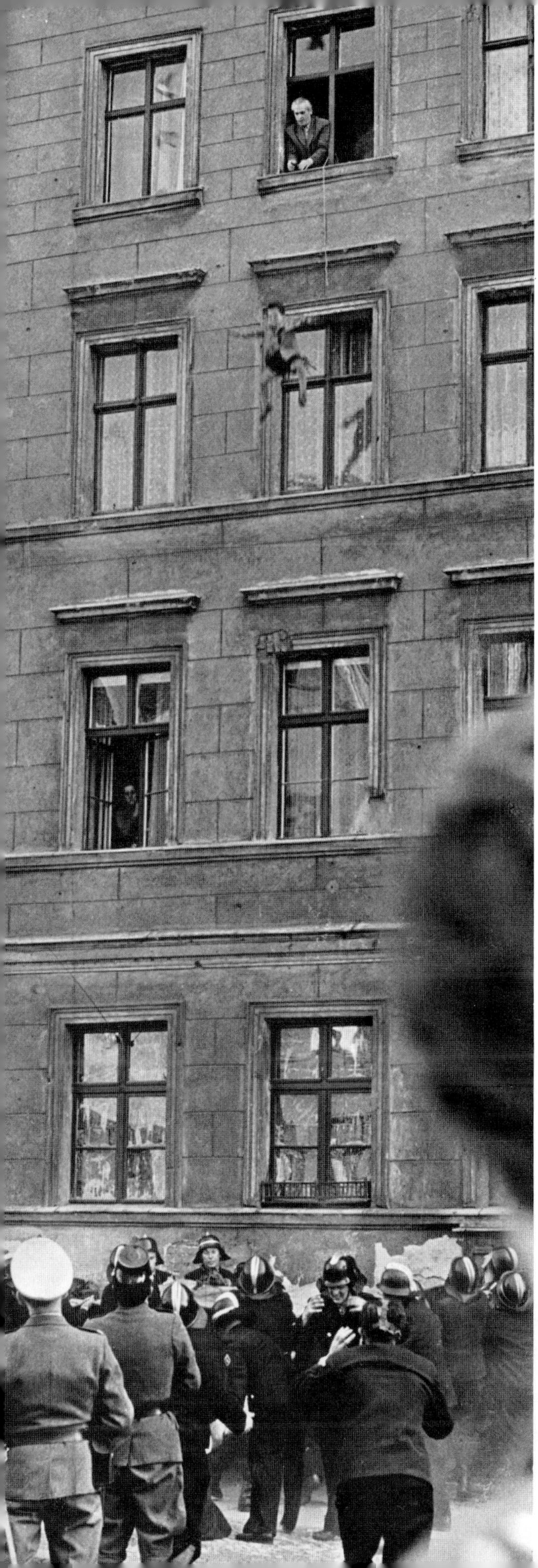

Dieser 6jährige Junge fiel gut ins Tuch, aber seine Mutter erlitt bei dem Sprung schwere innere Verletzungen und der Vater einen Wirbelsäulenschaden. „Trotzdem würde ich noch einmal springen", sagte der Vater. — Bei den Sprüngen verfehlten vier Flüchtlinge das Tuch und starben an den Verletzungen.

This six-year-old boy was safely caught in the jumping-sheet, but his mother incurred serious internal injuries and his father an injury of the spine. "Nevertheless, I would jump down again", the father said. — When jumping down four refugees missed the jumping-sheet and died of their injuries.

Ce garçon de 6 ans tomba sans encombre dans la toile de sauvetage, alors que sa mère subit de graves blessures internes et que son père se blesse à la colonne vertébrale. «Malgré tout, je sauterais encore une fois», dit le père. Quatre fugitifs manquèrent la toile et moururent de leurs blessures.

Questo bimbo di sei anni cadde illeso sul telone, mentre sua madre riportò gravi lesioni interne e il padre una ferita alla colonna vetrebrale. «Eppure salterei ancora una volta» disse il padre. Durante questi salti, 4 fuggitivi caddero fuori del telone e morirono per le lesioni riportatene.

Este niño de 6 años cayó bien sobre la lona, pero us madre, sufrió al saltar graves lesiones internas ysu padre, se lesionó la columna vertebral. Este hombre declaró, no obstante: a pesar de todo, volvería a lanzarme." Para cuatro fugitivos estos saltos fueron fatales, falló la lona y fallecieron a consecuencia de las heridas sufridas.

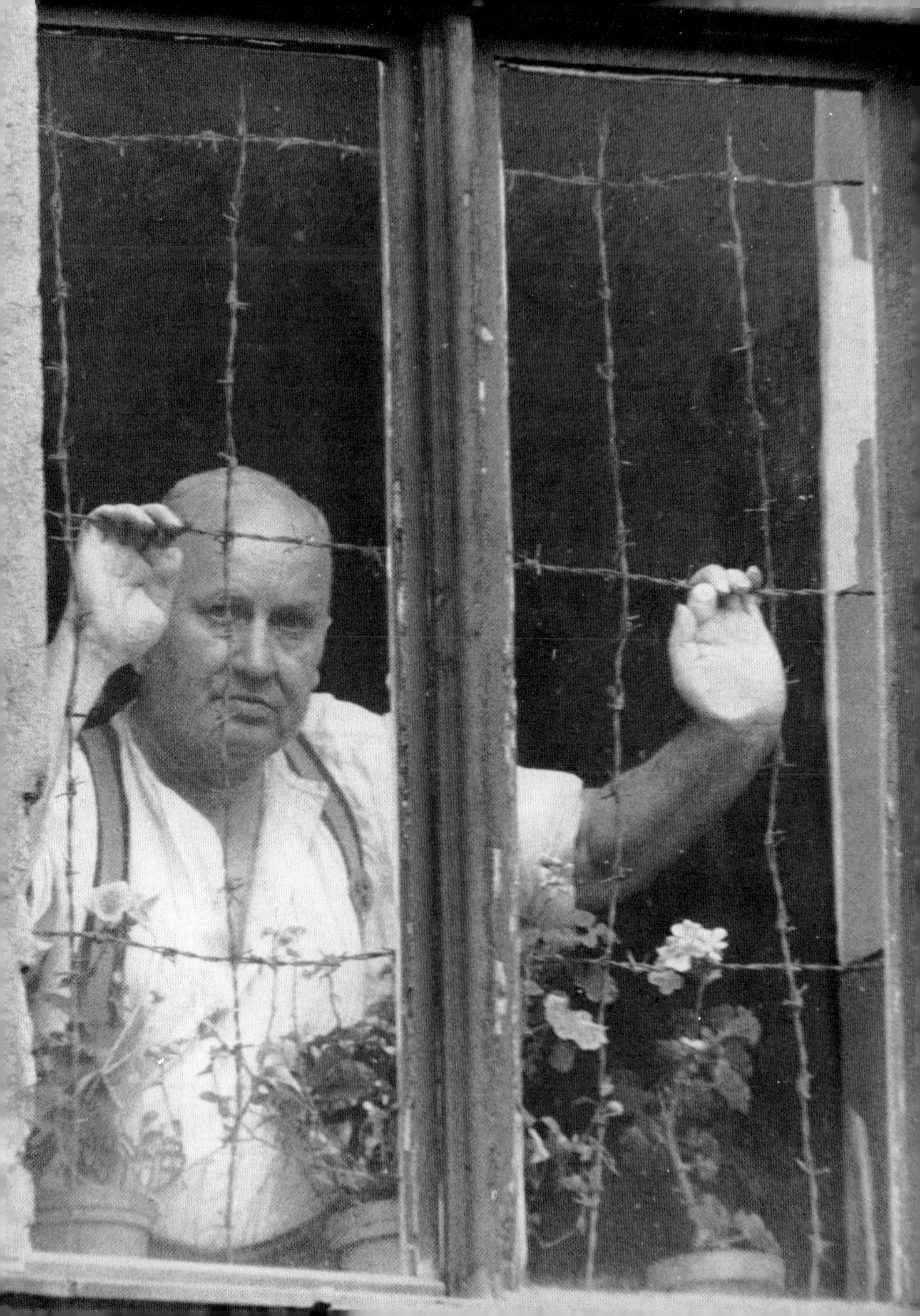

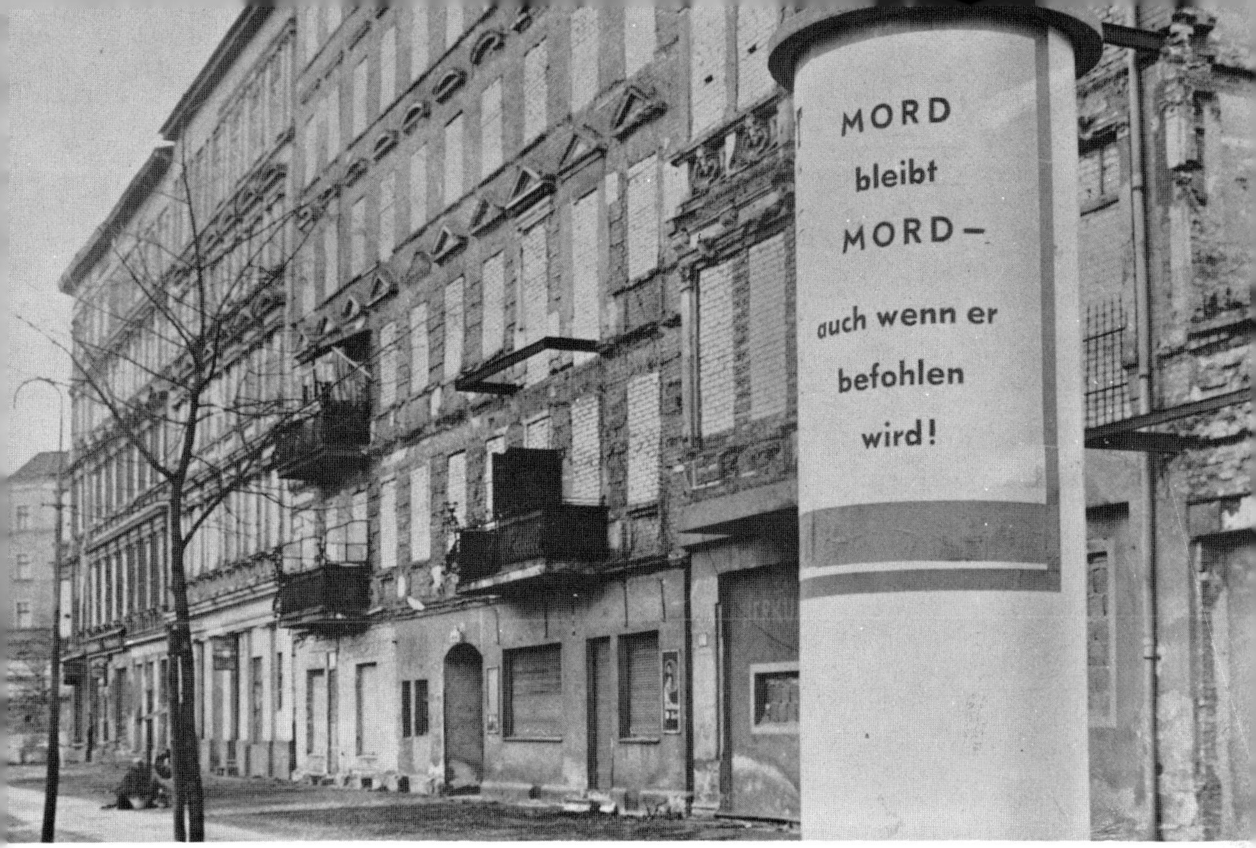

Bernauer Straße Ende August 1961, 1962 und 1974

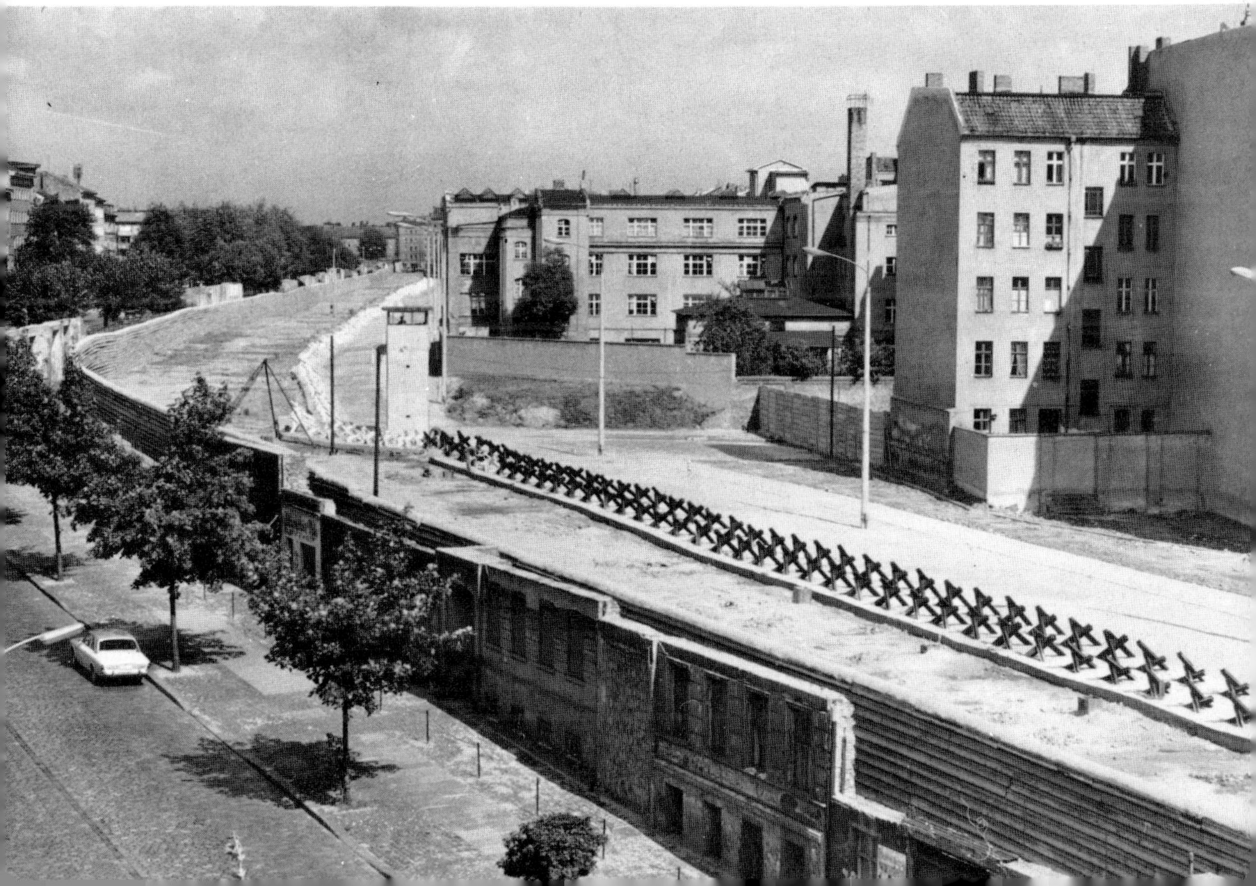

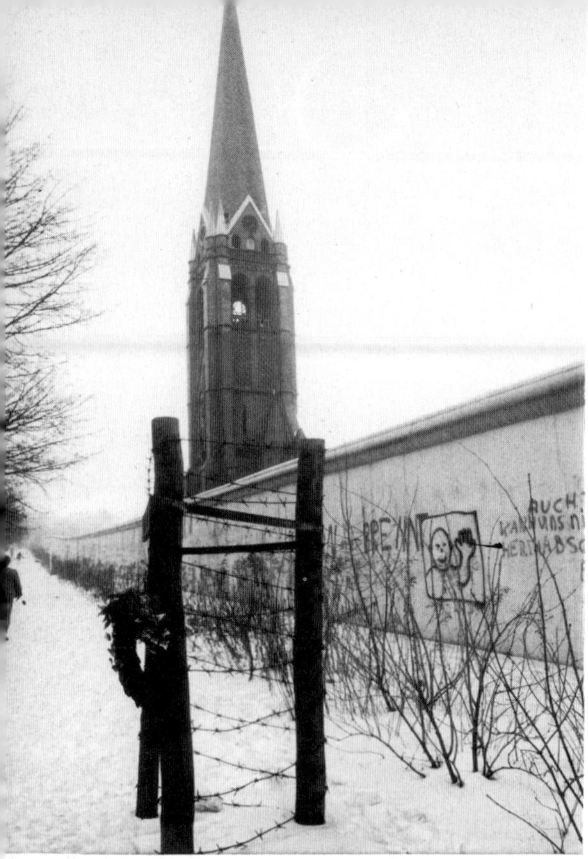

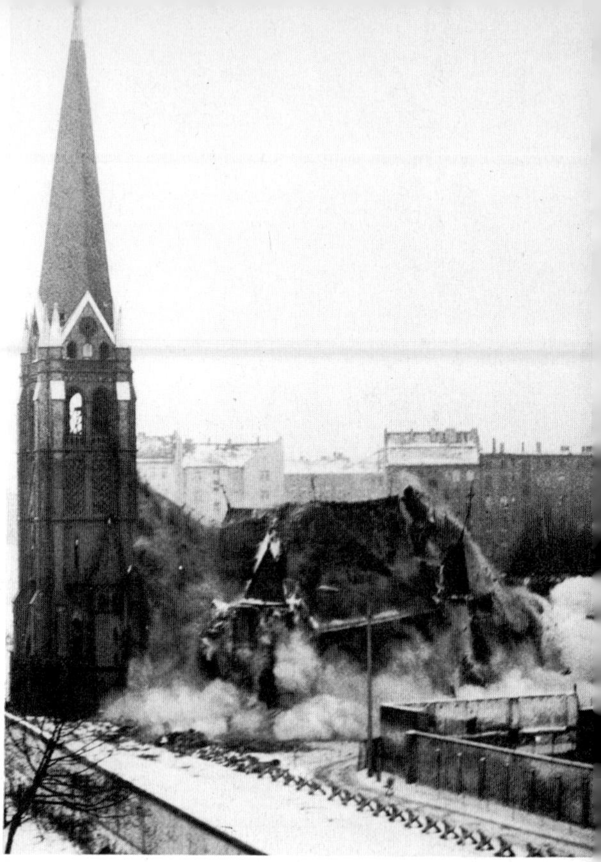

Anfang des Jahres 1985 ließen die Ost-Berliner Behörden die mitten im Todesstreifen liegende evangelische Versöhnungskirche in der Bernauer Straße, wo auch mehrere Mahnmale an Fluchtschicksale erinnern, sprengen. Das 1894 eingeweihte Gotteshaus konnte seit dem Bau der Mauer nicht mehr benutzt werden. Die überwiegend im West-Berliner Bezirk Wedding ansässige Gemeinde mußte sich ein neues Gemeindezentrum schaffen. Das ungenutzte Gebäude der West-Berliner Gemeinde mußte — wohl oder übel — der Ost-Berliner Kirchenleitung »geschenkt« werden. Diese wiederum mußte das Grundstück — wohl oder übel — an den Ost-Berliner Magistrat weitergeben. Und dieser wiederum mußte es dem »Planungsstab« für die Grenzsicherungsanlagen überlassen.

At the beginning of 1985 the East German authorities blew up the evangelical Church of the Reconciliation in the Bernauer Straße, right in the middle of the border, where there were also a number of memorial plaques to people who had tried to escape. It had not been possible to use the church that had been consecrated in the year 1894 since the wall had been erected. The congregation — the majority of whom came from Wedding in West Berlin — had to look for a new community centre. The unused building belonging to the West Berlin congregation had to be — whether they wanted it to be or not — »given« to the East Berlin Church administrators. They had to — whether they wanted to or not — give it over to the East Berlin local authority. And this institution had to let the »Planning Committee« for border security take it over.

Début 1985, les autorités de Berlin-Est décidèrent de faire sauter l'Eglise protestante de la Réconciliation qui se trouvait en plein milieu de la zone mortelle interdite de la Bernauer Straße où plusieurs bornes rapellent le destin de certaines tentatives de fuite. Depuis la construction du mur, ce temple divin inauguré en 1894 ne pouvait plus servir. La paroisse habitant en majorité à Wedding, district de Berlin-Ouest, dut se chercher un autre centre. Bon gré mal gré, on dut «faire cadeau» du bâtiment de la paroisse ouest-berlinoise qu'elle ne pouvait plus utiliser à la direction ecclésiastique est-berlinoise qui, de son côté, devait céder le terrain, bon gré mal gré, à la magistrature de Berlin-Est. Et celle-ci, à son tour, devait l'abandonner à «l'était-major de planification» des installations de sûreté de la frontière.

A principios del año de 1985, las autoridades de Berlín-Est hicieron volar la Iglesia evangélica de la Reconciliación ubicada en la faja de la muerte de la Bernauer Straße, donde hay varios monumentos que recuerdan hechos de fuga. El templo, consagrado en 1894, no pudo ser utilizado desde el levantamiento del muro. Los parroquianos, residentes en su mayoría en el barrio de Wedding, de Berlín-Oeste, tuvieron que organizar otro, nuevo centro parroquial. El edificio sin utilizar de la parroquia de Berlín occidental, tuvo qu ser »regalado« — por malas o por buenas — a la jerarquía eclesiástica de Berlín-Est. Esta tuvo — por fas o por nefas — pasar el terreno a la Municipalidad de Berlín-Est, obligada, a su vez, a cederlo a la »Plana Mayor de planificacíon« para las fortificaciones en la frontera.

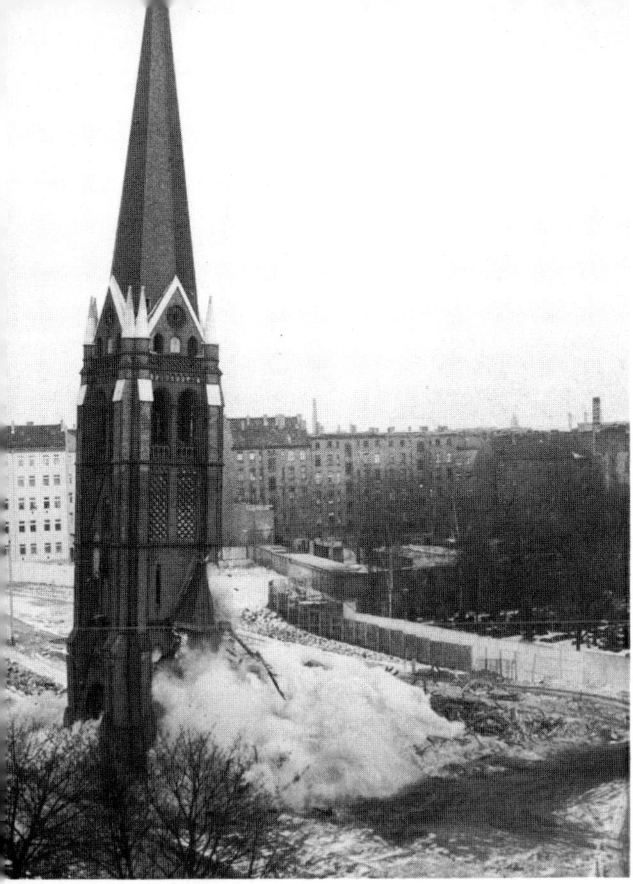

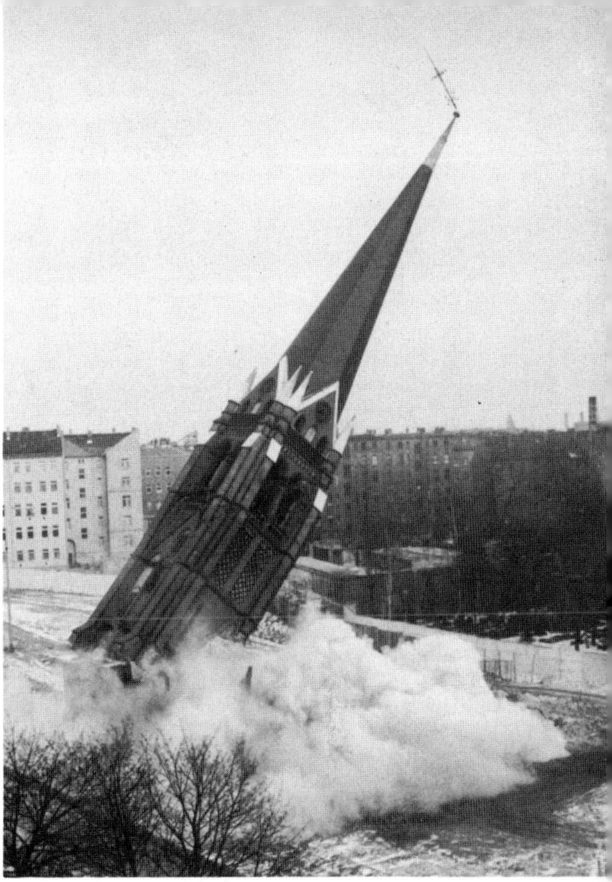

All'inizio dell'anno 1985, le autorità di Berlino-Est fecero saltare in aria la Chiesa evangelica della Conciliazione, situata sulla striscia della morte nel mezzo della Bernauer Straße, dove si trovano vari monumenti dedicati alle singole vicende dei profughi. Il tempio, consacrato nel 1894, non poteva essere più utilizzato dopo la costruzione del muro. I parrocchiani, residenti per la maggior parte nel quartiere di Wedding, di Berlino-Ovest, dovettero organizzare un nuovo centro parrocchiale. L'edificio della parrocchia di Berlino-Ovest, non essendo più utilizzabile, dovette essere — volente o nolente — »regalato« alla direzione ecclesiastica della Berlino Orientale. Questa, a sua volta, dovette — volente o nolente — cedere il terreno al Consiglio municipale della città che dovette passarlo allo »Stato maggiore di pianificazione« per le fortificazioni alla frontiera.

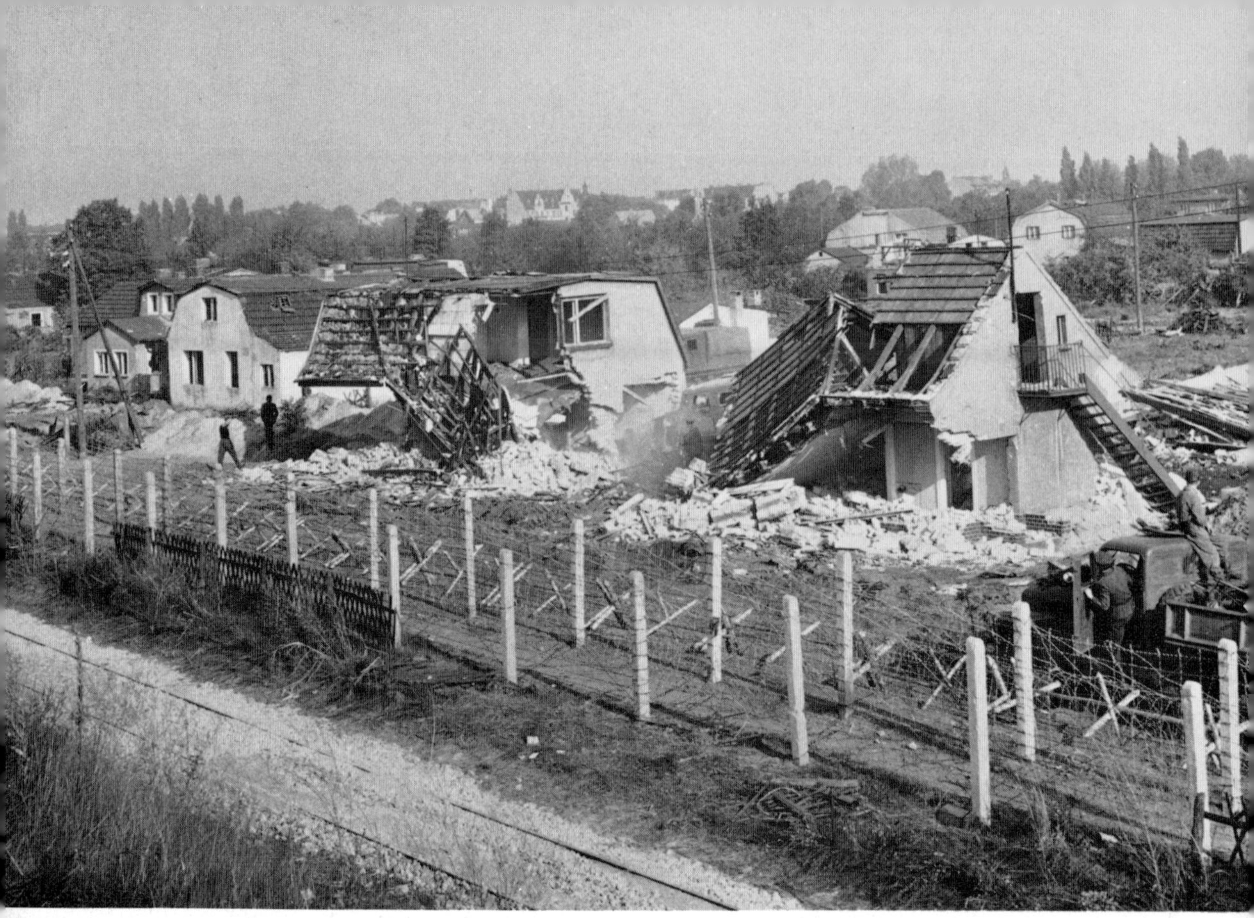

DAS ERSTE JAHR (18–23) Fast alle Grenzhäuser wurden abgerissen, um freies Sicht- und Schußfeld zu schaffen. In Stundenfrist und ohne Vorankündigung mußten die Häuser geräumt werden. — Oft machten sich die „Vopos" einen Spaß daraus, die Fotografen mit Spiegeln zu blenden.

THE FIRST YEAR (18–23) Nearly all houses near the border have been pulled down in order to give better sight and range. — Often the "Vopos" amused themselves by dazzling the photographers with mirrors.

LA PREMIÈRE ANNÉE (18–23) Presque toutes les maisons bordant la frontière furent démolies pour libérer le champ de vision et le champ de tir. Sans préavis et sans délai, les habitants durent évacuer leurs appartements. — Souvent, les «Vopos» s'amusaient à éblouir les photographes avec des miroirs.

EL PRIMER AÑO (18–23) Se han derribado casi todas las casas en el límite de las dos zonas para obtener mayor campo visual y de tiro. Con un plazo de horas y sin previo aviso se obligó a los inquilinos a abandonar las casas. — Muchas veces los "Vopos" se permiten gastar bromas, cegando con espejos a los que quieren hacer fotografías.

IL PRIMO ANNO (18–23) Quasi tutte le case di confine vennero abbattute per ottenere un miglior campo visuale e di tiro. Spesso i *Vopos* si divertono a disturbare gli obiettivi dei fotografi con degli specchi.

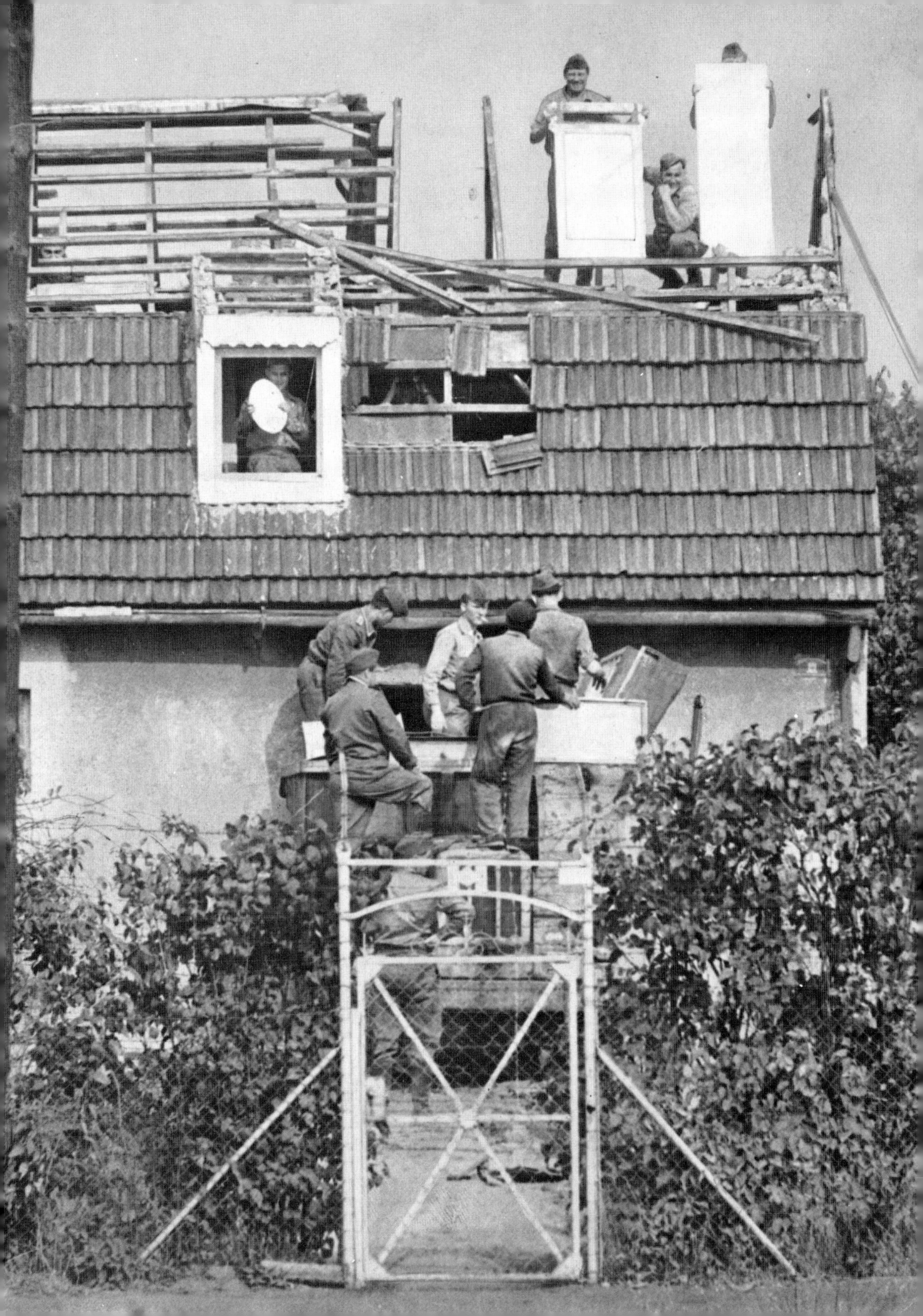

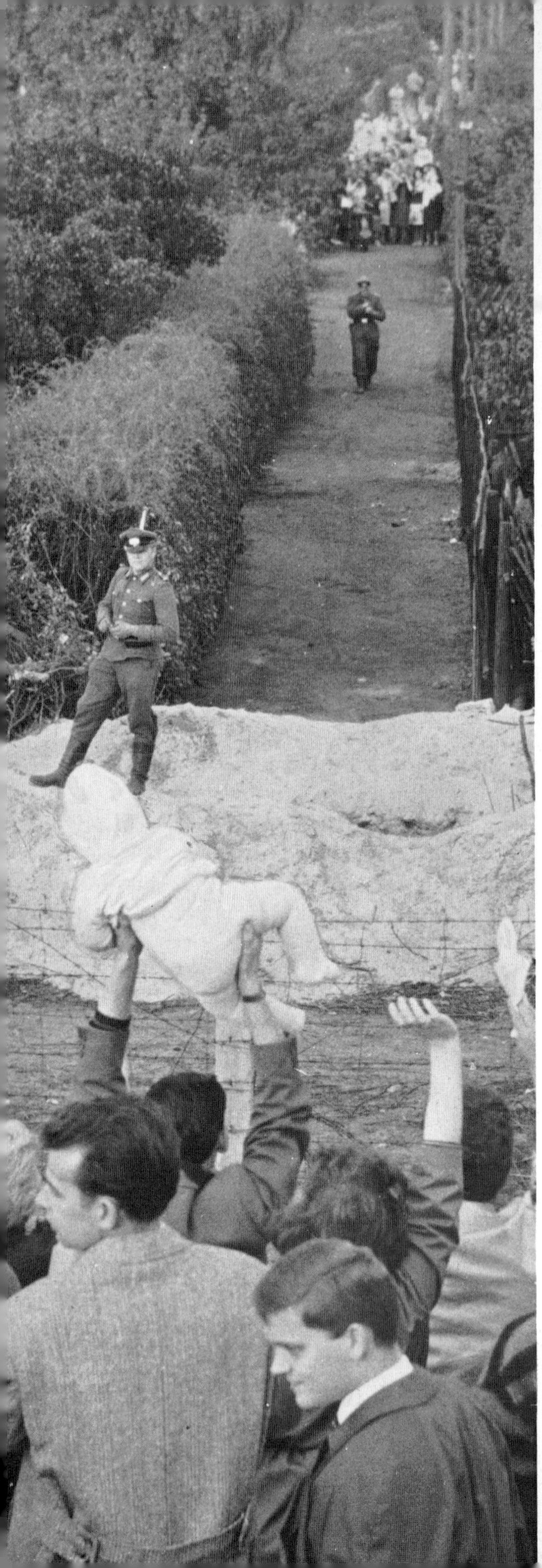

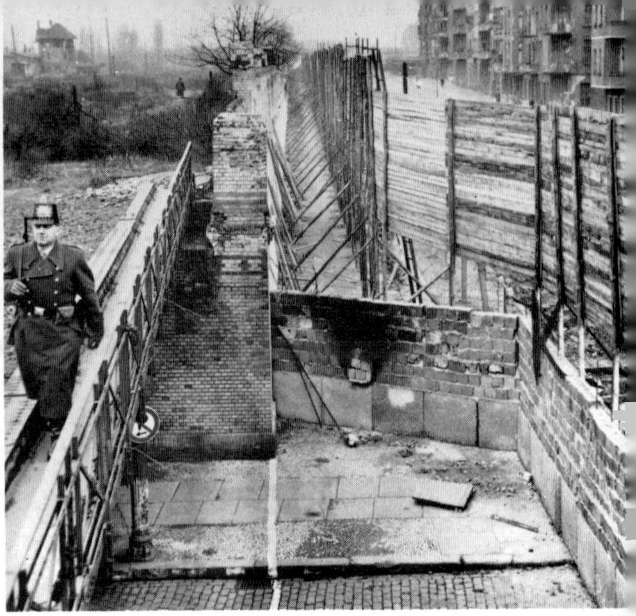

Anfangs konnten die getrennten Menschen einander noch zuwinken. Um es zu verhindern, wurden an vielen Stellen „Sichtblenden" errichtet.

In Flüsse und selbst Seen wurden Stacheldrahtzäune gesenkt.

Von diesem Turm aus wurde ein Flüchtender erschossen. — Nach einem Jahr: 130 Beobachtungstürme.

At first the separated people could still make signs to each other. Therefore blinds have been set up to keep the people from seeing each other.

Barbed-wire fences are put in rivers and even in lakes.

From this tower an escaping man was shot dead. — After one year: 130 observation towers.

Au début, les personnes que l'on avait séparées avaient encore la possibilité de se faire signe.

Pour les en empêcher on érigea des barrières à beaucoup d'endroits.

Même dans les rivières et dans les lacs on mit des barbelés. Un fugitif mourut des coups de feu tirés de cette tour. Après une année on comptait 130 miradors.

Al principio todavía podían hacerse señas con la mano los separados. Para impedirlo se colocaron barreras en muchos lugares.

En ríos y hasta en los lagos se sumergieron alambradas en el agua.

Desde esta torre se mató a un fugitivo. — En un año se habían construído 130 torres de observación.

All'inizio le persone separate potevano ancora scambiarsi vicendevolmente dei segni. Per questo motivo, in molti punti vennero erette delle staccionate per impedire la vista.

Nei fiumi e nei laghi furono installate siepi di filo spinato.

Da questa torre venne ucciso un fuggitivo. – Dopo un anno: 130 torri d'osservazione.

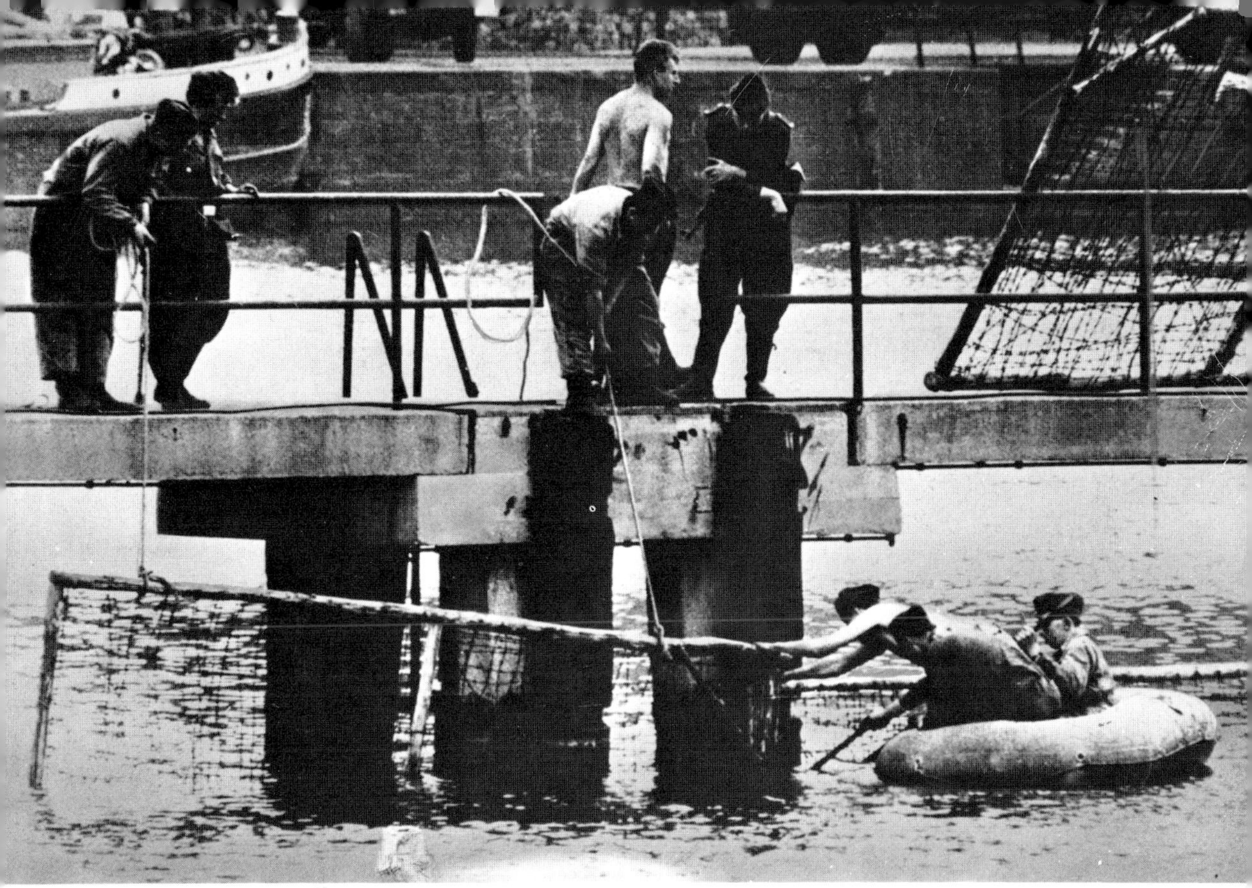

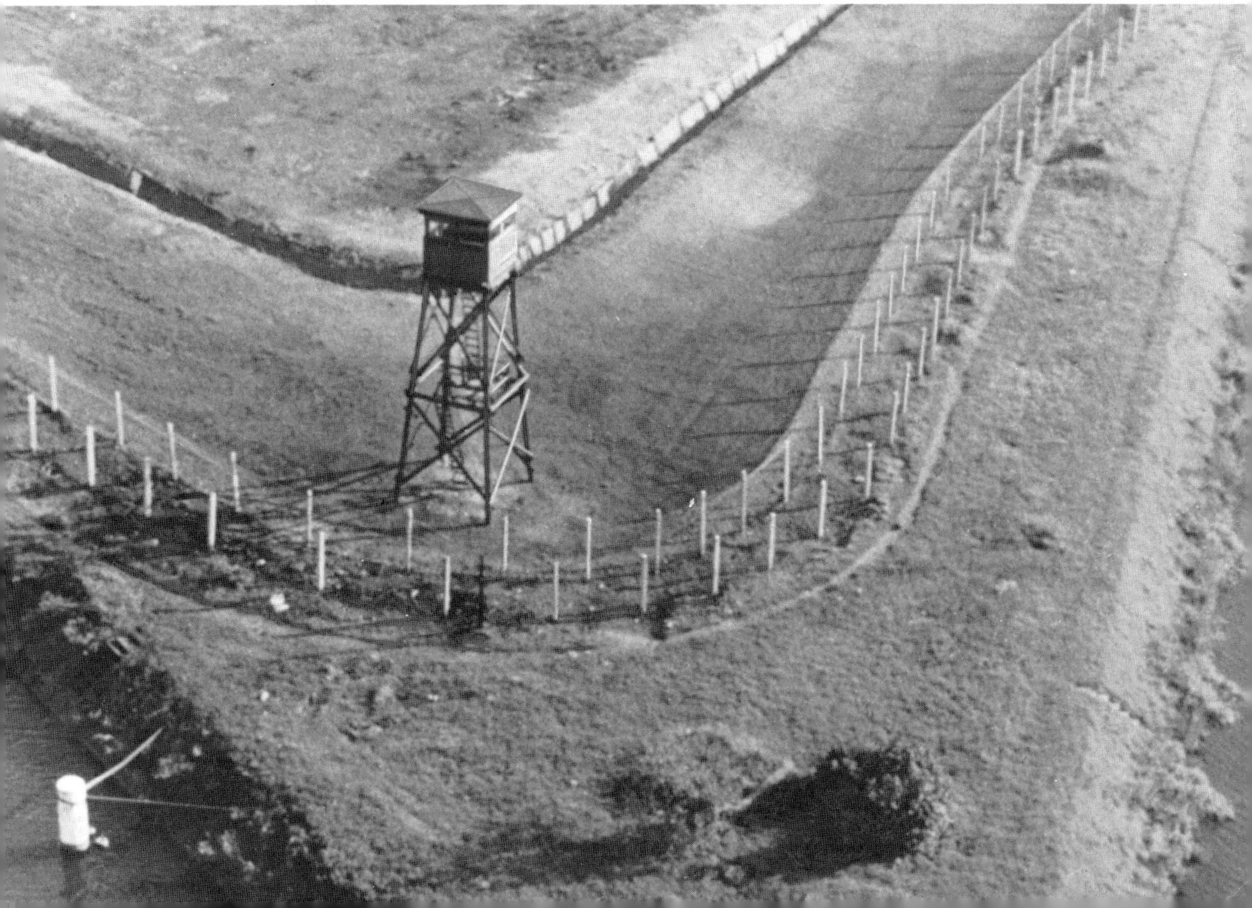

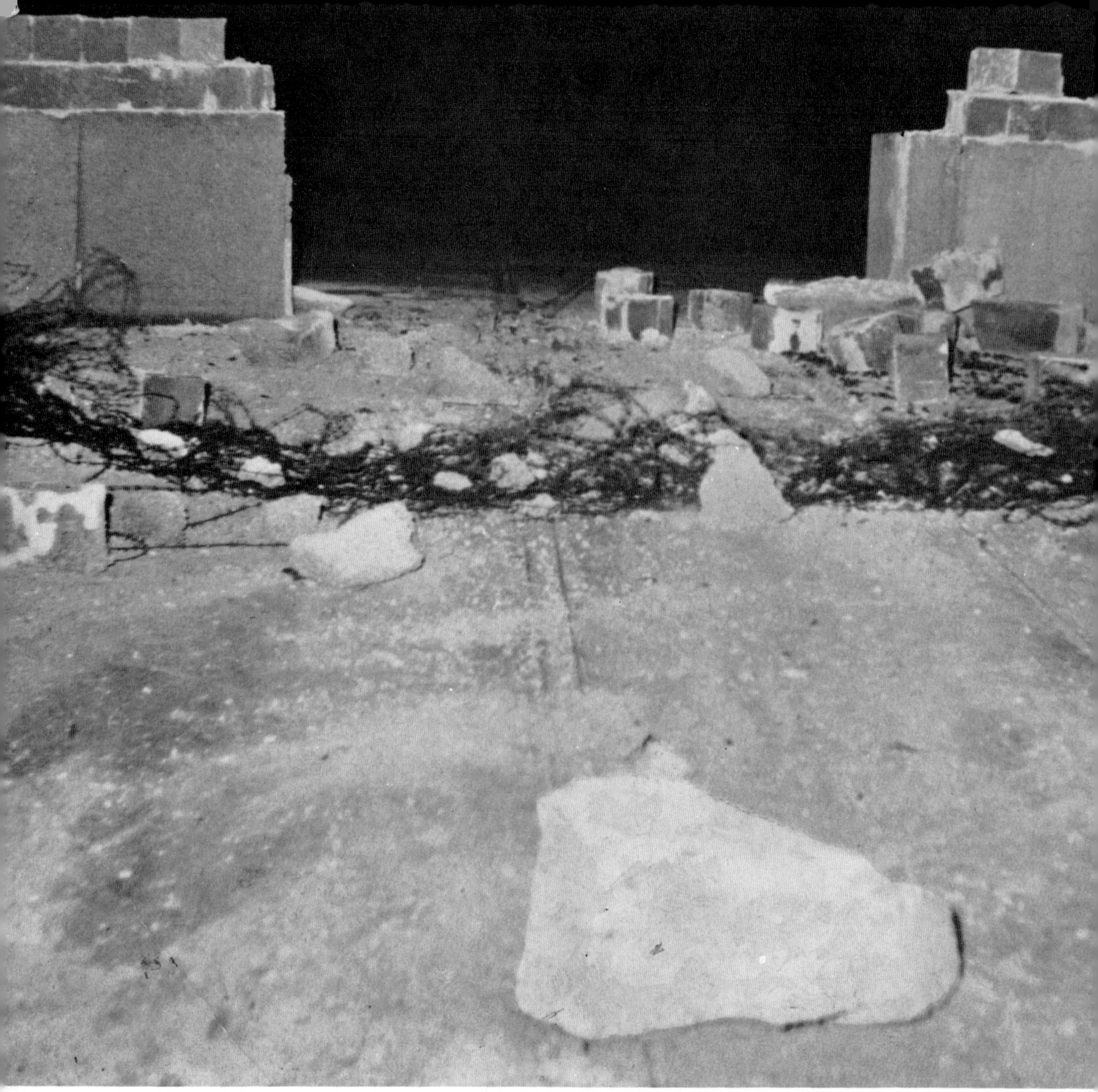

Sterbend fuhr Klaus Brüske die Flüchtlinge in die Freiheit. Der Einschuß (Pfeil) war tödlich.

14 Durchbrüche mit schweren Fahrzeugen ereigneten sich im ersten Jahr.

Although dying, Klaus Brüske drove the lorry with the refugees to the free part of Berlin. The entrance of the bullet (arrow) that was fatal.

During the first, year 14 breakthroughs with heavy vehicies took place.

Klaus Brüske conduisit, mourant, un camion de réfugiés vers la liberté. La balle (flèche) fut mortelle.

Pendant la première année, le mur a été défoncé 14 fois par des poids lourds.

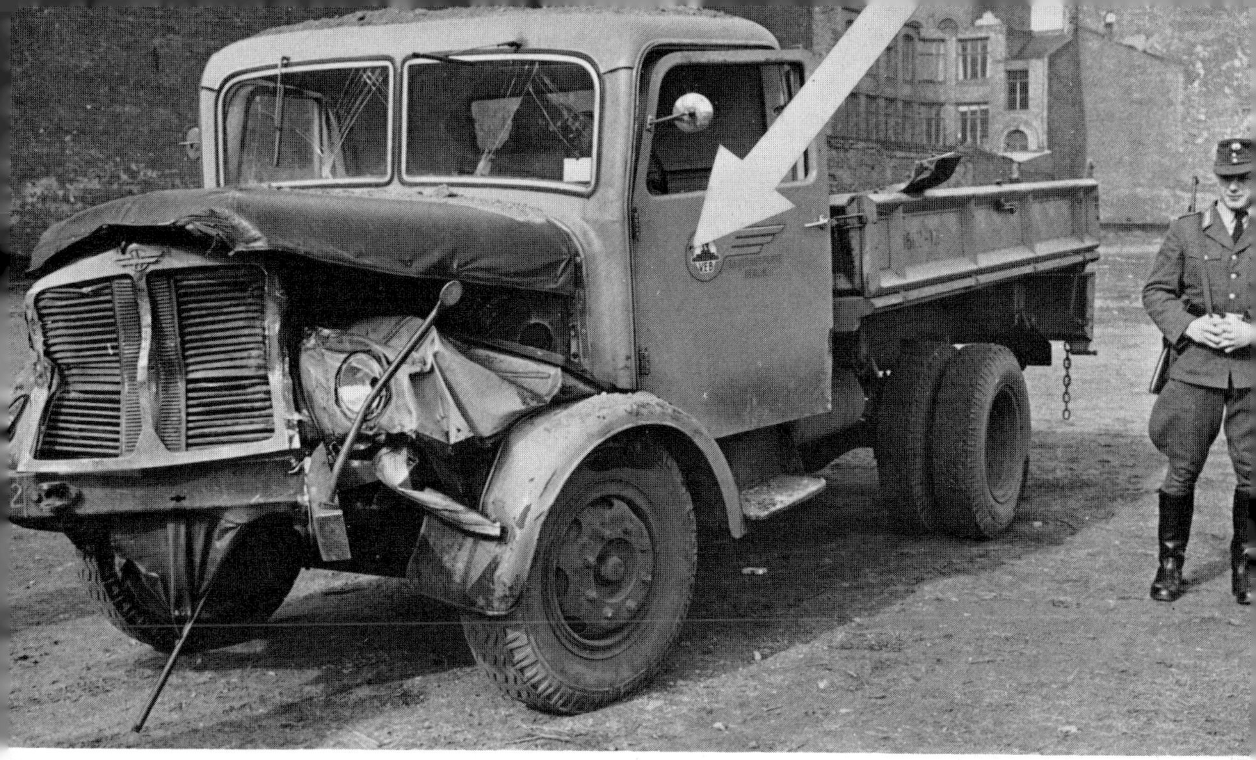

Moribundo conduce Klaus Brüske los fugitivos hacia la libertad. El impacto (flecha) era mortal.

Durante el primer año el muro fue roto 14 veces por vehículos pesados.

In fin di vita, Klaus Brüske condusse i fuggitivi verso la libertà. Il proiettile (freccia) lo aveva colpito mortalmente.
Nel primo anno il muro fu sfondato quattordici volte da autocarri pesanti.

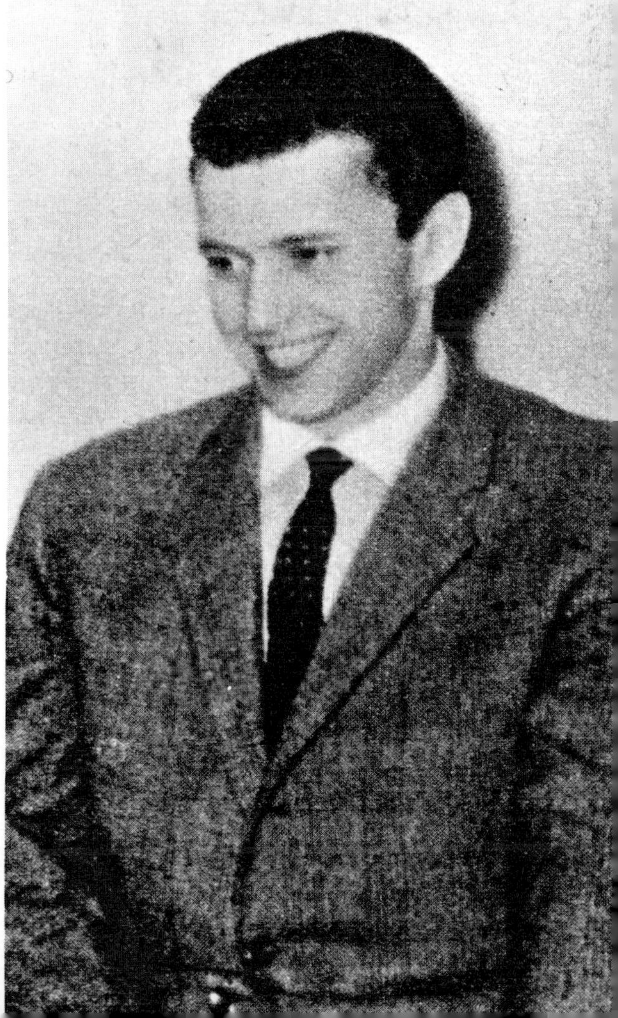

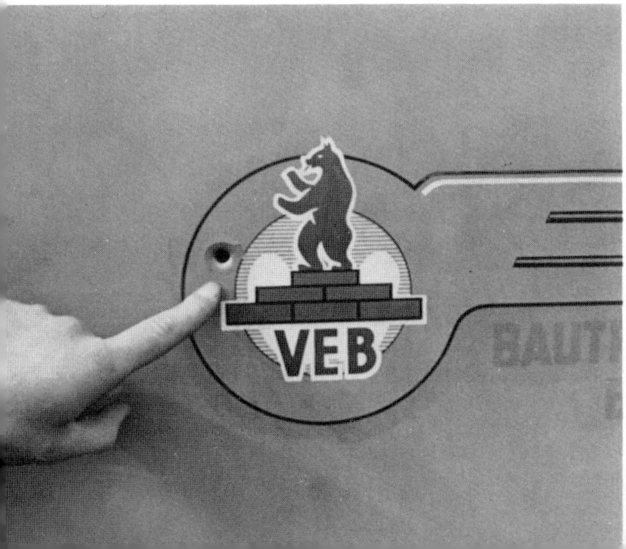

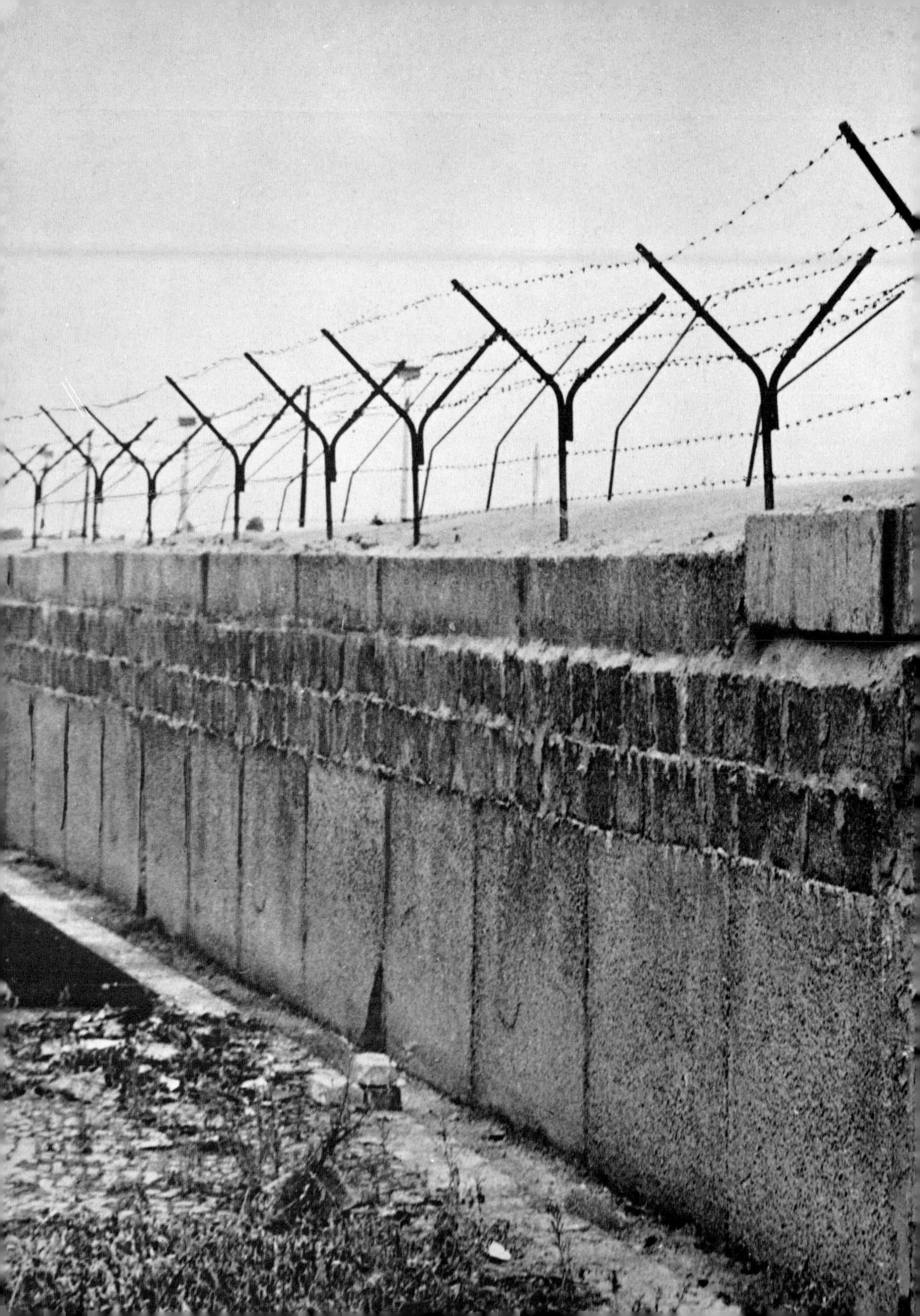

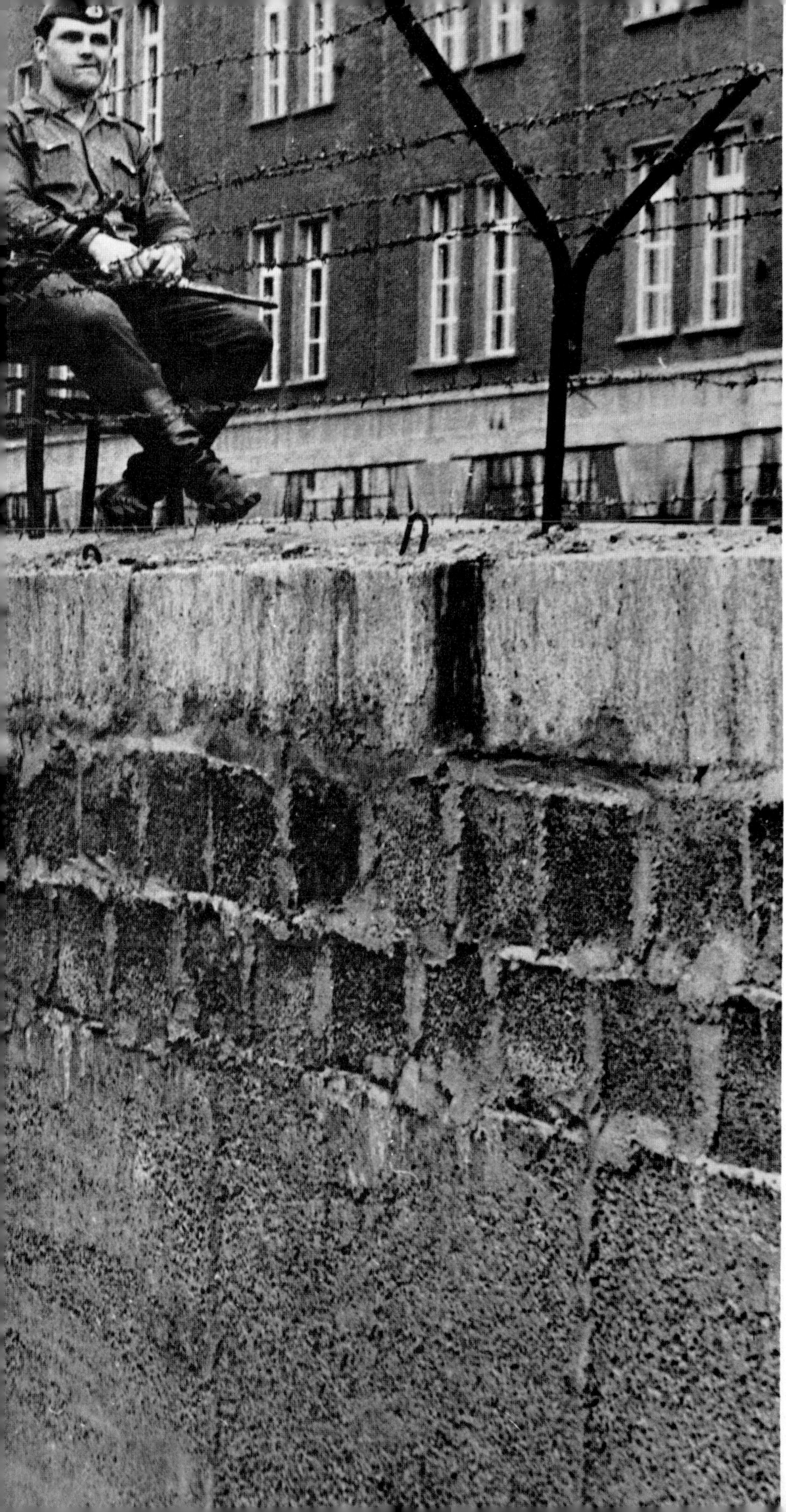

DAS FÜNFTE JAHR (24—31) Die Mauer hat eine Gesamtlänge von 25 Kilometern. Aus den Befestigungsanlagen könnte eine kleine Stadt gebaut und mit dem Stacheldraht die ganze Erde umspannt werden.

THE FIFTH YEAR (24—31) The WALL already has an overall length of 25 km. From the fortifications there could be built a little town and with the barbed-wire the whole earth could be spanned.

LA CINQUIÈME ANNÉE (24—31) Le MUR a une longueur totale de 25 kilomètres. Avec les fortifications, on pourrait construire une petite ville et on pourrait encercler la terre entière avec les fils de fer barbelés.

EL QUINTO AÑO (24—31) La longitud total del MURO es de 25 kilómetros. Con el material de las fortificationes podría haberse construido un pueblo entero y las alambradas hubieran bastado para rodear toda la tierra.

IL QUINTO ANNO (24—31) Ora il muro ha già una lunghezza di 25 chilometri. Con il materiale usato per le fortificazioni si portrebbe costruire una piccola città con il filo spinato si potrebbe circondare tutto il mondo.

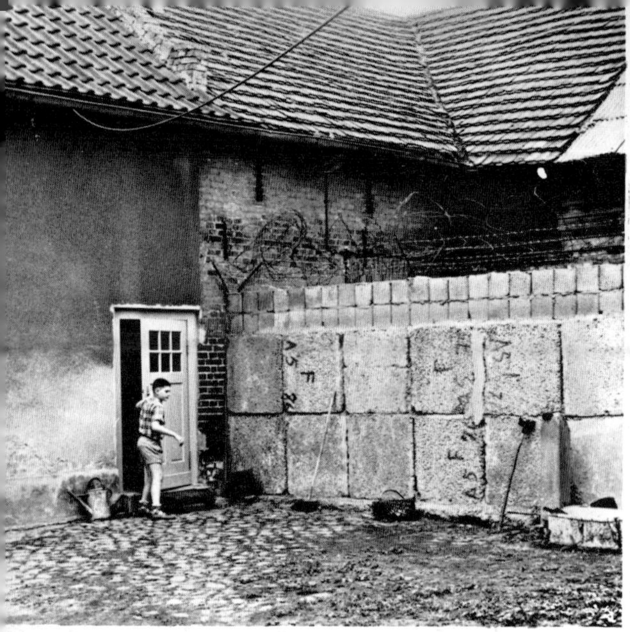

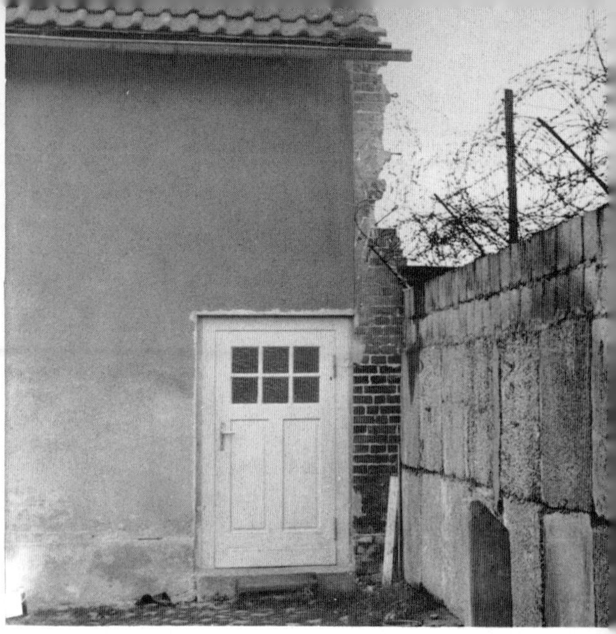

Diese Grenze geht mitten durch ein Haus. 1963 wurde die östliche Hälfte abgerissen.

Das Plakat soll glaubhaft machen, der Feind säße in Bonn und habe den Bau der Mauer verschuldet.

Nach 5 Jahren stehen 210 Beobachtungstürme am Ring um West-Berlin.

This border leads through the middle of a house. In 1963 the eastern part was pulled down.

"Turn round! Your enemy is behind you. He lost the last war and now you are to march and die for him!" This poster is to make people believe that he enemy is in Bonn and that it is he who is to blame for the construction of the WALL.

After 5 years there are 210 observation towers along the ring around West Berlin.

Cette frontière traverse une maison en son milieu. En 1963 la moitié Est fut démolie.

«Retourne-toi! Ton ennemi est derrière toi. Il a perdu la dernière guerre et maintenant tu dois marcher et mourir pour lui!» Cette pancarte doit faire croire que l'ennemi est à Bonn et que c'est à lui que l'on doit la construction du MUR!

Après 5 années il y a 210 miradors sur l'enceinte autour de Berlin-Ouest.

La frontera atraviesa una casa. En 1963 se derribó la mitad oriental.

"¡Vuélvete! Tu enemigo está detrás de tí. Ha perdido la última guerra y ahora tienes que marchar y morir por él!" El cartel pretende hacer creer que el enemigo está en Bonn y es culpable de la construcción del muro.

Alrededor de Berlín hay 210 torres de observación.

Questa casa è attraversata dalla frontiera. Nel 1963 la parte orientale dell'edificio fu abbattuta.

«Voltati! Il nemico è dietro di te. Egli ha perso l'ultima guerra, ed ora tu devi marciare e morire per lui!» Questo cartellone dovrebbe far credere che il nemico si trovi a Bonn e sia responsabile della costruzione del muro.

Dopo cinque anni, intorno a Berlino-Ovest s'innalzano 210 torrette d'osservazione.

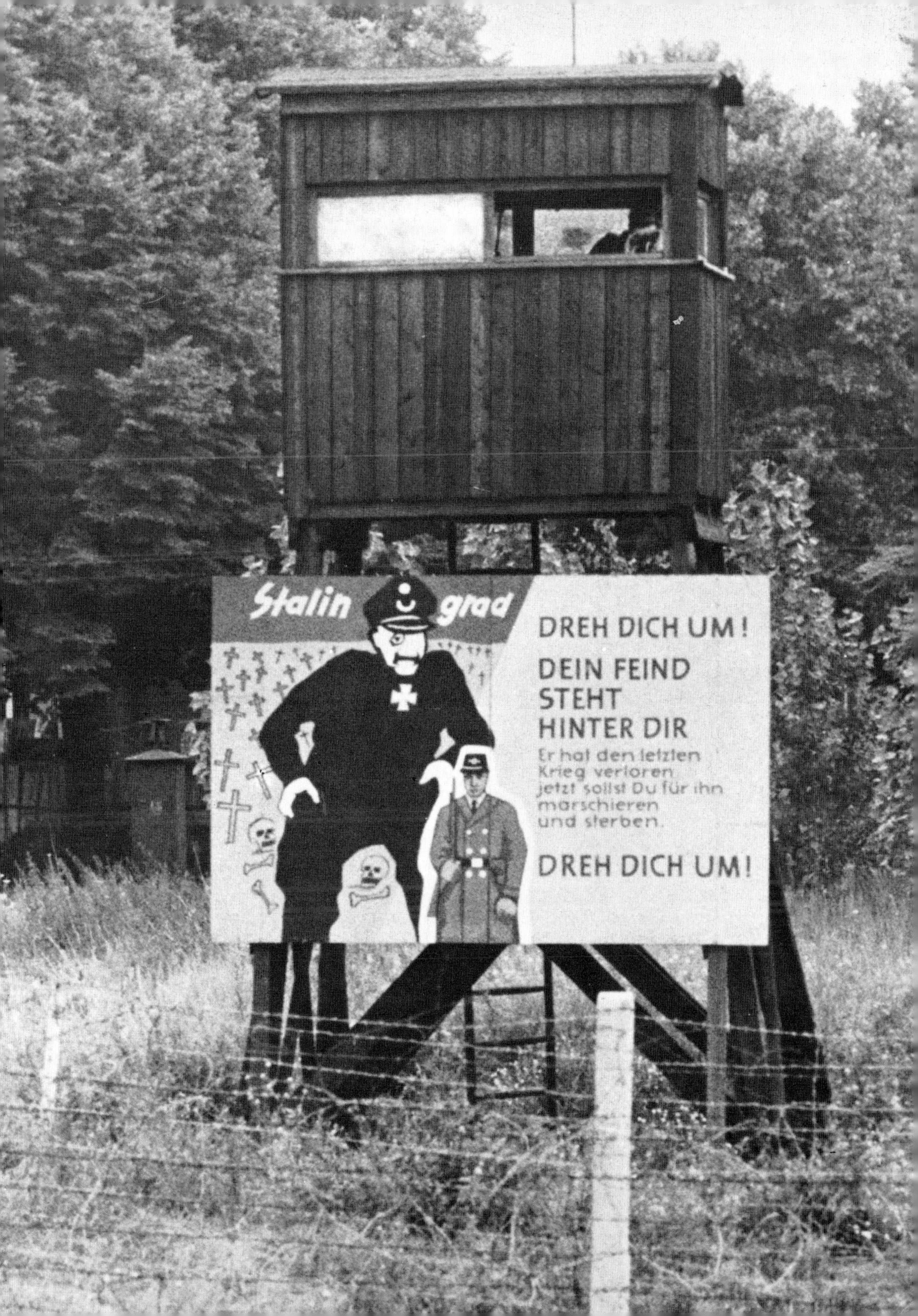
Stalin grad
DREH DICH UM!
DEIN FEIND
STEHT
HINTER DIR
Er hat den letzten
Krieg verloren
jetzt sollst Du für ihn
marschieren
und sterben.
DREH DICH UM!

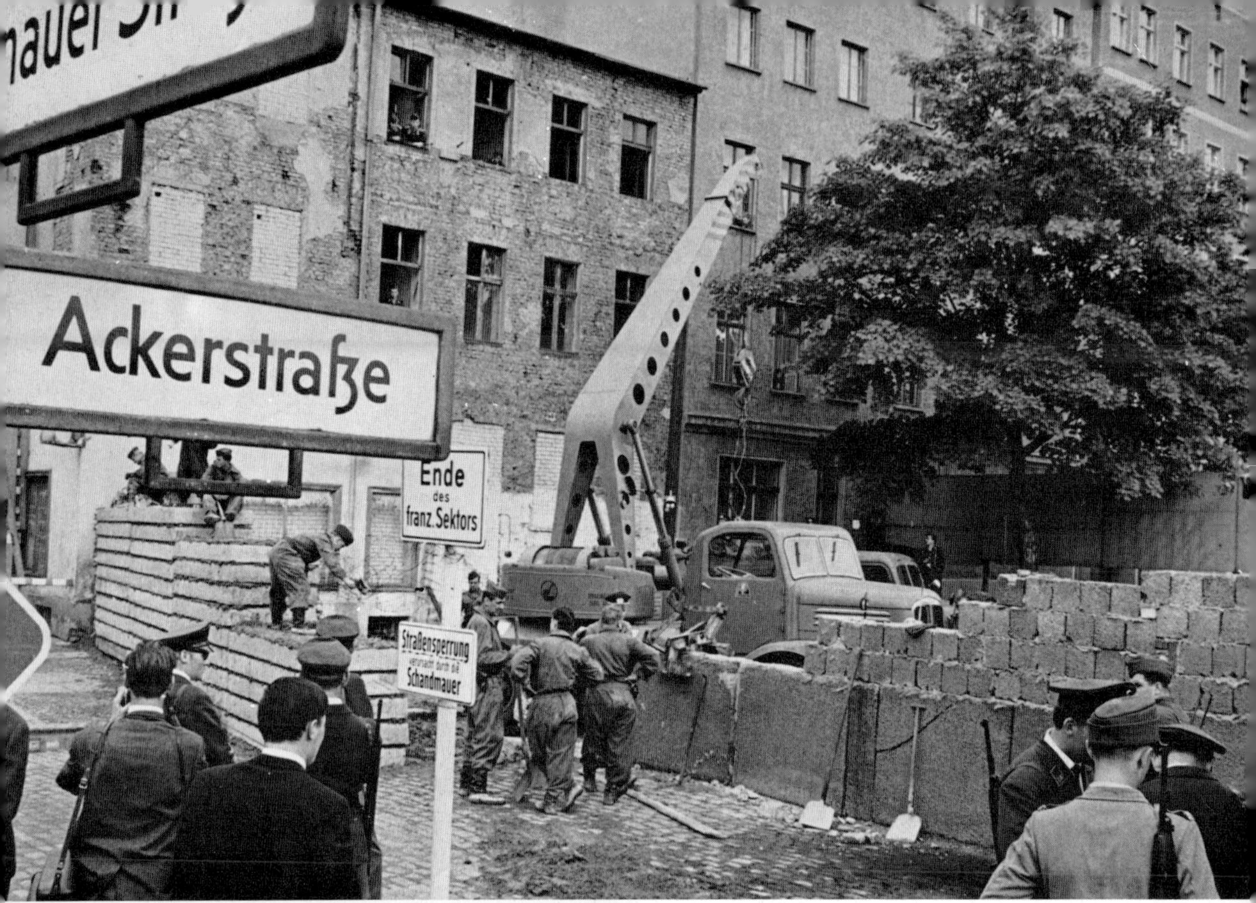

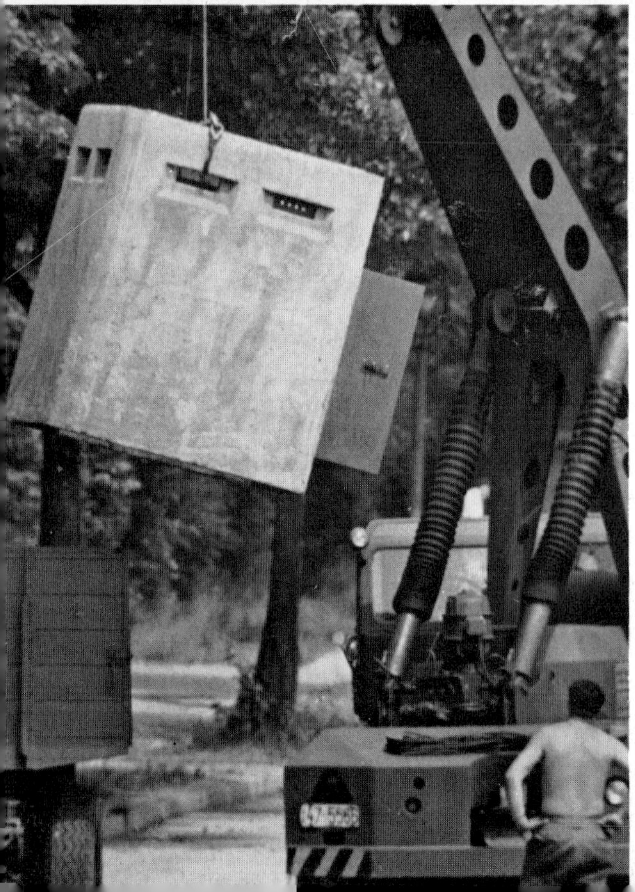

1963. Die Steinmauer wird an vielen Stellen durch eine Betonmauer ersetzt.
1964. Allein in diesem Jahr entstanden 102 Hundelaufanlagen. An einem etwa 100 m langen Spannseil kann der Hund auf- und abrennen. Die Bluthunde sind derart abgerichtet, daß sie auch Soldaten und Offiziere anfallen.
1965. Bunker werden nun serienweise errichtet. Am Ring um West-Berlin: 245 Bunker- und Schützenstellungen.
1966. Übergang Chausseestraße: Verschönerung der Mauer durch gelbe Kunststoffplatten.

1963. In many places the stone wall is being replaced by a new one made of concrete.
1964. Only during this year 102 special places for dogs have been prepared along the border. The dog may run along the wall held by a 100 m long rope of tension wires. The wolf-hounds are trained even to attack soldiers and officers.
1965. Bunkers are now being produced in series. Along the Ring around West Berlin: 245 bunkers and rifle-pits.
1966. Chausseestraße crossing embellishment of the wall with yellow plastic sheets.

1963. A beaucoup d'endroits, le mur de pierre est remplacé par un mur en béton.
1964. Rien qu'en cette année, on installa 102 pistes pour chiens. Attaché à un câble tendeur de 100 mètres, le chien peut aller et venir le long de la frontière. Les chiens-loups sont dressés de telle façon qu'ils attaquent même les soldats et les officiers.
1965. On construit des «bunkers» en série. Le long

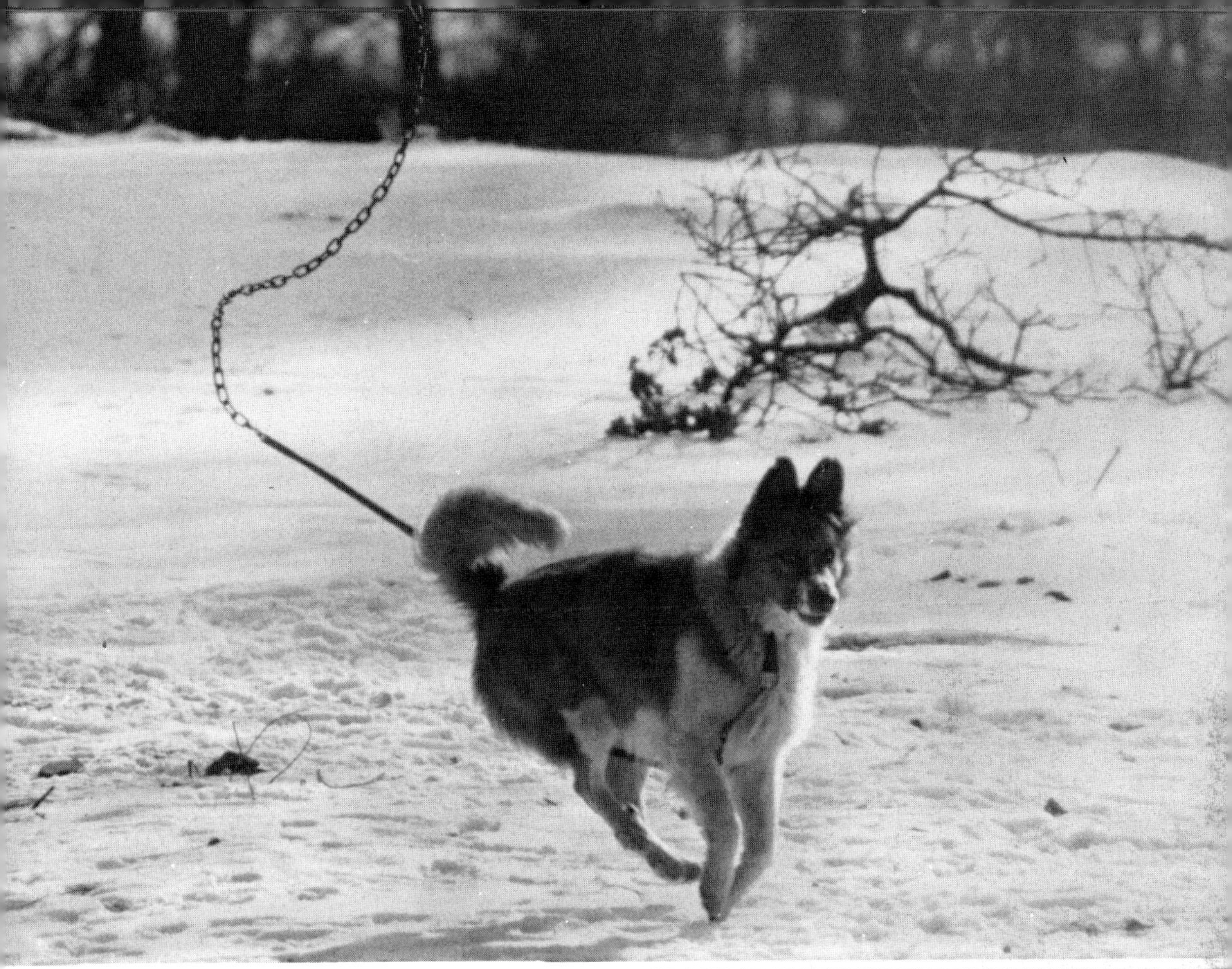

de l'enceinte autour de Berlin-Ouest: 245 bunkers et postes de tir.
1966. Passage de la Chausseestrasse: embellissement du mur au moyen de plaques en plastic jaune.

1963. El muro de piedra se sustituye en muchos lugares por uno de cemento.
1964. Solamente en este año se han construído 102 trincheras para perros. El perro puede ir y venir atado a una cuerda de unos 100 metros de longitud. Son perros lobos y están amaestrados de tal forma que incluso atacan a soldados y oficiales.
1965. Ahora se construyen refugios en serie. Alrededor de Berlín occidental hay 245 entre trincheras y parapetos.
1966. Paso Chausseestraße: Retoque del muro con placas amarillas de material plástico.

1963. Il muro di pietra viene sostituito in molti punti con uno in cemento. 1964. Solamente in questo anno furono costruiti 102 posti per feroci cani da guardia. Qui il cane è legato ad uno speciale guinzaglio che gli permette di correre su e giù per 100 metri. Questi animali, impiegati per la caccia all'uomo, sono addestrati in modo tale da assalire anche soldati ed ufficiali. Anche a costoro viene così resa impossibile la fuga.
1965. Posto di controllo Chausseestrasse: "abbellimento" del muro con rivestimenti gialli di plastica.

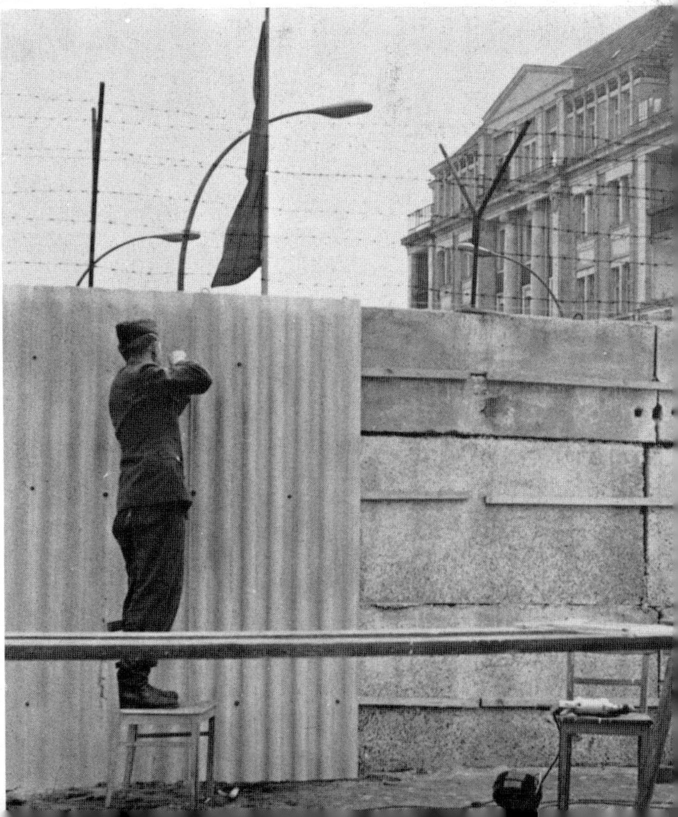

Auf einer Strecke von 100 m wurde der Omnibus von allen Seiten beschossen. Trotzdem fuhr der Fahrer weiter. Die Flüchtlinge warfen sich im Bus auf den Boden. Keiner kam durch. Viele Schwerverletzte. Immer seltener gelingen Durchbrüche.

Over a distance of 100 m the bus had been fired on from all sides. Nevertheless the driver drove on. The refugees threw themselves on to the floor of the bus. Nobody got through. Many were severely wounded. Successful breakthroughs have become even rarer.

Sur une distance de 100 mètres, l'on tira sur le bus de tous les côtés. Malgré cela, le chauffeur continua. Dans le bus, les réfugiés se jetèrent à terre. Personne ne passa, plusieurs furent gravement blessés. Réussir à percer le mur devient de plus en plus rare.

En un trayecto de 100 metros el autobús fue ametrallado por todas partes, pero el conductor continuó. Los fugitivos se arrojaron al suelo del autobús. Ninguno pasó. Hubo muchos heridos de gravedad. Cada vez es más difícil atravesar el muro.

Per un tratto di 100 metri il *pullman* è stato colpito da tutte le parti, tuttavia il conducente continua ad andare avanti. I passeggeri cercano riparo gettandosi sul pavimento. Nessuno riesce a fuggire. Molti i feriti gravi. Sempre più raramente queste fughe hanno successo.

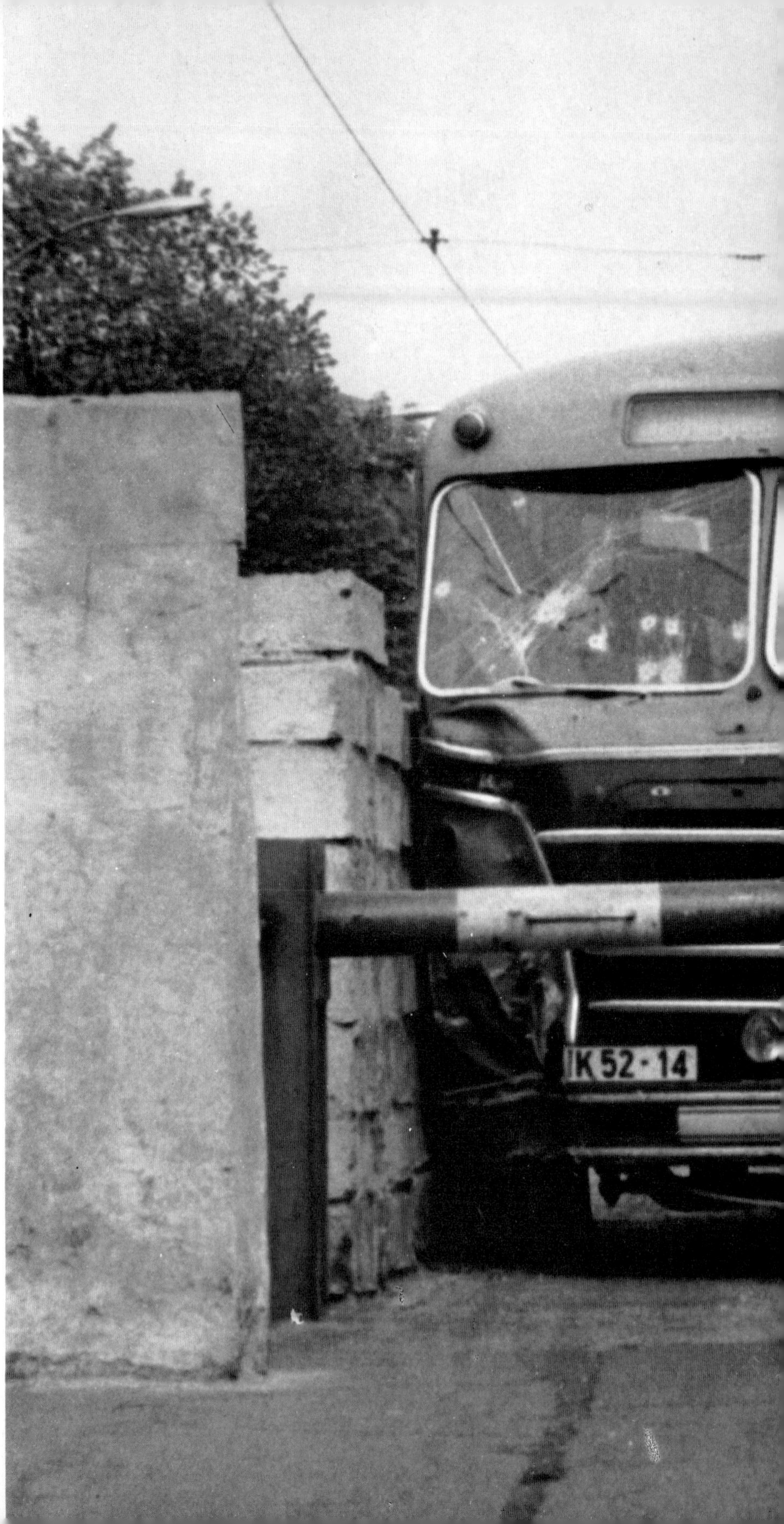

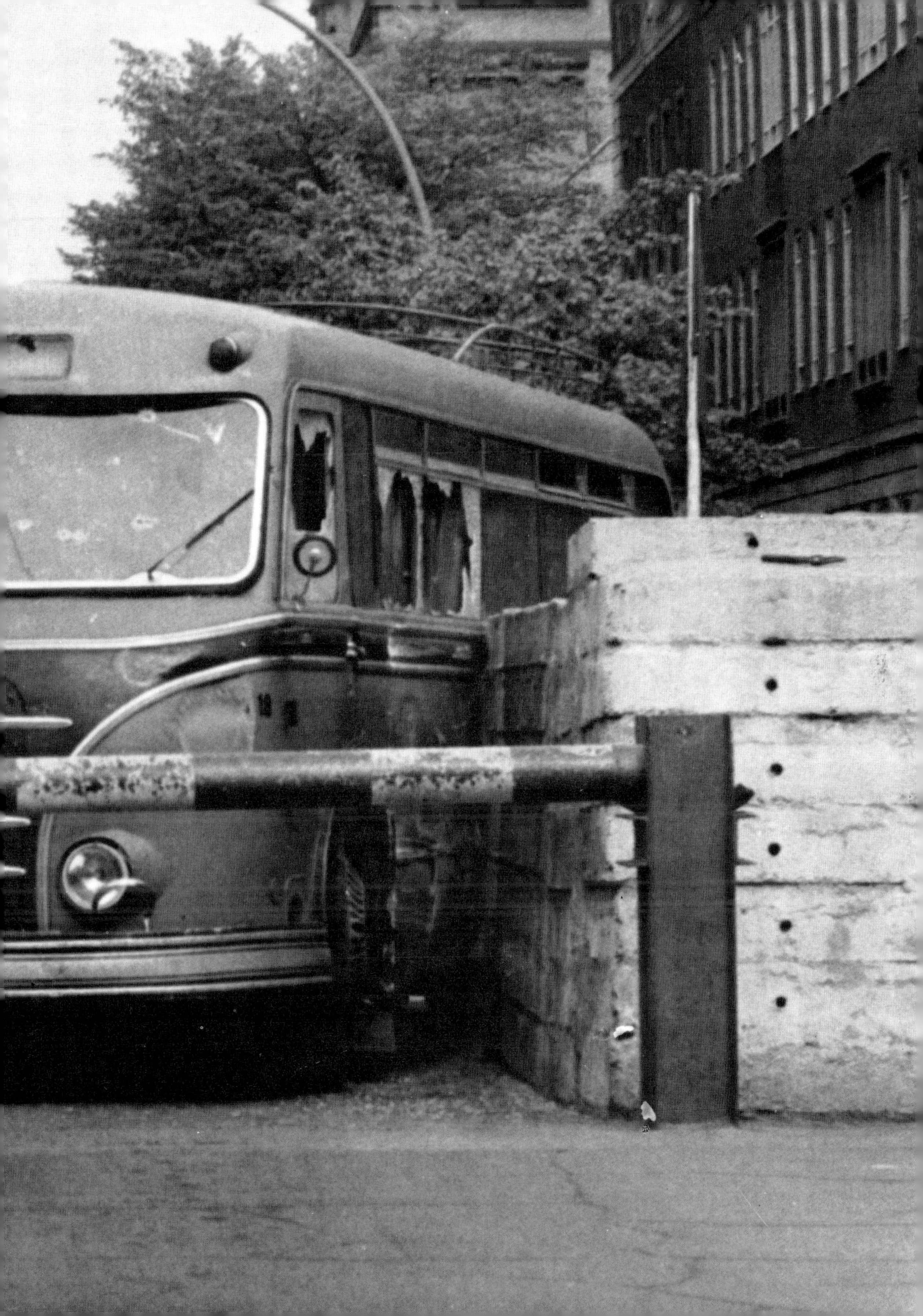

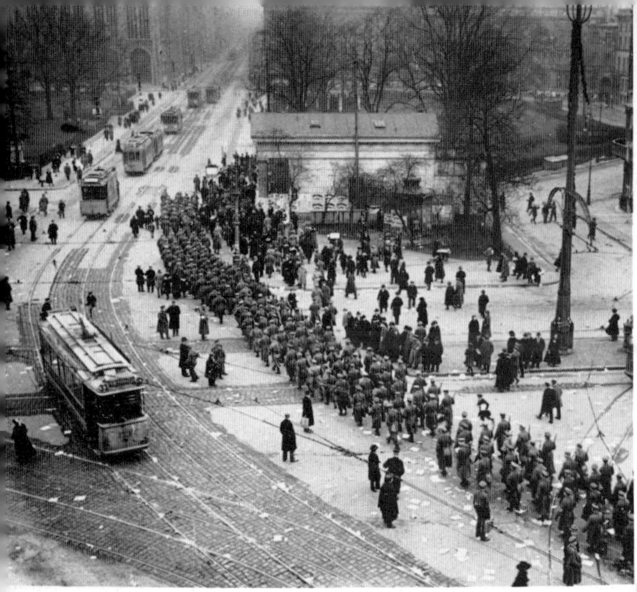

POTSDAMER PLATZ — AUTREFOIS ET MAINTENANT (32–35) 1918: Les troupes gouvernementales de Noske défilent le jour de l'élection de l'Assemblée nationale; 1925: le dirigeable «Zeppelin R 3» exécute l'un de ses derniers vols; 1932: la Postdamer Platz est le centre le plus fréquenté de Berlin; 1953: soulèvement du «17 Juin»; et . . .

POTSDAMER PLATZ — EINST UND JETZT (32–35) 1918: als Noskes Regierungstruppen am Wahltag der Nationalversammlung aufmarschierten; 1925: als das Zeppelin-Luftschiff R 3 einen seiner letzten Flüge durchführte; 1932: verkehrsreichstes Zentrum in Berlin; 1953: Aufstand vom „17. Juni", und . . .

POTSDAMER PLATZ — THEN AND NOW (32–35) 1918: when Noske's government forces drew up on election day for the National Assembly; 1925: when the Zeppelin airship R 3 made one of its last flights; 1932: busiest centre of Berlin; 1953: during the revolt of "June 17th"; and . . .

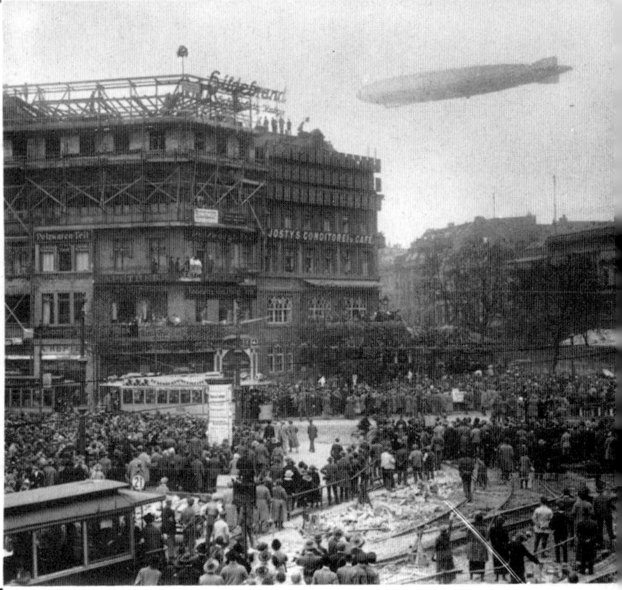

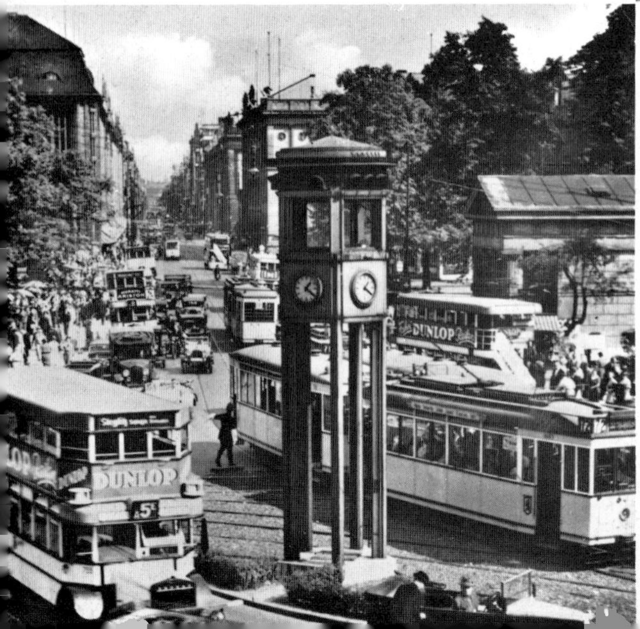

LA PLAZA DE POTSDAM — ANTES Y HOY (32–35) 1918: Las tropas del gobierno de Noske desfilan en el día de las elecciones de la Asamblea Nacional; 1925: El zepelín R 3 emprendiendo uno de sus últimos vuelos; 1932: el centro de Berlín; 1953: Durante el levantamiento del „17 de junio"; y . . .

POTSDAMER PLATZ — UNA VOLTA ED ORA (32–35) 1918: le truppe del governo di Noske marciano nel giorno delle elezioni per l'Assemblea Nazionale; 1925: il dirigibile Zeppelin R 3 compie uno dei suoi ultimi voli; 1932: punto di maggior traffico di tutta Berlino; 1953: rivoluzione del "17 Giugno"; e . . .

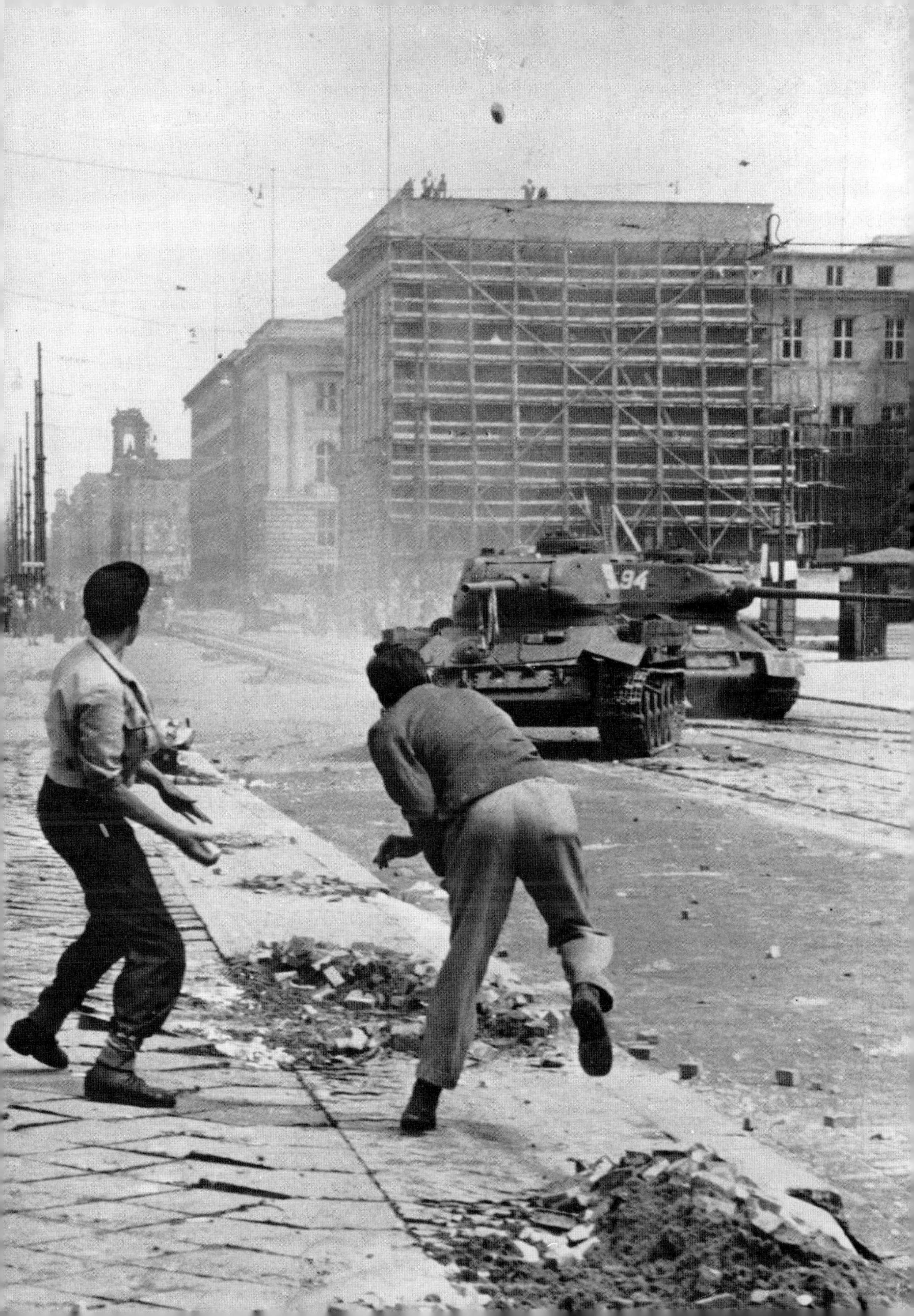
94

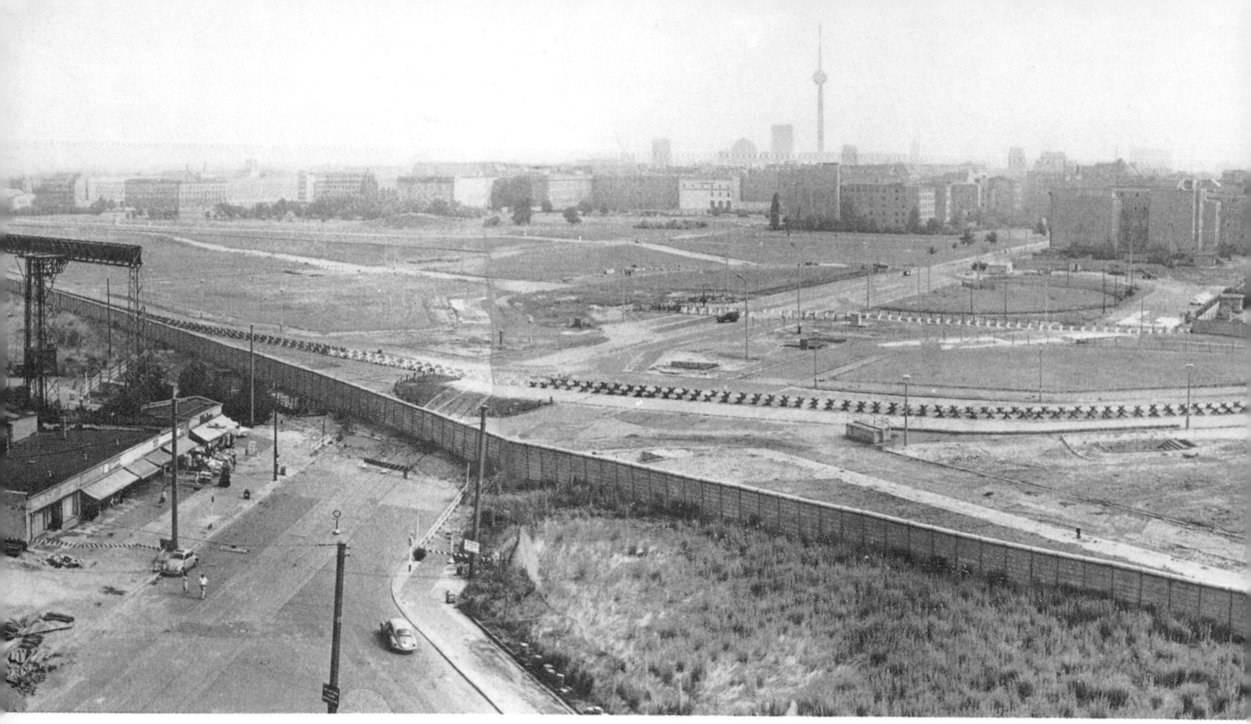

Potsdamer Pla

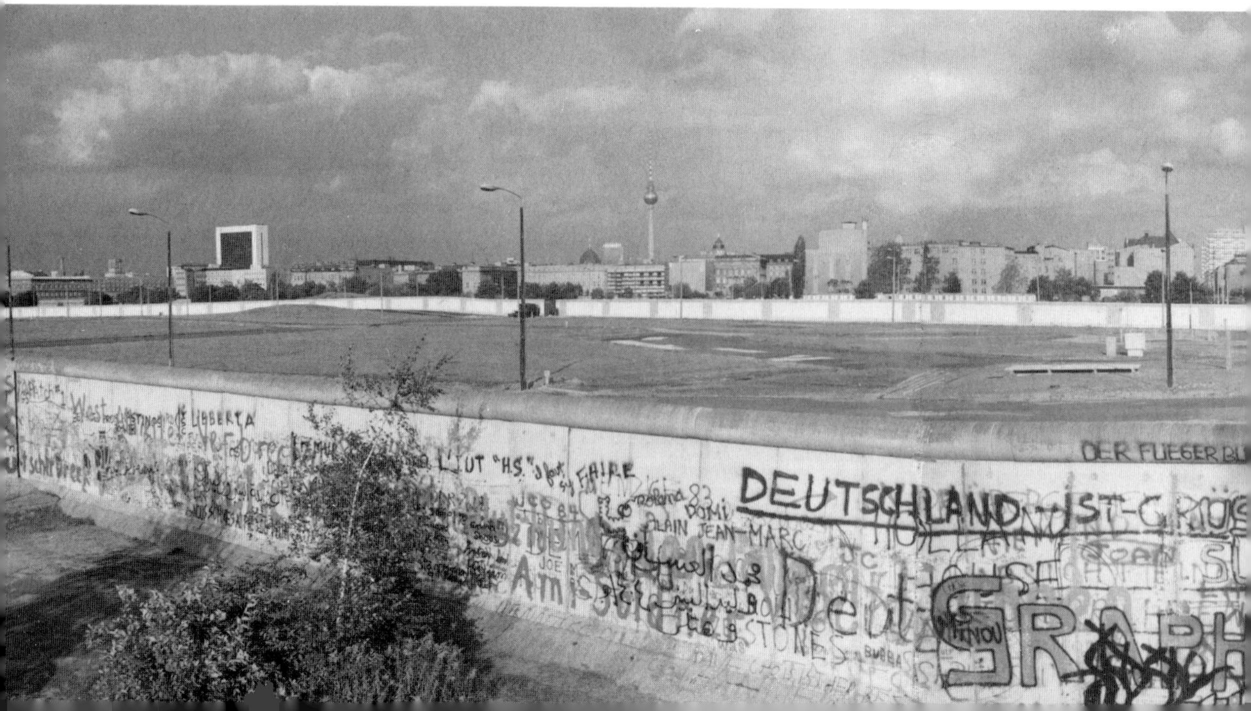

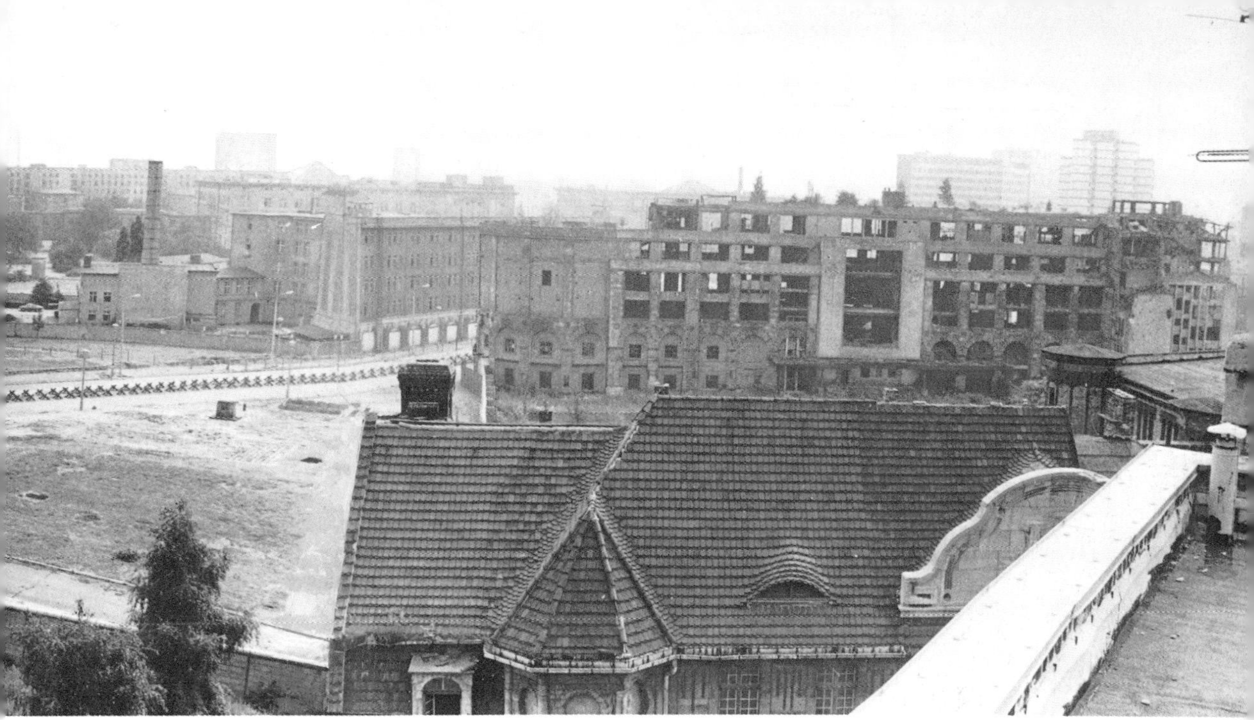

76, 1986

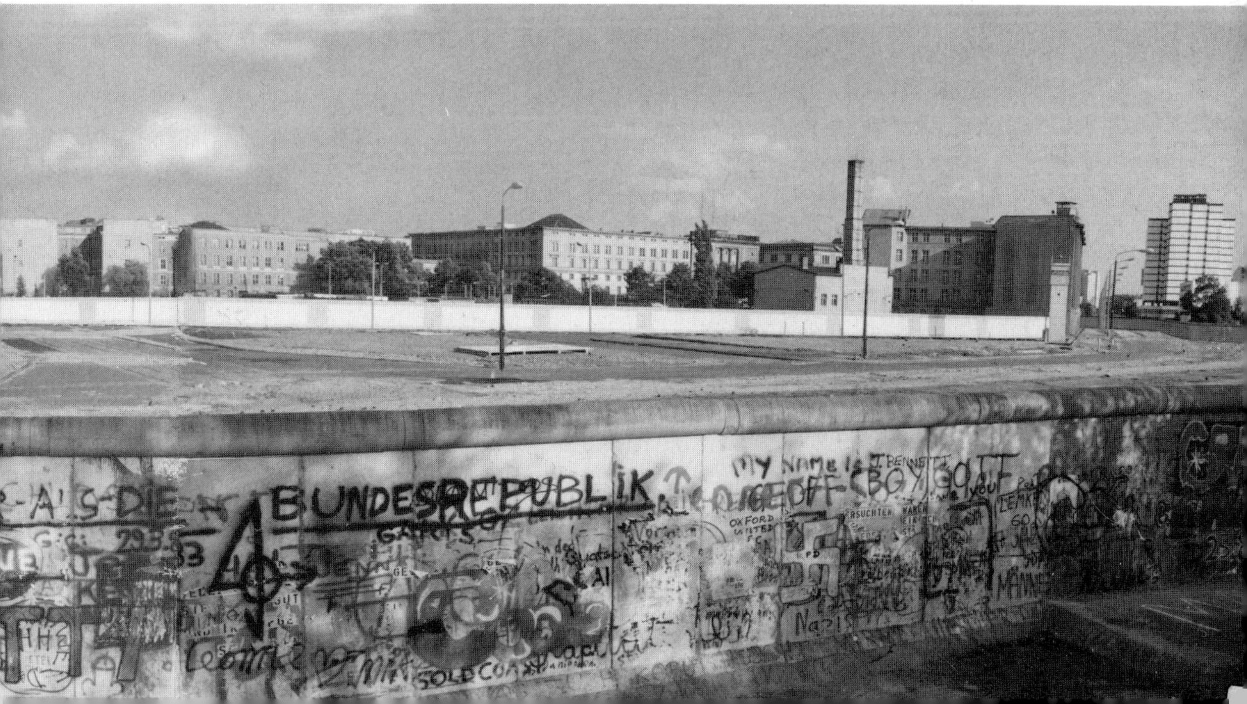

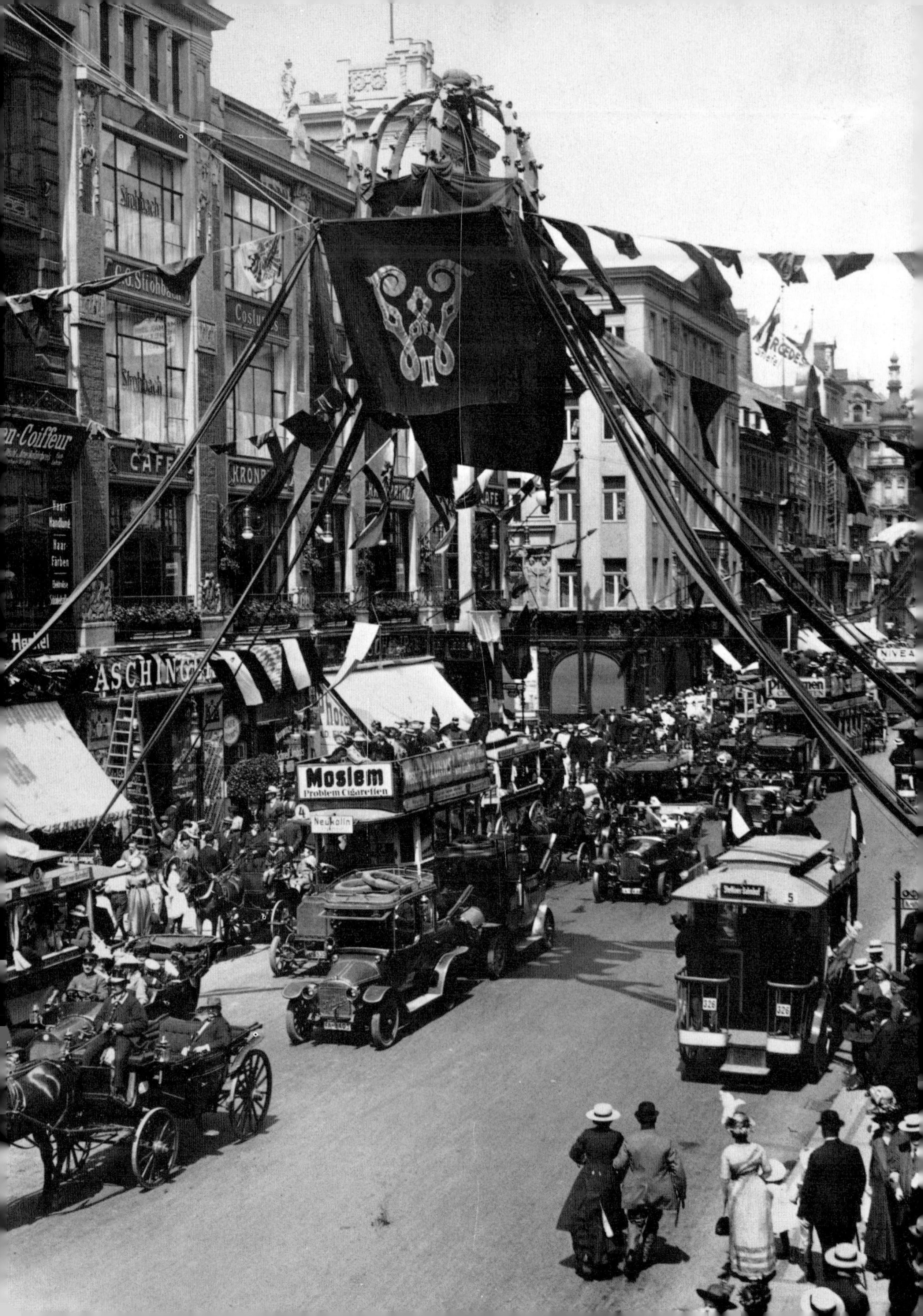
Strohbach
Costumes
Coiffeur
CAFE
NIVEA
Moslem
Problem Cigaretten
Neukölln

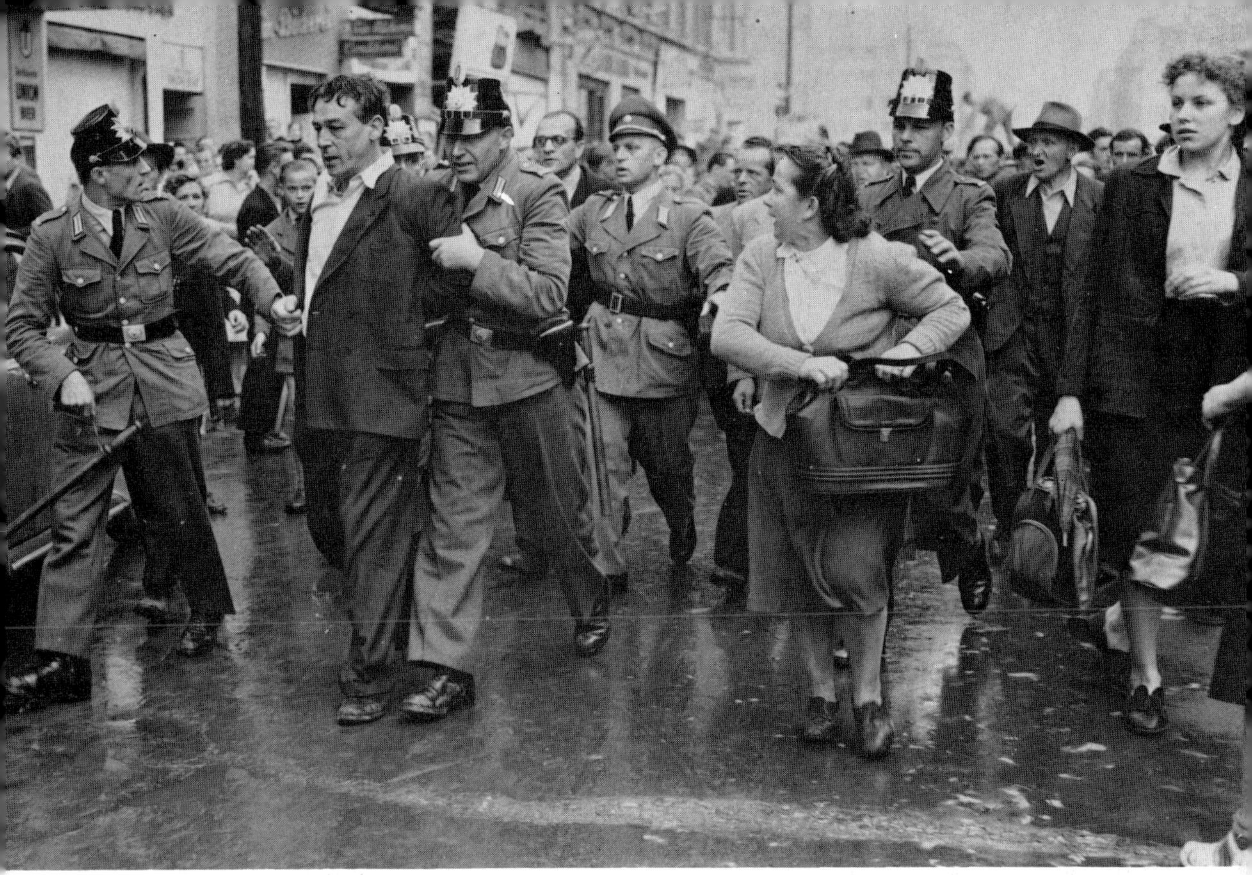

FRIEDRICHSTRASSE — EINST UND JETZT (36–45) 1913: 25jähriges Regierungsjubiläum von Kaiser Wilhelm II.; „17. Juni" 1953: ein Agent des Staatssicherheitsdienstes wurde von den Demonstranten erkannt und nach West-Berlin gebracht. Die Westberliner Polizei mußte ihn vor dem Haß der Massen schützen.

FRIEDRICHSTRASSE — THEN AND NOW (36–45) 1913: when Emperor William II celebrated the 25th anniversary of his accession to the throne; the revolt of "June 17th", 1953: The crowd has recognized an agent of the ill-famed state security service and brought him to West Berlin by force. The West Berlin Police had to protect him.

FRIEDRICHSTRASSE — AUTREFOIS ET MAINTENANT (36–45) 1913: 25ème anniversaire de l'avènement de l'Empereur Guillaume II; «17 Juin» 1953: la foule reconnait un agent du service de sécurité, il est emmené de force à Berlin-Ouest. La police de Berlin-Ouest doit le protéger contre la haine de la foule.

LA FRIEDRICHSTRASSE — ANTES Y AHORA (36–45) 1913: el emperador Guillermo II celebró el 25 aniversario de su gobierno; 17 de junio de 1953: la multitud reconoció a un agente del Servicio de Seguridad del Estado, y lo llevó a la fuerza a Berlín occidental, donde la policía tuvo que protegerle del odio de las masas.

FRIEDRICHSTRASSE — UNA VOLTA ED ORA (36–45) 1913: l'Imperatore Guglielmo II festeggia il suo venticinquesimo anno di governo; rivoluzione del "17 Giugno" 1953; un agente del Servizio di sicurezza dell'Est viene riconosciuto dalla folla e portato a Berlin-Ovest. La polizia occidentale deve difenderlo dall'odio della popolazione.

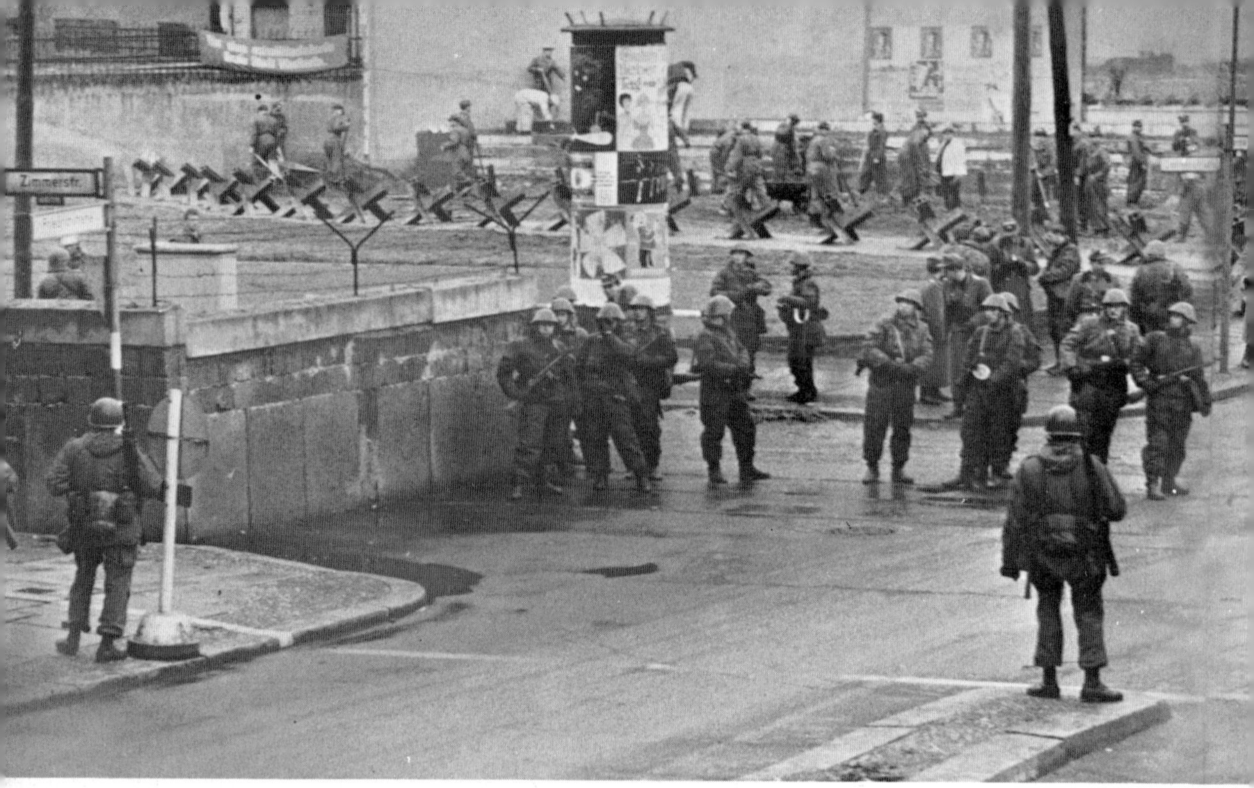

Bau der Mauer. Davor eine uniformierte Mauer gegen die Bautrupps. Bisher flüchteten hier 8 „Kontrollpunktposten". Im Bild zwei von ihnen, gerade angekommen. — „Schauen Sie mich doch nicht so böse an. Wir sind doch alle Deutsche", sagte Bundesminister Ernst Lemmer zu den Wachtposten anläßlich eines Besuches am Checkpoint Charlie.

Buildung of the WALL. In front of it a uniformed wall against the building detachments. 8 "Checkpoint guards" have escaped up to this day at this place. The two on the picture have just arrived. — "Don't look at us so angrily. We are Germans like you", Federal Minister Ernst Lemmer said to the checkpoint guards while visiting the control point.

Construction du mur. Par devant, un mur uniforme pour empêcher l'évasion de l'équipe de construction. Jusqu'à maintenant, 8 sentinelles se sont échappées ici. Les deux que l'on voit sur la photo viennent d'arriver. «Ne me regardez pas de cette façon, nous sommes tous des Allemands», dit Ernst

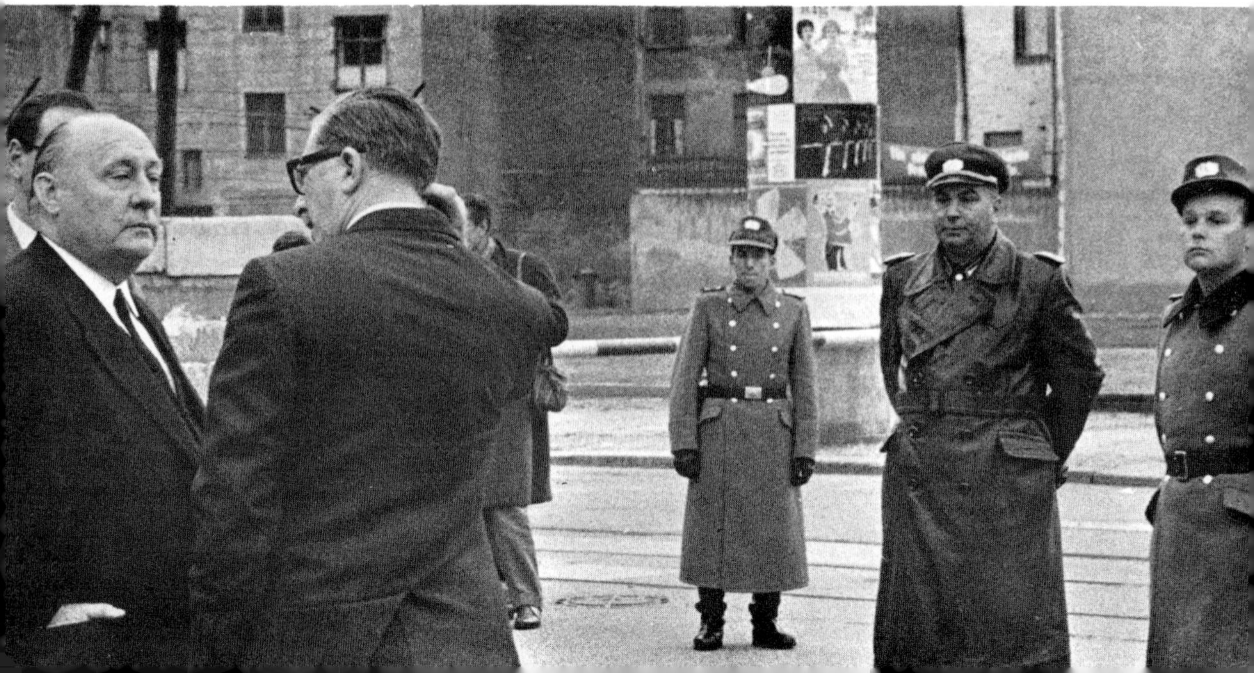

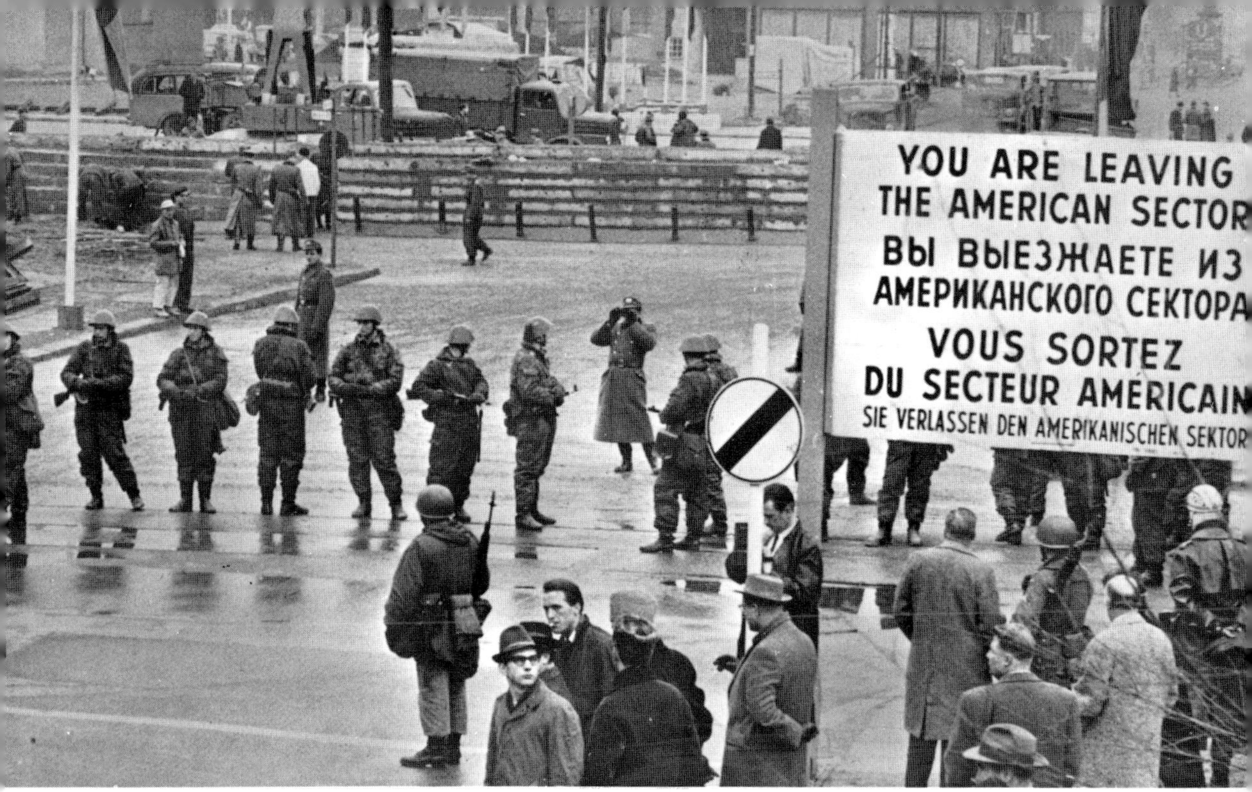

Lemmer, Ministre fédéral, aux sentinelles lors d'une visite au Checkpoint Charlie.

Construcción del muro. Delante, un muro de uniformados custodiando a los albañiles. Hasta la fecha huyeron aquí 8 centinelas. La foto muestra a dos ellos al llegar. — "No me mire con esa cara, que somos todos alemanes", dijo el Ministro Federal Ernst Lemmer al centinela al visitar el Checkpoint Charlie.

Erezione del muro. In prima linea un muro di uniformi per impedire la fuga alle squadre di operai. Fino ad oggi sono fuggite in questo punto otto guardie del posto di controllo. Nella foto si vedono due di esse appena scappate. — Durante una sua visita al punto di controllo *Checkpoint Charlie* il Ministro Ernst Lemmer disse ad una guardia: "Non mi guardi con quell'aria così cattiva, in fondo siamo tutti tedeschi!"

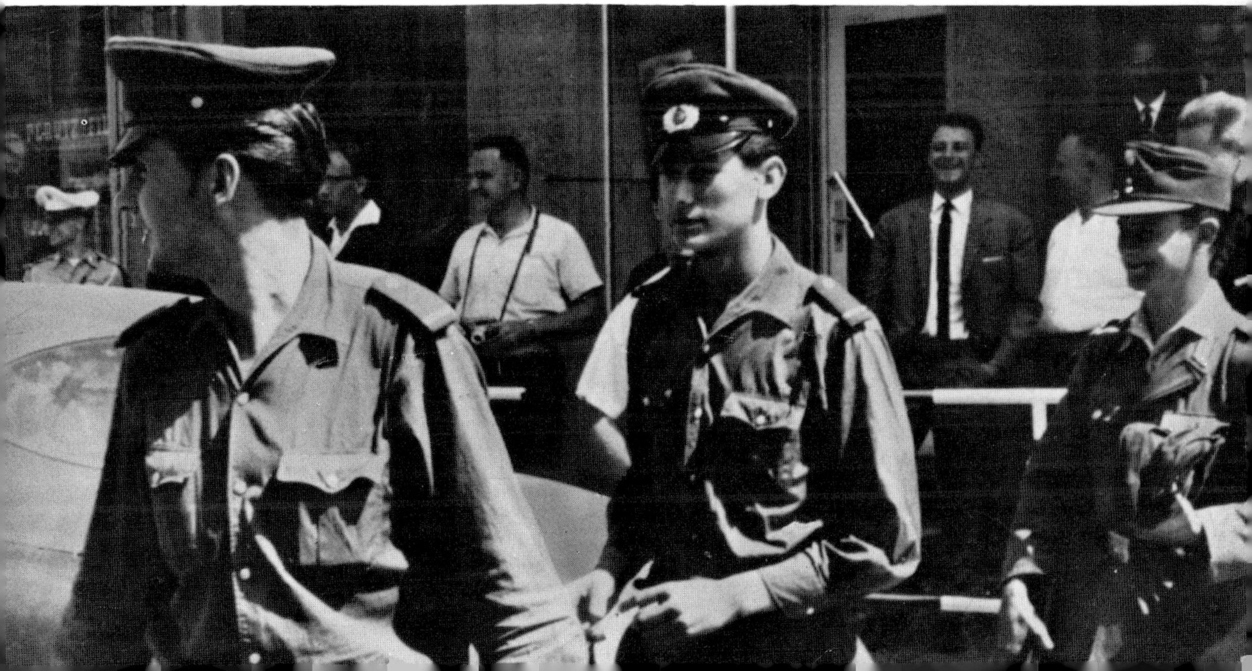

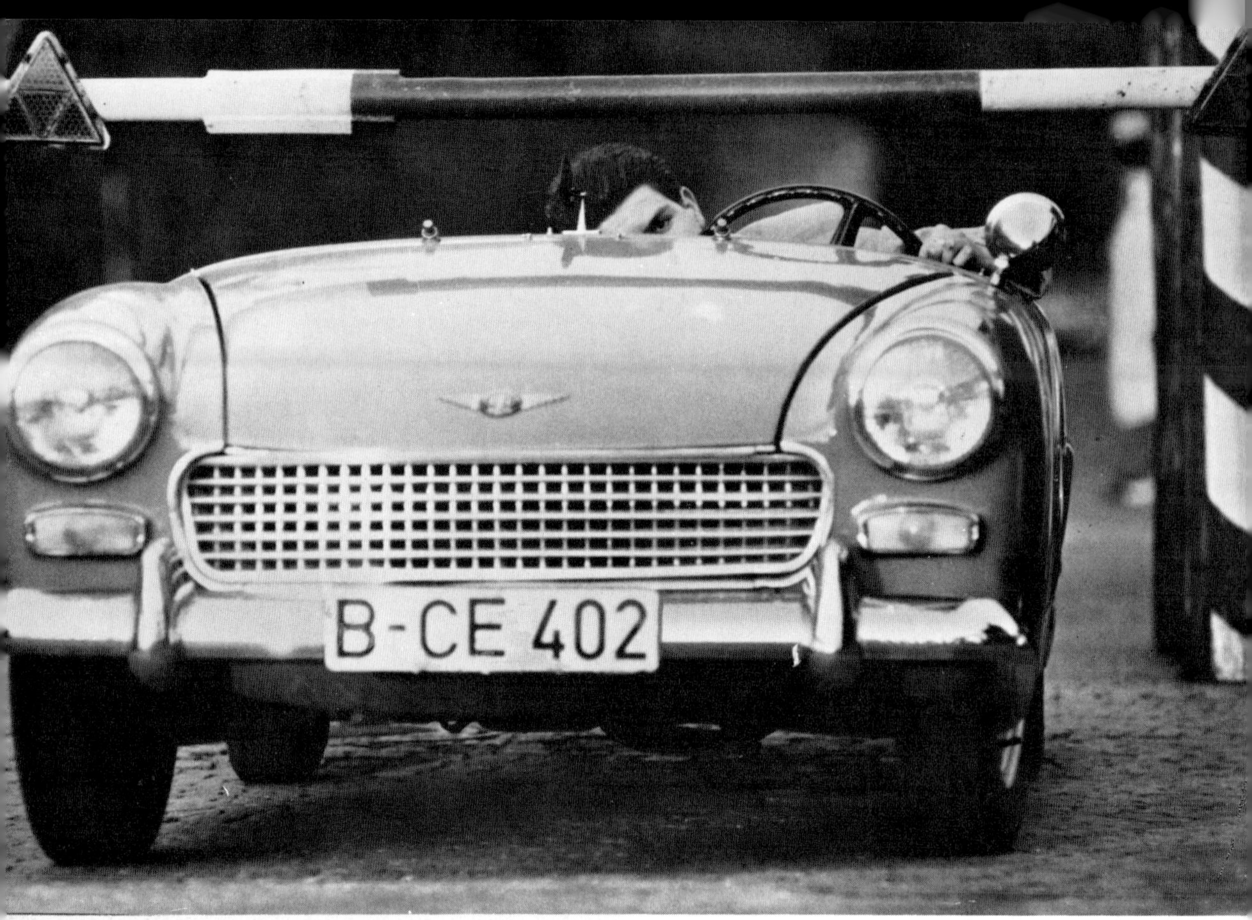

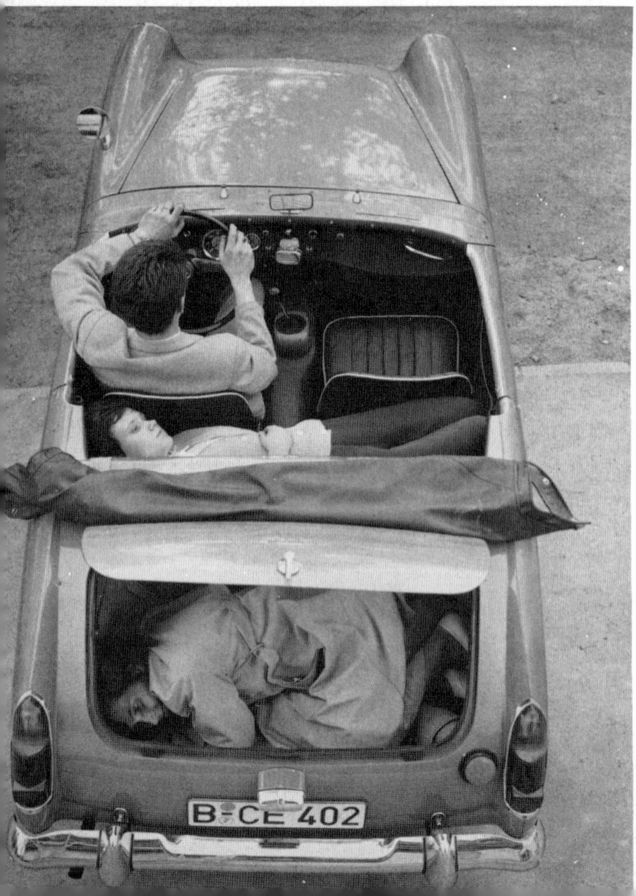

Er war Österreicher. In Westberlin hatte er in einem Autoleihgeschäft auf dem Kurfürstendamm einen Wagen entdeckt, der so niedrig war, daß er unter dem Schlagbaum hindurchpaßte. Mit seiner Braut und der Schwiegermutter gelang die Flucht. Bald danach entdeckte ein Argentinier denselben Wagen in demselben Leihgeschäft. Er hatte dieselbe Idee. „Ist das nicht der Wagen von neulich?" fragte der Posten bei der Einfahrt. Der Argentinier wußte von nichts, und auch ihm gelang die Flucht mit seiner Braut. Dann aber (s. Bild) wurden am Schlagbaum senkrechte Hängestäbe angebracht. Beide Paare heirateten wenige Wochen später.

He was an Austrian. In a West Berlin shop, on Kurfürstendamm, where people can hire cars, he had discovered a car which was so low that he could rush through to West Berlin under the turnpike. Thus he succeeded in getting his fiancée and his mother-in-law to West Berlin. Soon after that an Argentine discovered the same car in the same shop. He got the same idea. "Isn't that the car we had here lately?" the guard asked when the car entered East Berlin. The Argentine did not know anything about it and he was also lucky in getting his fiancée to West Berlin. But then vertically suspended bars (see photo) were attached to the turnpike. Only a few weeks later the two couples got married.

Il était Autrichien. Dans un magasin de Berlin-Ouest, au Kurfürstendamm, il avait découvert une voiture qui était si basse, qu'elle pouvait passer sous la barrière de la frontière. Il réussit à fuir avec sa fiancée et sa belle-mère. Peu de temps après, un Argentin découvrit la même voiture dans le même magasin. Il eut la même idée. «N'est-ce pas la même voiture que l'autre jour?», demanda la sentinelle à l'entrée. L'Argentin n'était pas au courant, il réussit, lui aussi, à s'enfuir avec sa fiancée. Mais ensuite, (v. photo), on fixa à la barrière des barres verticales. Quelques semaines après leur fuite, les deux couples se marièrent.

Era un austríaco. En una tienda de alquiler de automóviies de la Kurfürstendamm de Berlín occidental había descubierto un coche tan bajo que pasaba por debajo de la barrera. Consiguió huir con su novia y la madre de ésta. Poco tiempo después un argentino descubrió el mismo coche en el mismo comercio y tuvo la misma idea. "No es éste el mismo coche de hace unos dias?", le preguntó el centinela al pasar. El argentino lo ignoraba consiguiendo también escapar con su novia. Después las barreras se reforzaron con barras verticales (véase la fotografía). Ambas parejas se casaron semanas más tarde.

Lui era austriaco. A Berlino-Ovest, in un noleggio d'automobili situato nella Kurfürstendamm, aveva scoperto un'auto sufficientemente bassa da poter passare sotto la sbarra di confine. Fece così fuggire la fidanzata e la futura suocera. Poco tempo dopo un argentino trovò la stessa vettura nello stesso noleggio, ed ebbe la medesima idea. "Non è la stessa auto di poco tempo fa?" gli chiese la guardia all'entrata del settore orientale. L'argentino non ne sapeva niente, anch'egli riuscì a far fuggire la fidanzata. Ma in seguito (vedi foto) alla sbarra orizzontale furono applicate delle sbarre verticali. Le due coppie si sposarono poco tempo dopo.

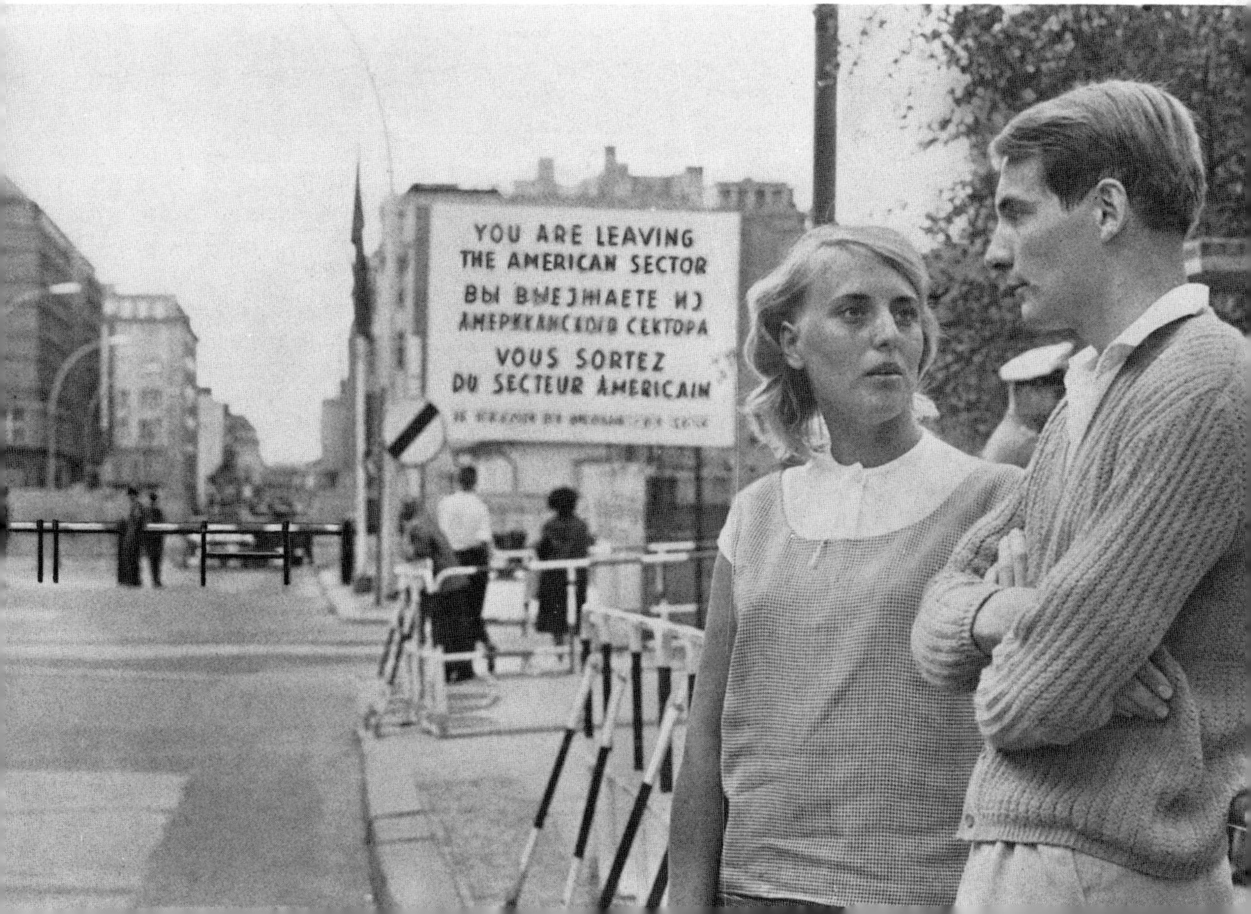

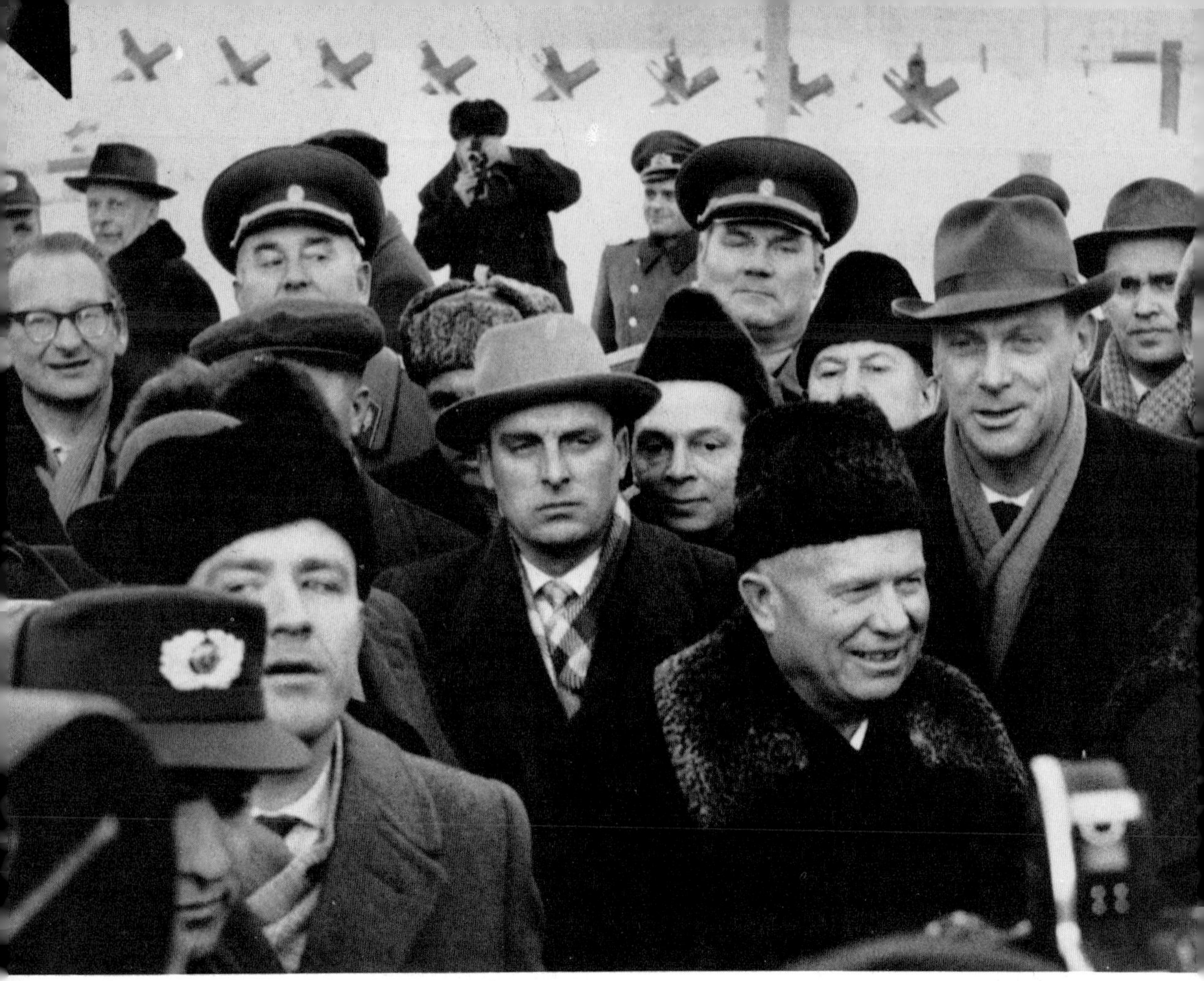

17. 1. 1963: Ministerpräsident Chruschtschow an der Schranke vor dem Checkpoint Charlie. Ulbricht (Pfeil) bleibt im Hintergrund.

26. 6. 1963: Präsident Kennedy auf dem Hochstand des Checkpoint Charlie (der seitdem „Kennedy-Podest" heißt) in Begleitung von Kanzler Konrad Adenauer, dem Regierenden Bürgermeister Willy Brandt und Minister Rainer Barzel.

17. 1. 1963: Prime Minister Khrushchov behind the barrier at Checkpoint Charlie. Ulbricht (arrow) stays in the background.

26. 6. 1963: President Kennedy on the platform at Checkpoint Charlie — which is called Kennedy-Stand now — accompanied by Chancellor Konrad Adenauer, Governing Mayor Willy Brandt and Minister Rainer Barzel.

17-1-1963: Le Premier Ministre Krouchtchev devant la barrière du Checkpoint Charlie. Ulbricht (flèche) reste en arrière.

26-6-1963: Le Président Kennedy sur l'estrade du Checkpoint Charlie — qui s'appelle depuis «estrade Kennedy» — accompagné du Chancelier Konrad Adenauer, du Bourgemestre Régnant de Berlin, Willy Brandt et du Ministre Rainer Barzel.

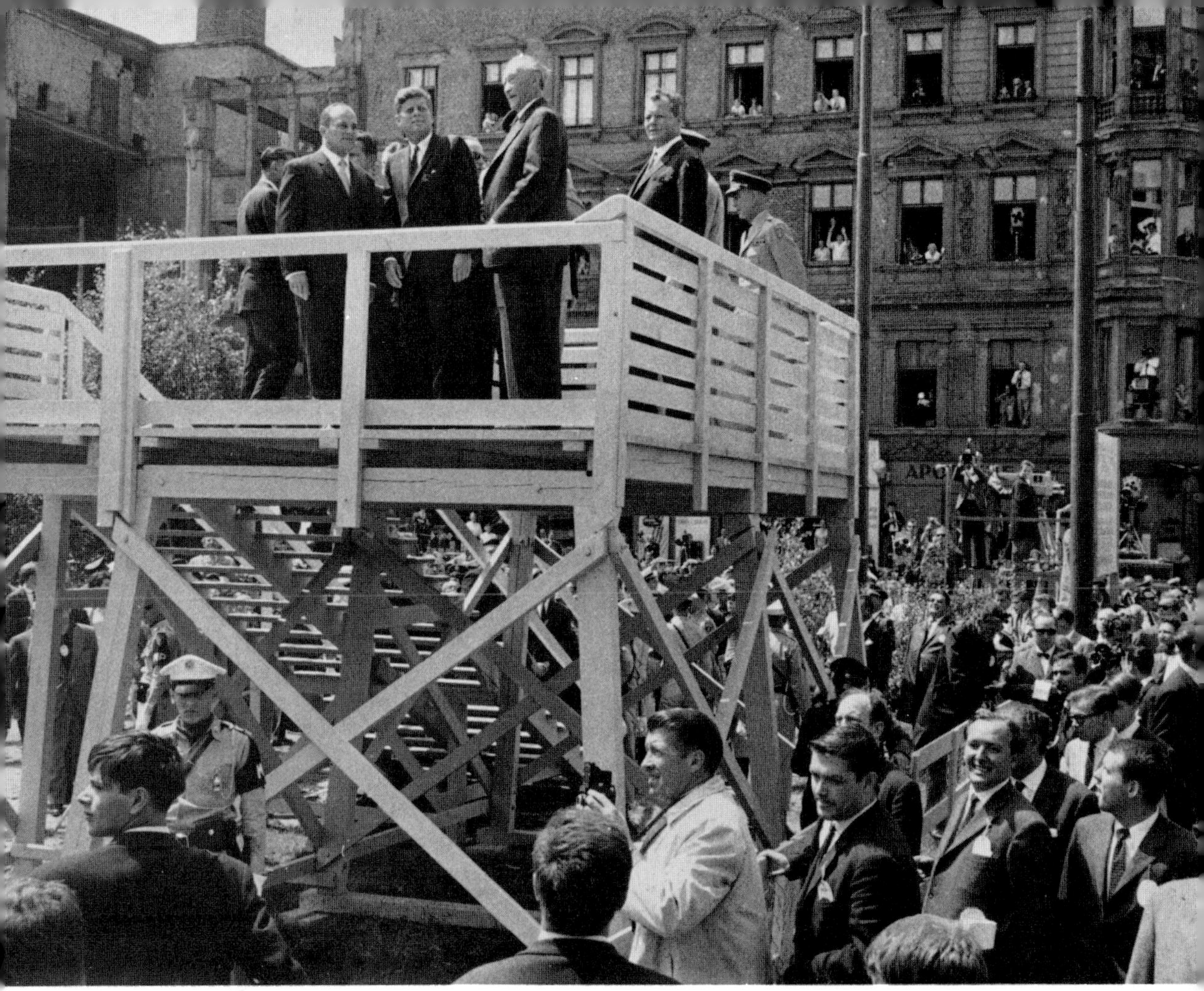

17. 1. 1963: El Primer Ministro Chruschtschow junto a las barreras, delante del "Checkpoint Charlie". Ulbricht (Flecha) queda en segundo plano.

26. 6. 1963: El Presidente Kennedy sobre la tarima del punto de control "Checkpoint Charlie", que desde entonces lleva su nombre. Se encuentra acompañado del Canciller Konrad Adenauer, el Alcalde Presidente Willy Brandt, y el Ministro Rainer Barzel.

17. 1. 1963: Il Primo Ministro Kruscev davanti alla sbarra del posto di controllo *Checkpoint Charlie*. Ulbricht (vedi freccia) resta sullo sfondo.

26. 6. 1963: Il Presidente Kennedy sulla piattaforma d'osservazione presso il posto di controllo *Checkpoint Charlie* (si chiama da quella volta «piattaforma di Kennedy»). È accompagnato dal Cancelliere Adenauer, dal Borgomastro di Berlino, Willy Brandt, e dal Ministro Rainer Barzel.

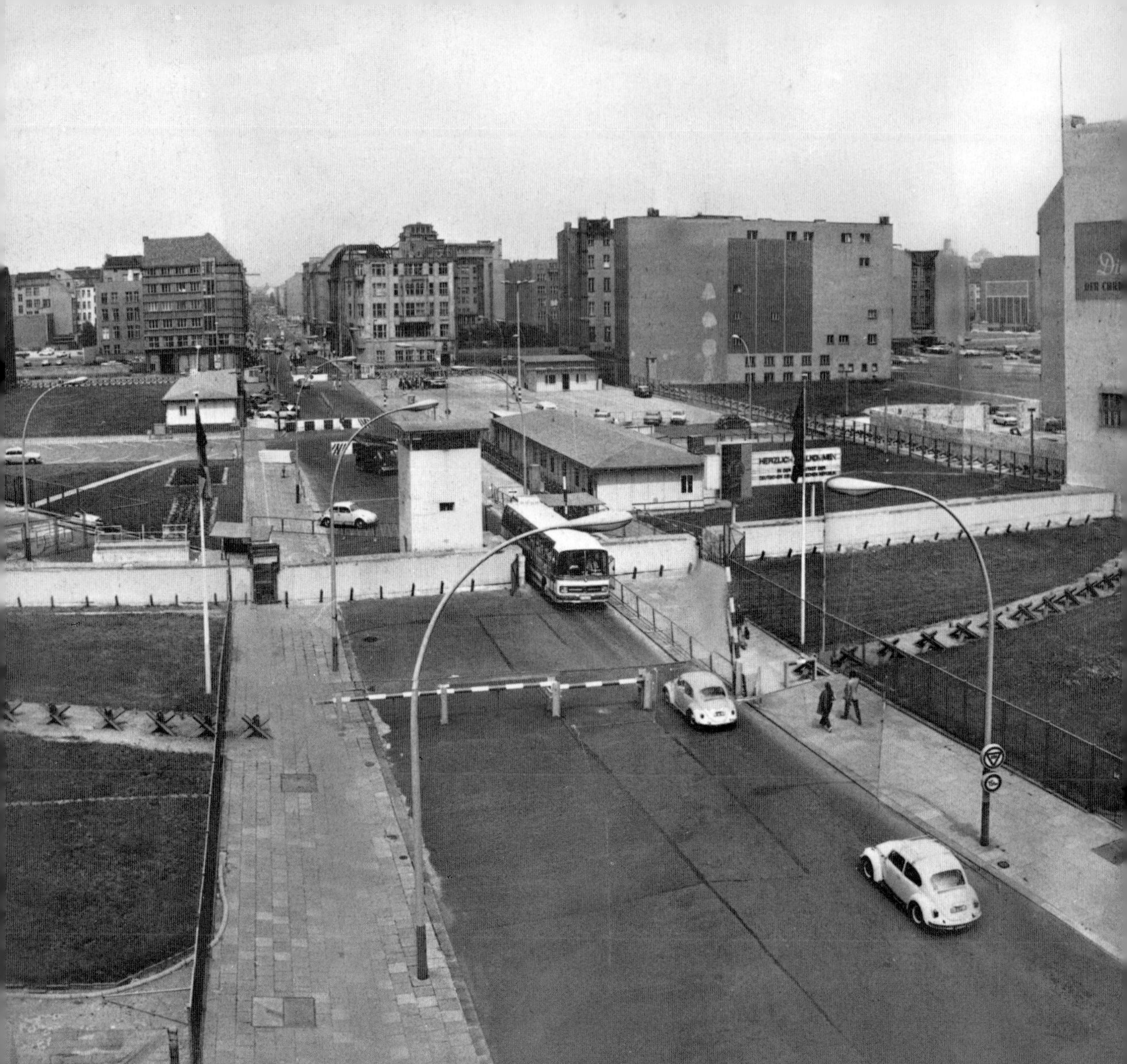

Kontrollpunkt Friedrichstraße 1977

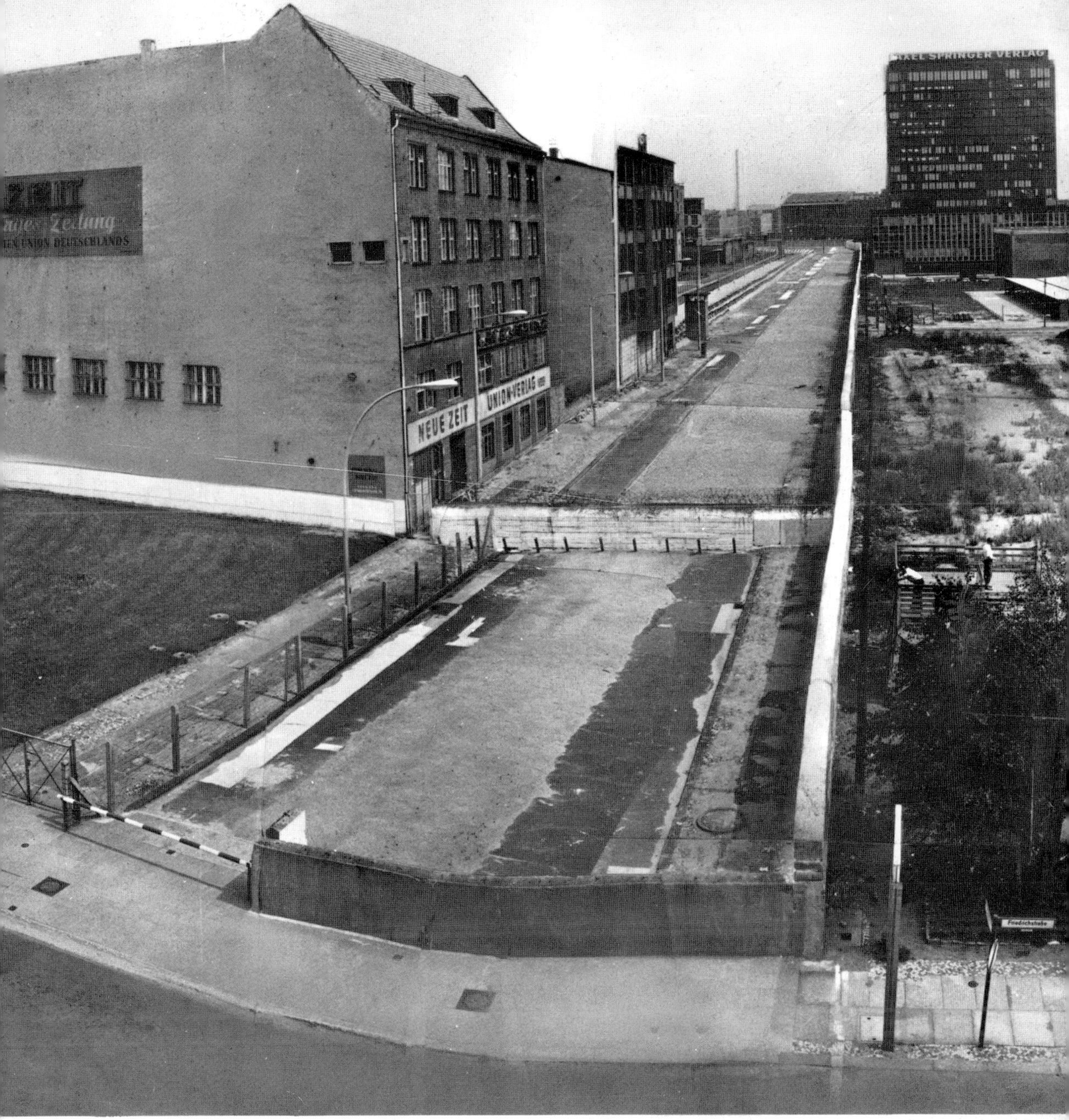
SPRINGER VERLAG
UNION DEUTSCHLANDS
NEUE ZEIT
UNION-VERLAG

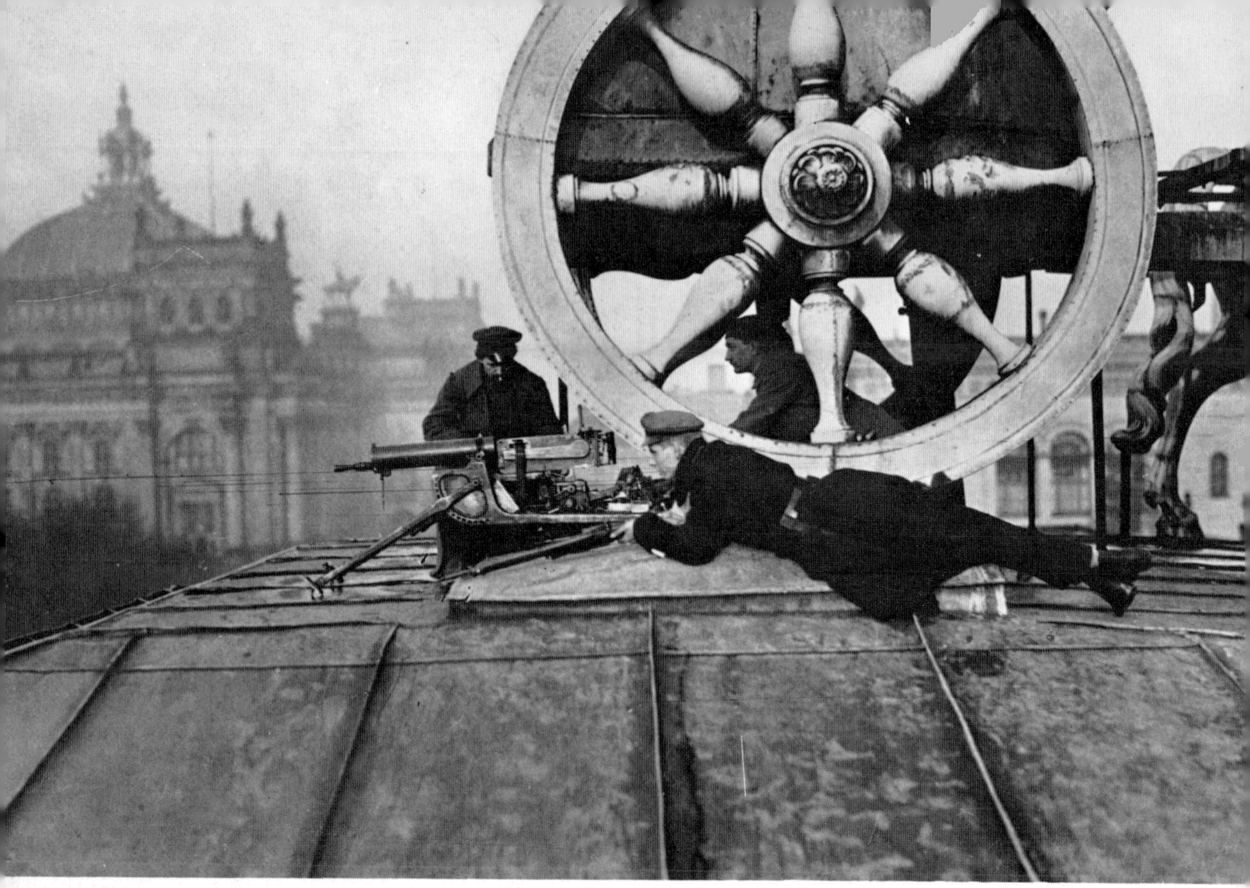

BRANDENBURGER TOR — EINST UND JETZT (46–51) Novemberrevolution 1918: Spartakus-Aufstand; „17. Juni“ 1953: die Rote Fahne wurde vor den Augen der sowjetischen Offiziere und ihrer Maschinengewehre heruntergeholt und der Held auf Schultern gehoben. Die mit Blumen geschmückte Fahne der Bundesrepublik tragen die Arbeiter durch das Tor.

BRANDENBURGER TOR — THEN AND NOW (46–51) The revolution of November 1918: the Spartacus-Revolt; on "June 17th", 1953: The Red Banner was pulled down from the top of the Brandenburg Gate with the Soviet officers, machine guns in hand, watching the scene. The hero is being lifted on the shoulders. Labourers carry the flower-decorated flag of the Federal Republic through the Brandenburg Gate.

LA PORTA DI BRANDEBURGO — UNA VOLTA ED ORA (46–51) Rivoluzione del novembre 1918: la «rivolta di Spartaco»; 17 giugno 1953: la bandiera rossa è stata tolta dalla Porta die Brandeburgo sotto gli occhi degli ufficiali sovietici armati di mitragliatrici. L'eroe viene portato a spalle. Gli operai portano attraverso la Porta le bandiere della Repubblica Federale ornate di fiori.

LA PUERTA DE BRANDENBURGO — ANTES Y AHORA (46–51) La revolución de noviembre de 1918: el levantamiento de Espartaco; 17 de junio de 1953: Ante los ojos de los oficiales soviéticos y sus ametralladoras se arrancó la bandera roja de la Puerta de Brandenburgo. El héroe es llevado en hombros. Los trabajadores pasan por la Puerta con la bandera de la República Federal adornada con flores.

LA PORTE DE BRANDEBOURG — AUTREFOIS ET MAINTENANT (46–51) La révolution de novembre 1918: La révolte «Spartacus»; le 17 Juin 1953: sous les yeux des officiers soviétiques, armés de mitraillettes, le drapeau rouge fut descendu de la Porte de Brandebourg et le héros porté en triomphe. Des ouvriers traversent la Porte, portant le drapeau de la République fédérale orné de fleurs.

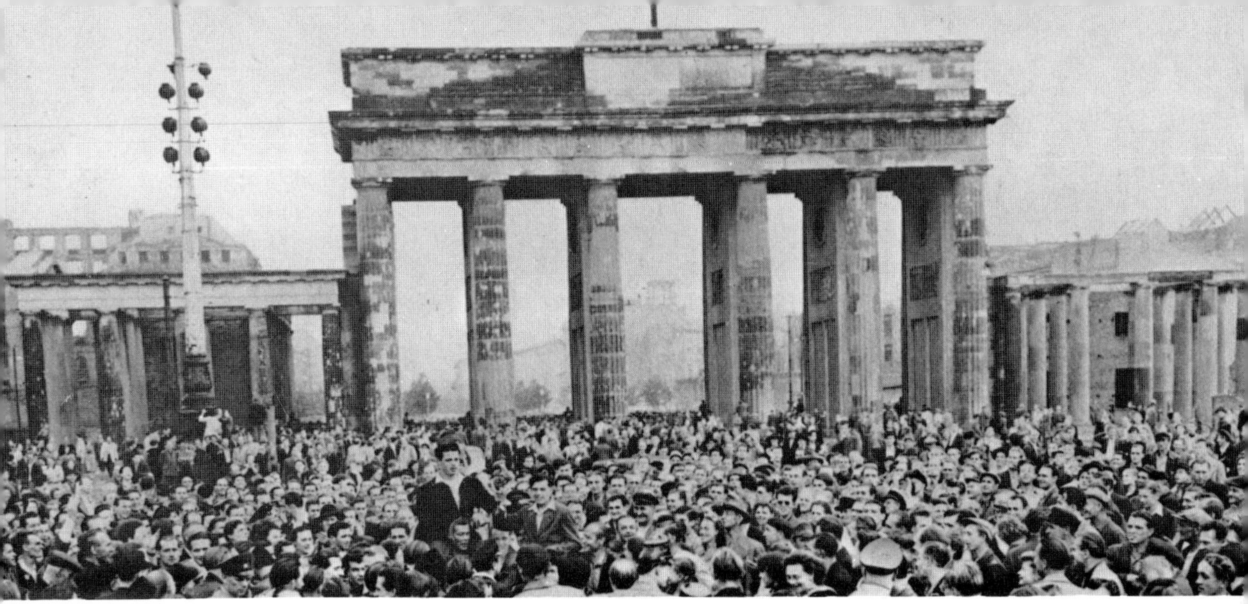

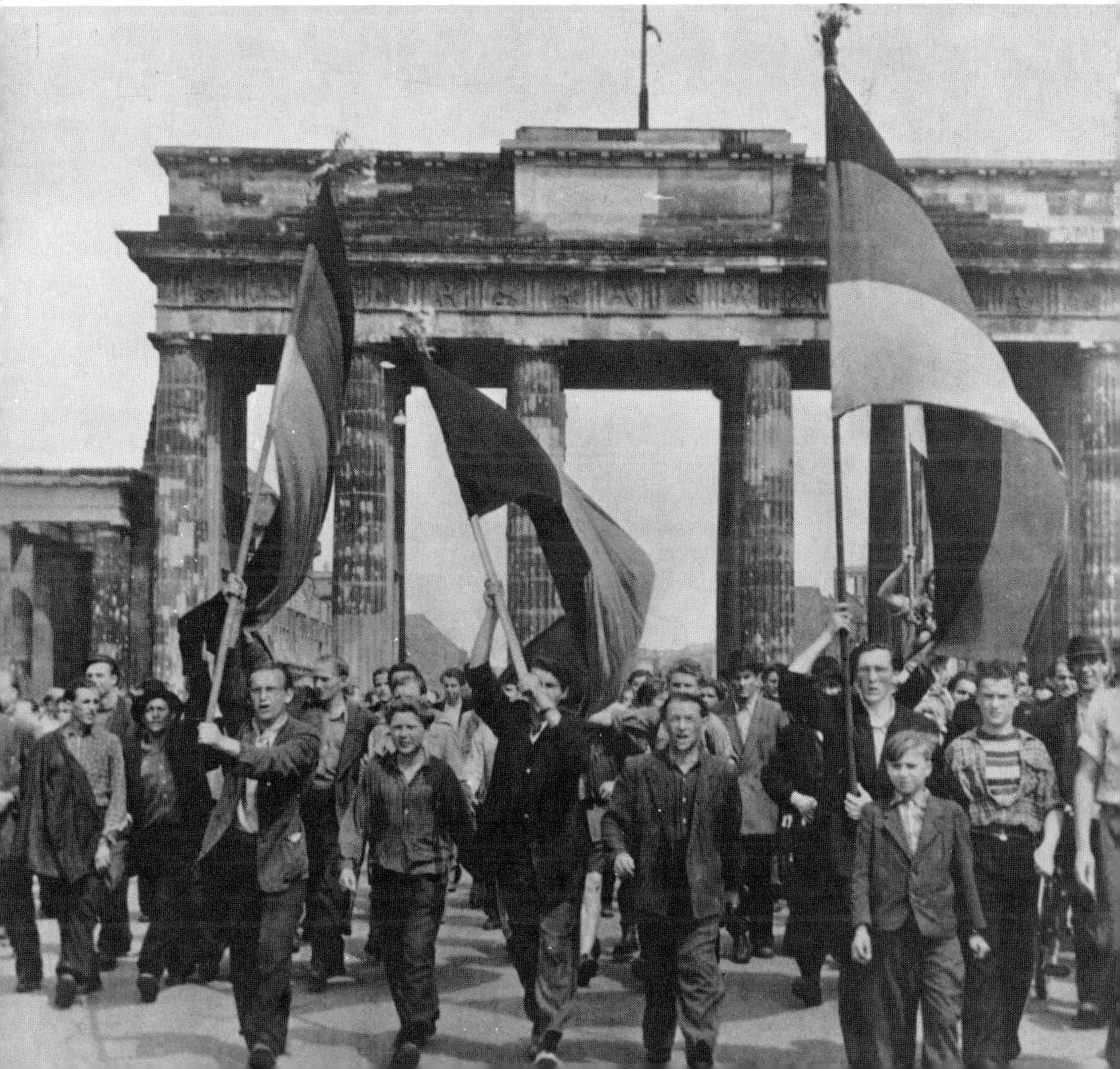

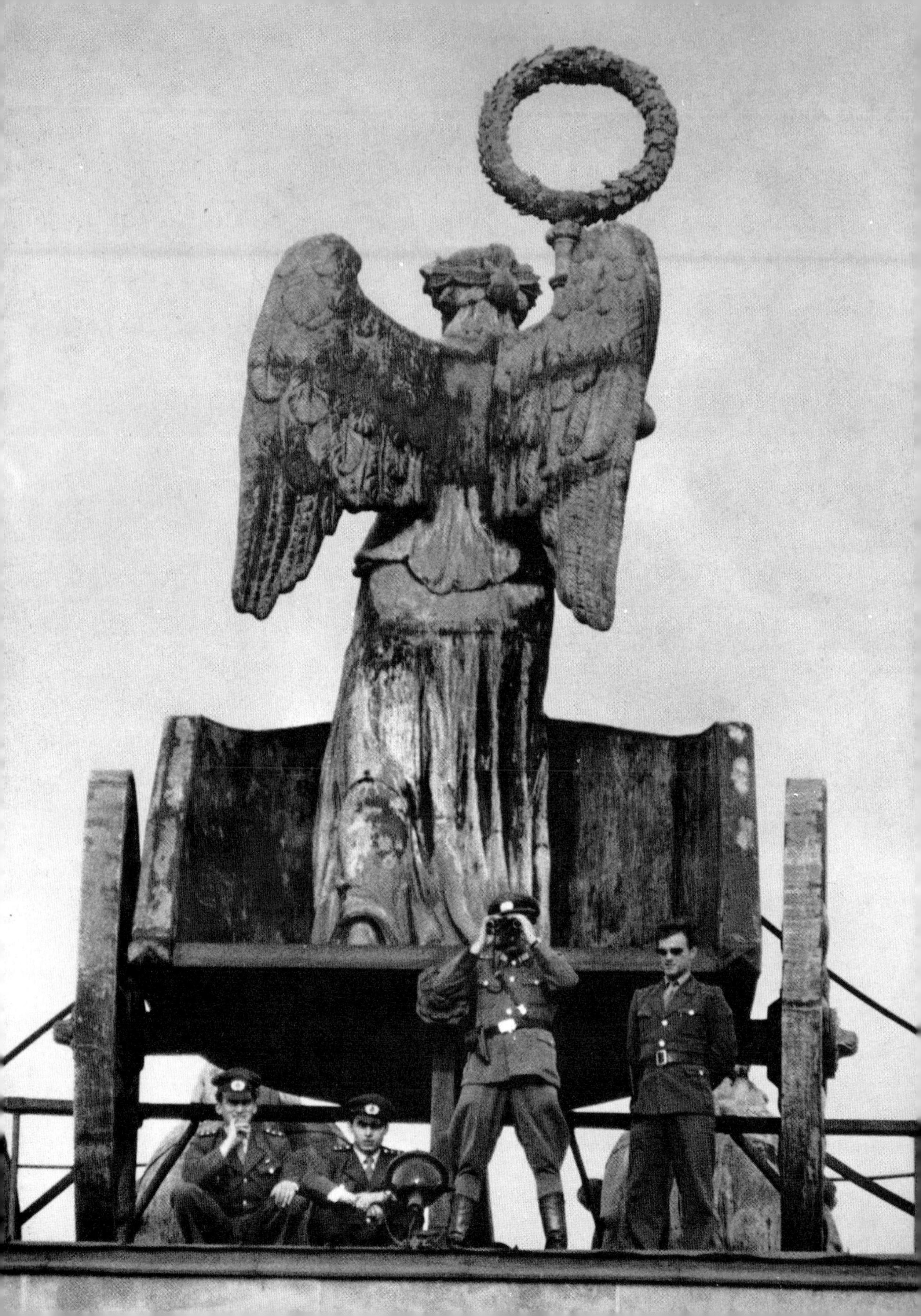

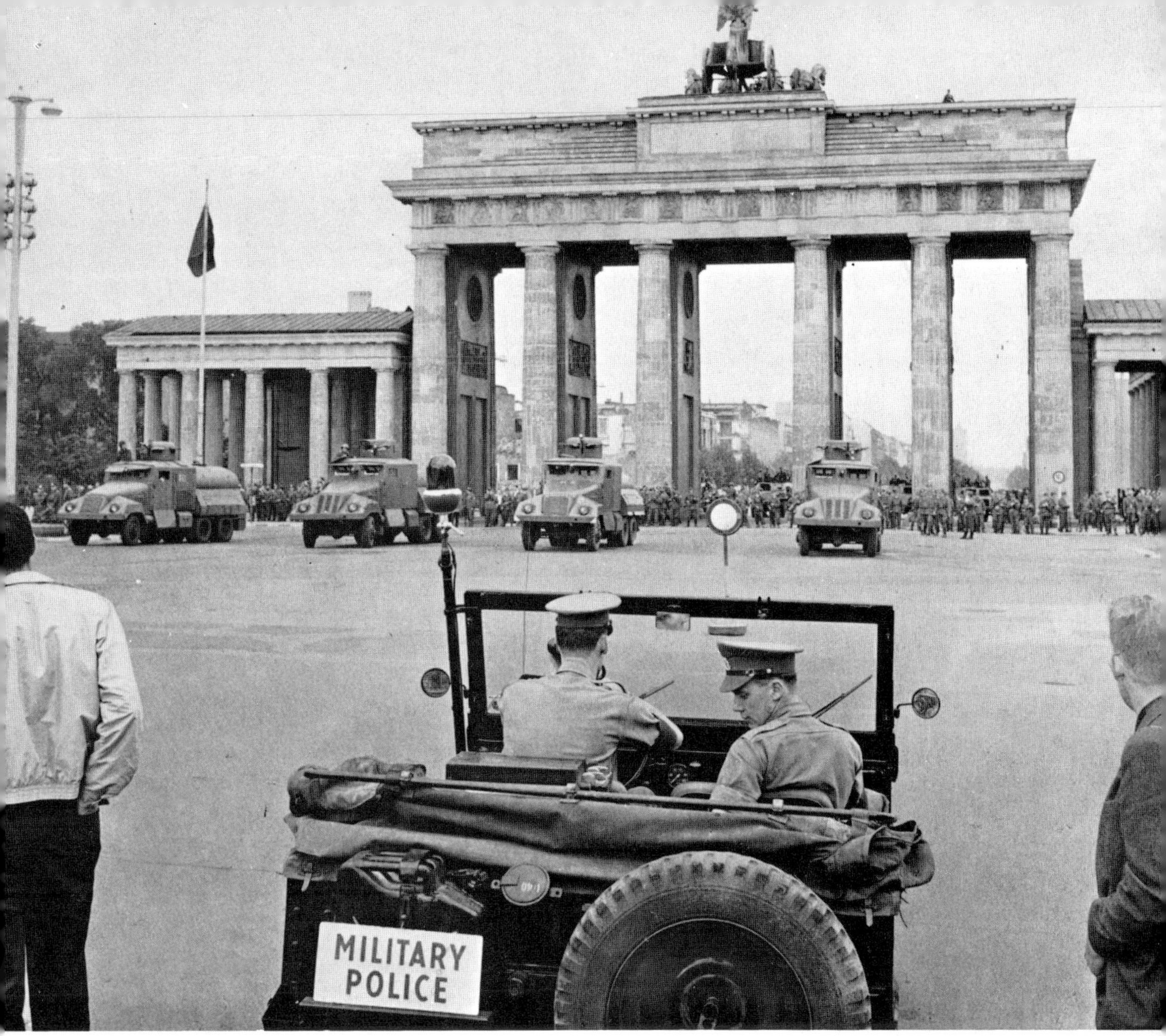

13. 8. 61

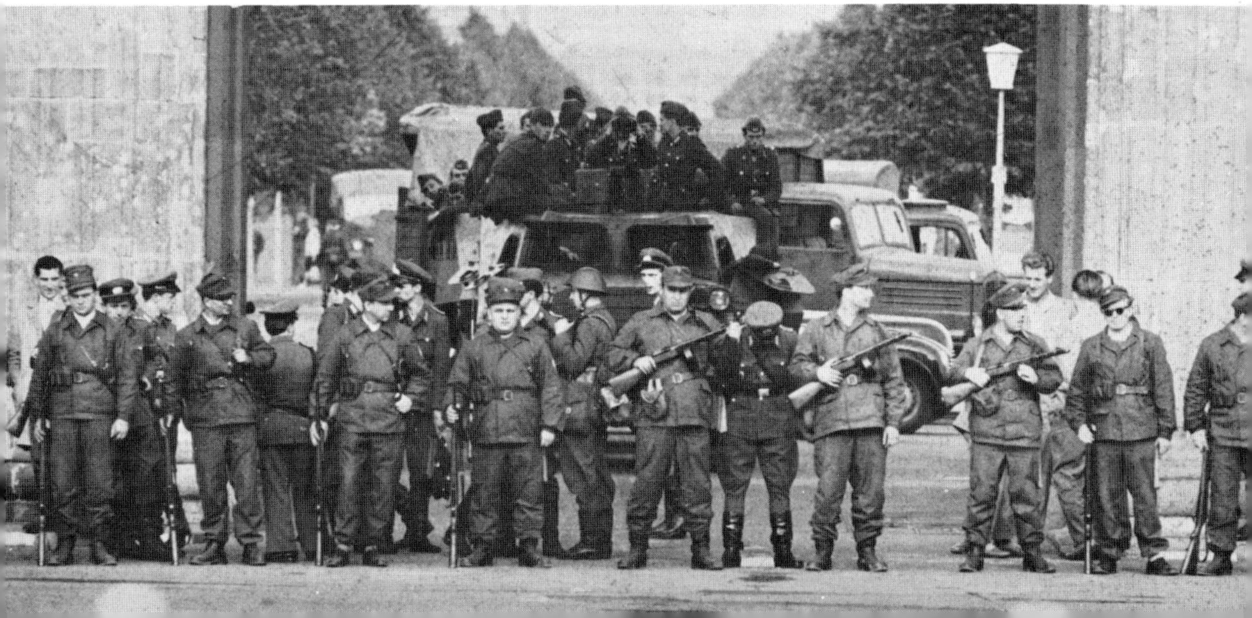

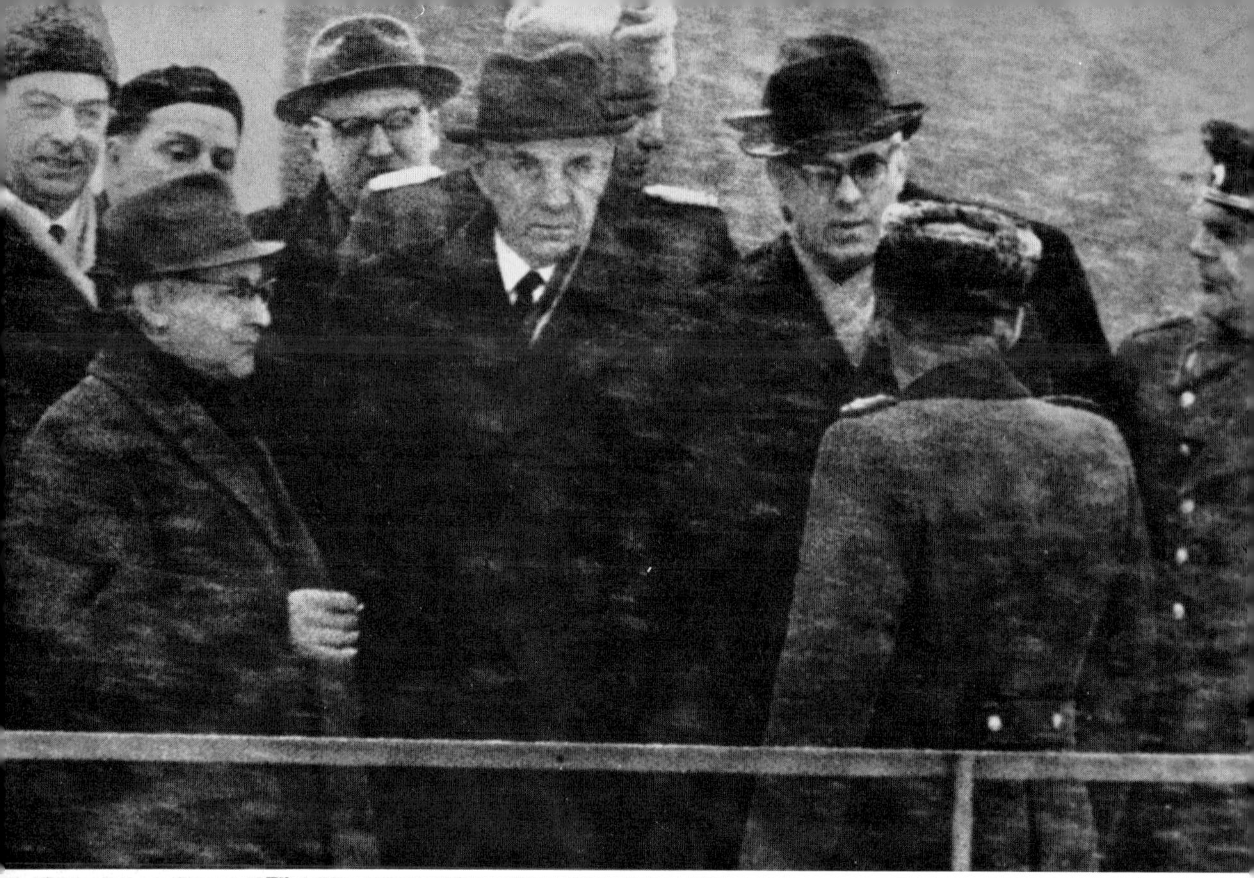

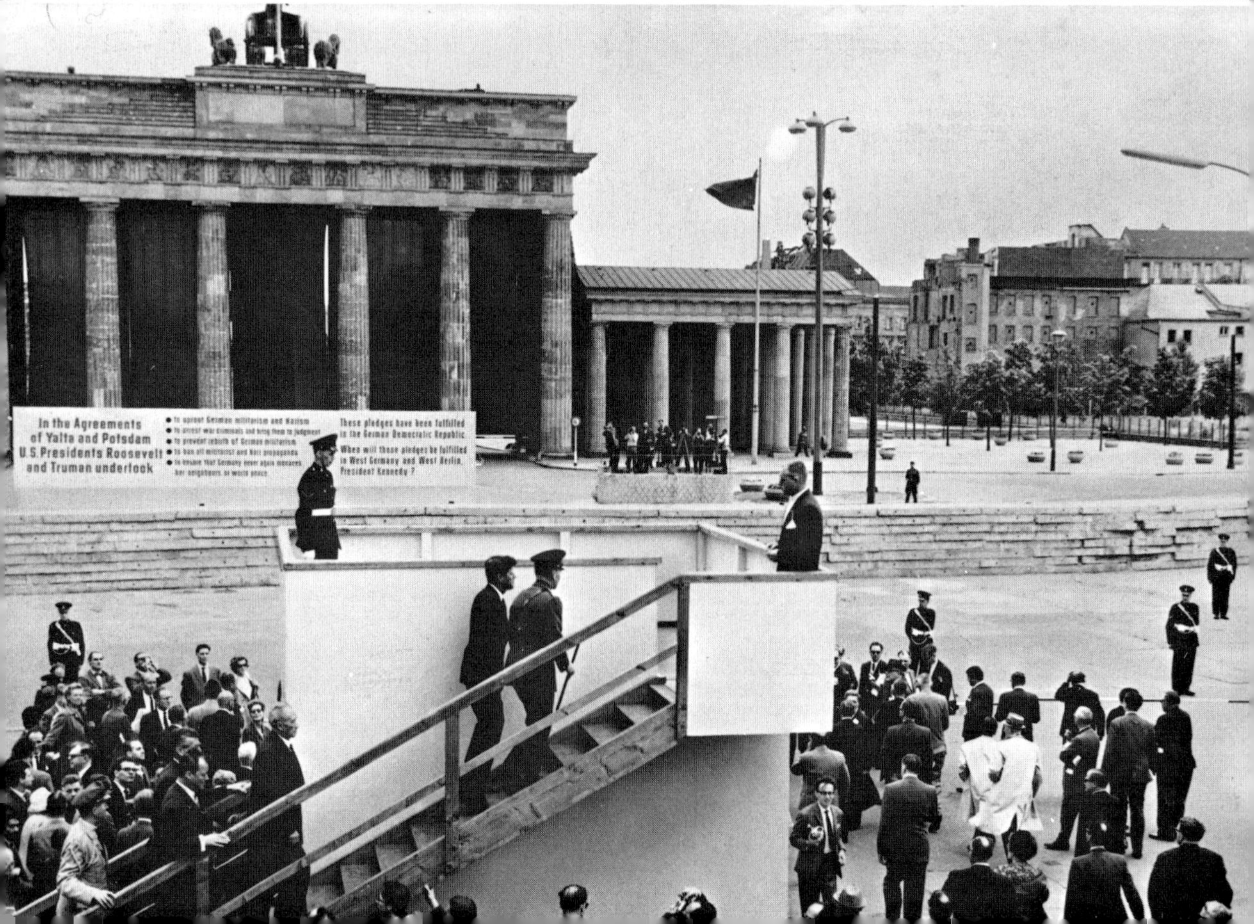
In the Agreements of Yalta and Potsdam U.S. Presidents Roosevelt and Truman undertook
• to uproot German militarism and Nazism
• to arrest war criminals and bring them to judgment
• to prevent rebirth of German militarism
• to ban all militarist and Nazi propaganda
• to ensure that Germany never again menaces her neighbours or world peace
These pledges have been fulfilled in the German Democratic Republic
When will these pledges be fulfilled in West Germany and West Berlin, President Kennedy ?

26. 6. 1963: Präsident Kennedy, gefolgt von Bundeskanzler Adenauer und dem Regierenden Bürgermeister Willy Brandt. Rote Tücher zwischen den Säulen sollen den Menschen diesseits und jenseits des Tores die Sicht nehmen.
2. 3. 1965: Der sowjetische Ministerpräsident Kossygin am Brandenburger Tor, der einzigen Stelle, wo kein Stacheldraht ist.
1981: Die MAUER der „Vierten Generation" am Brandenburger Tor.

26. 6. 1963: President Kennedy followed by Chancellor Adenauer and the Governing Mayor of Berlin, Willy Brandt. Red cloths are to obstruct the view of the people on both sides.
2. 3. 1965: The Soviet Prime Minister Kosygin at the Brandenburg Gate, the only place where there is no barbed wire.
1981: The WALL of the "Forth Generation" at the Brandenburg Gate.

26-6-1963: Le Président Kennedy, suivi du Chancelier Adenauer et du Bourgemestre Régnant de Berlin, Willy Brandt. Entre les colonnes de la Porte on a tendu des draps rouges pour empêcher les gens en deça et au-delà de la Porte de se voir.
2-3-1965: Le Premier Ministre soviétique Kossygine à la Porte de Brandebourg, le seul endroit où il n'y ait pas de barbelés.
1981: Le MUR de la «Quatrième Génération» à la Porte de Brandenbourg.

26. 6. 1963: El Presidente Kennedy acompañado del Canciller Adenauer y el Alcalde Presidente de Berlín en la Puerta de Brandenburgo. Se han colocado colgaduras rojas para impedir que los habitantes ambos lados puedan verse.
2. 3. 1965: El Primer Ministro soviético Kossygin en la Puerta de Brandenburgo, el único lugar donde no hay alambrada.
1981: Le MURA della «Quarta Generatione» presso la Porta di Brandenburgo.

26. 6. 1963: Il Presidente Kennedy, accompagnato dal Cancelliere Adenauer e dal Borgomastro Willy Brandt, alla Porta di Brandeburgo. I grandi drappi rossi appesi fra le colonne devono impedire la vista agli abitanti di qua e di là della Porta.
2. 3. 1965: Il Primo Ministro sovietico Kossygin alla Porta di Brandeburgo, l'unico punto in cui non vi è filo spinato.
1981: El MURO de la «Quatro Generation» sobre la plaza de «Brandenburger Tor».

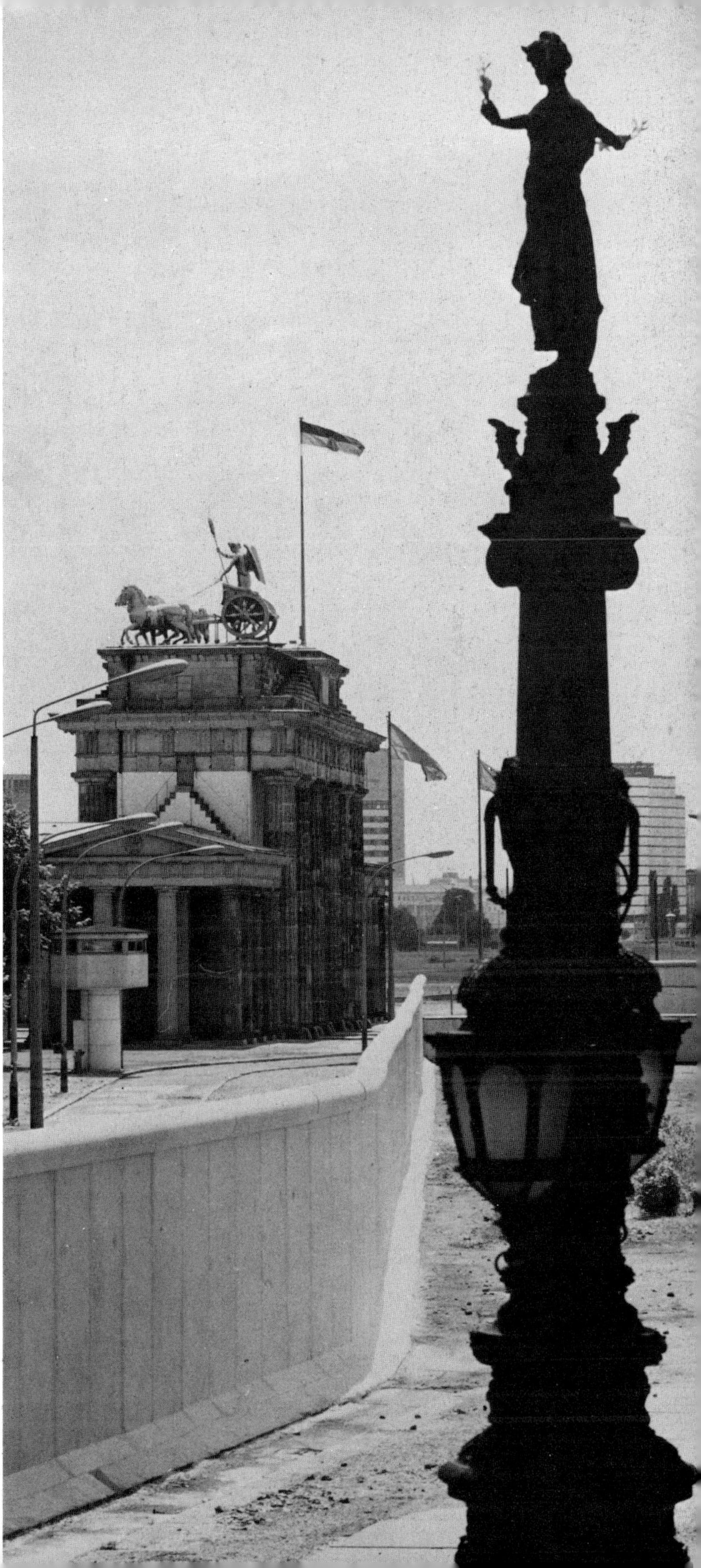

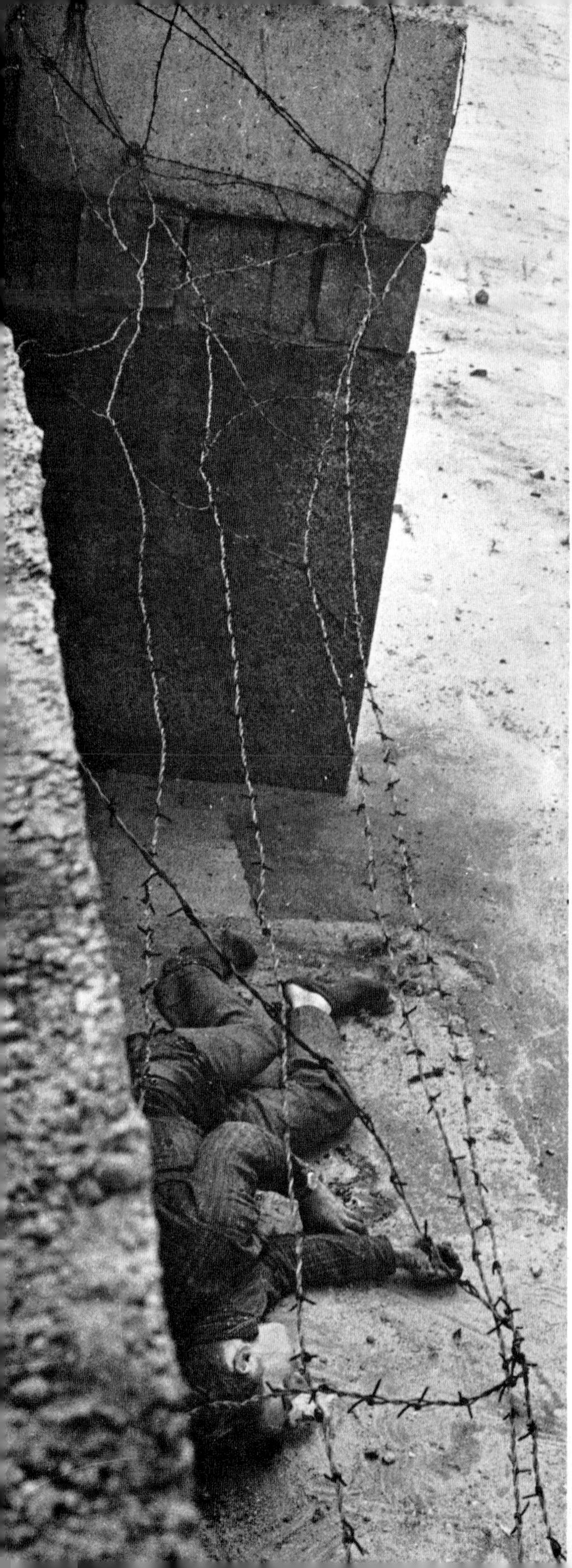

17. 8. 1962

Peter Fechter. „Helft mir doch!" rief der 18jährige. 50 Minuten lag er verblutend an der Mauer, ohne ärztliche Hilfe und ohne daß die Posten aus ihren Verstecken herauskamen. Ihr eigenes Leben gefährdend, versuchten Westberliner Polizisten ihm Verbandspäckchen zuzuwerfen. Zu schwach war er. Sterbend wurde er schließlich fortgetragen.

Peter Fechter. "Help me!", the 18-year-old young man cried. For 50 minutes he had been lying there bleeding to death, without medical assistance and without the guards leaving their hiding-places. Risking their lives West Berlin policemen tried to throw first-aid packets to him. But he was too weak. He was dying, when he was at last carried away.

Peter Fechter. «Aidez-moi donc!» cria le jeune homme de 18 ans. Pendant 50 minutes, il resta étendu, perdant son sang, sans aide médicale et sans que les sentinelles sortent de leurs cachettes. Au péril de leur vie, des policiers de Berlin-Ouest essayèrent de lui lancer des pansements, mais il était trop faible. Il était mourant lorsque enfin on le transporta.

Peter Fechter. "¡Socorredme!", gritó el joven de 18 años, que quedó sangrando durante 50 minutos en el MURO sin ninguna atención médica y sin que los centinelas le recogieran. Los policías de Berlín occidental, exponiendo su propia vida intentaron lanzarle sus botiquines de urgencia. Pero el joven estaba demasiado débil. Moribundo le recogieron poco después.

Peter Fechter. «Aiutatemi!» gridava il giovane di appena 18 anni. Per 50 minuti giacque alla base del muro dissanguandosi, senza alcun aiuto medico e senza che le guardie uscissero dai loro nascondigli per soccorrerlo. Rischiando la propria vita, alcuni poliziotti eccidentali tentarono di lanciargli qualche rotolo di garza, ma egli era troppo debole. Agonizzante fu infine portato via dalle guardie.

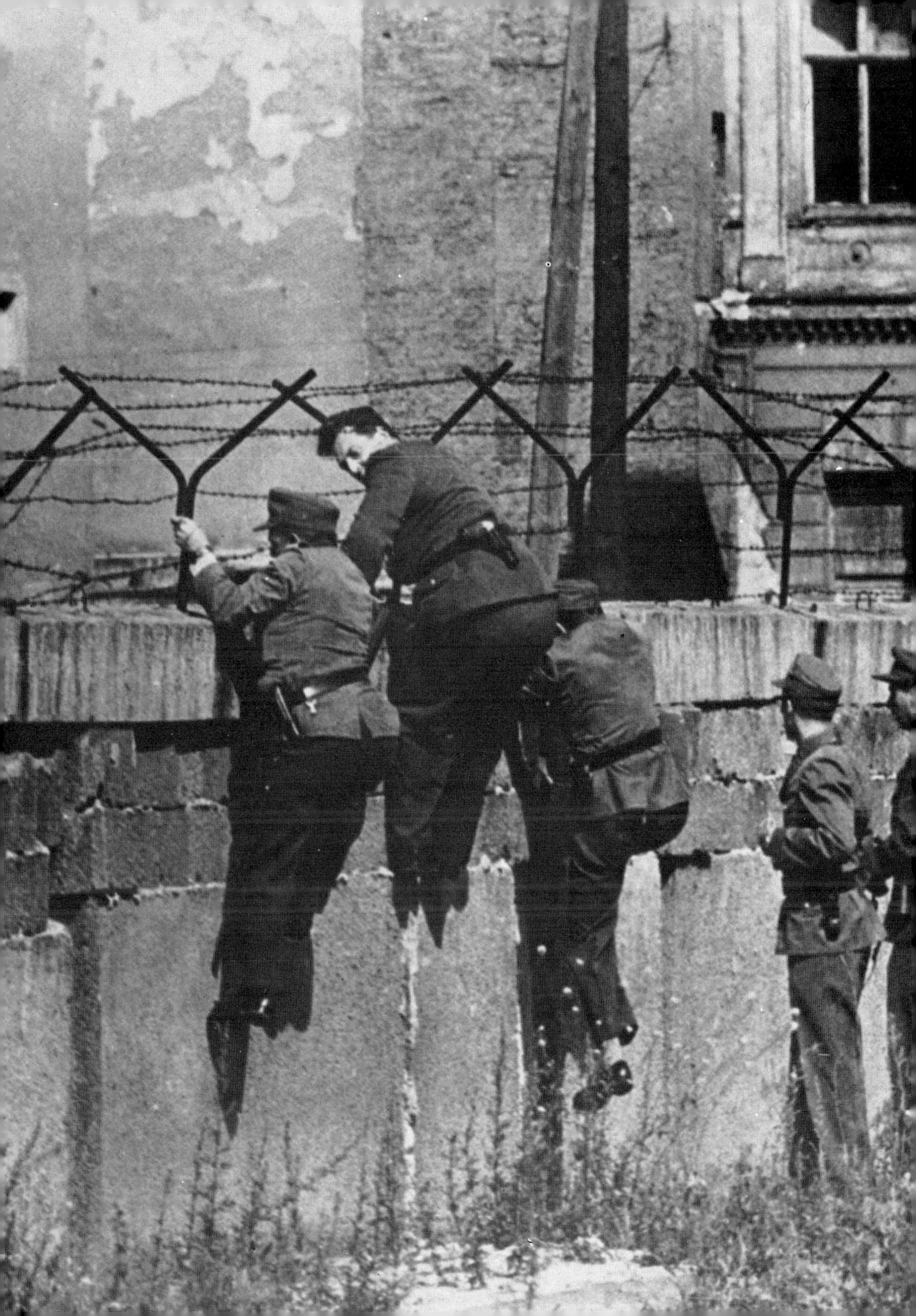

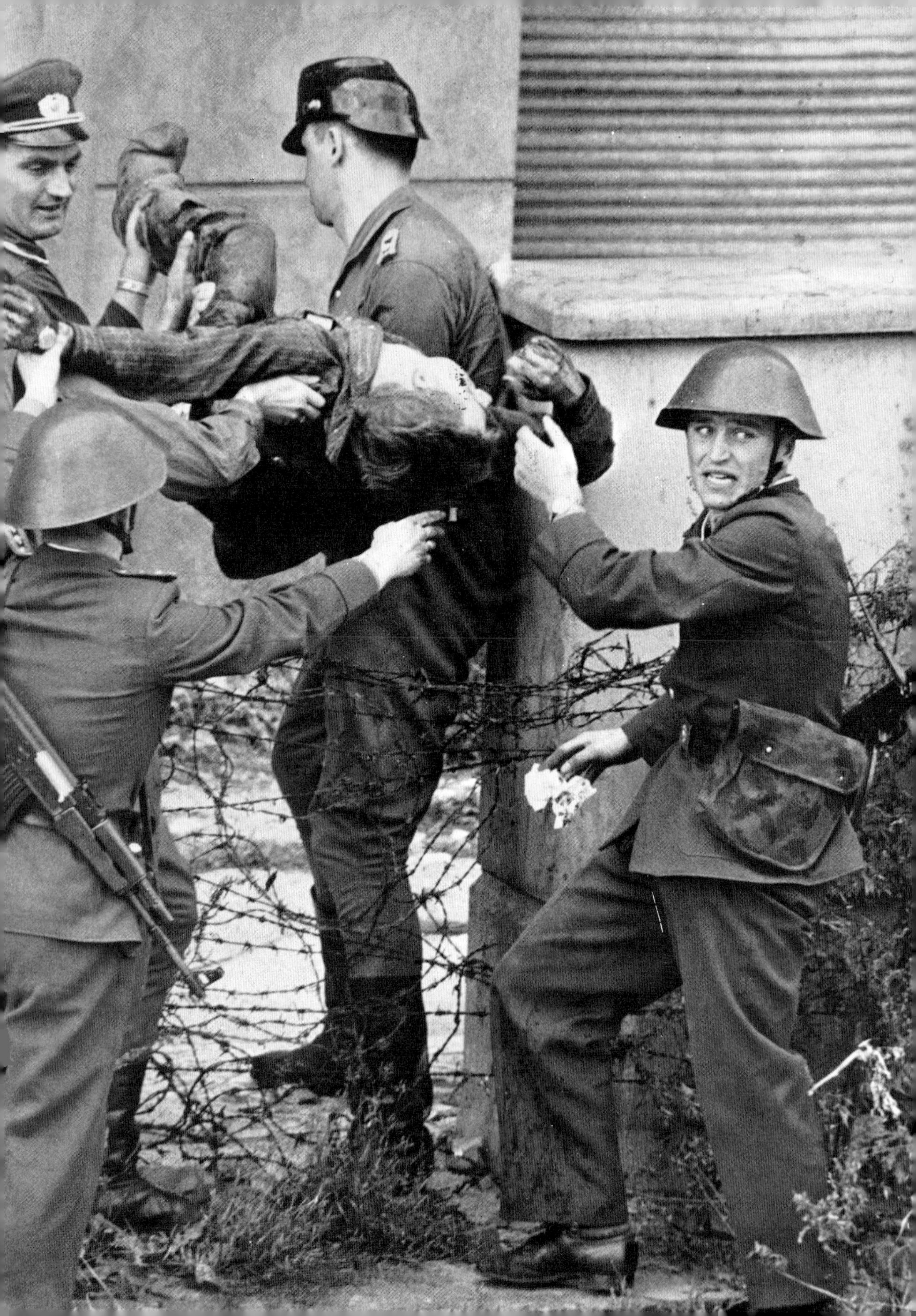

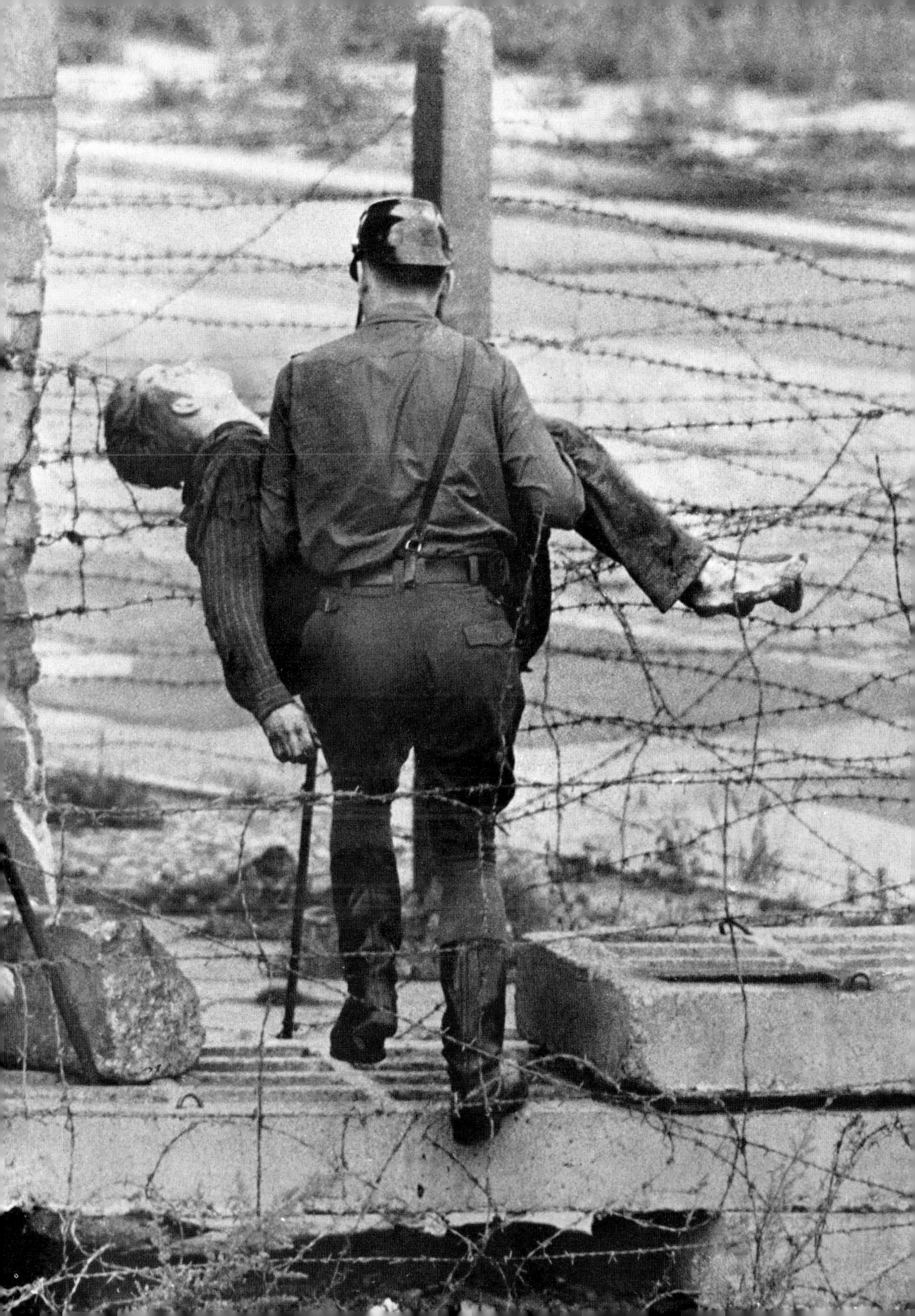

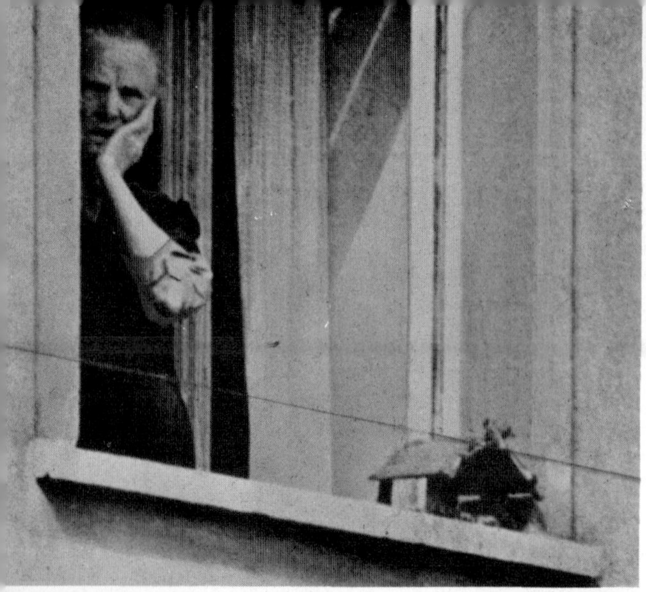

Stumm waren die Zeugen in Ost-Berlin. Nach weiteren zwei Stunden flüchtete der mutmaßliche Mordschütze aus dem Hause. „Mörder!" schrien die Westberliner immer wieder, stundenlang. Nach West-Berlin einfahrende Fahrzeuge mit Sowjetsoldaten wurden mit Steinen beworfen. — Das Haus wurde später gesprengt. Der Pfeil zeigt die Scharte, aus der der tödliche Schuß fiel.

There was silence among the witnesses in East Berlin. After another two hours the probable murderer came out of the house. "Murderer!" the West Berliners cried again and again, for hours. Stones were thrown at vehicles with Soviet soldiers entering West Berlin. — This house was blown up two years later. The arrow shows the very spot where the fatal shot was fired from.

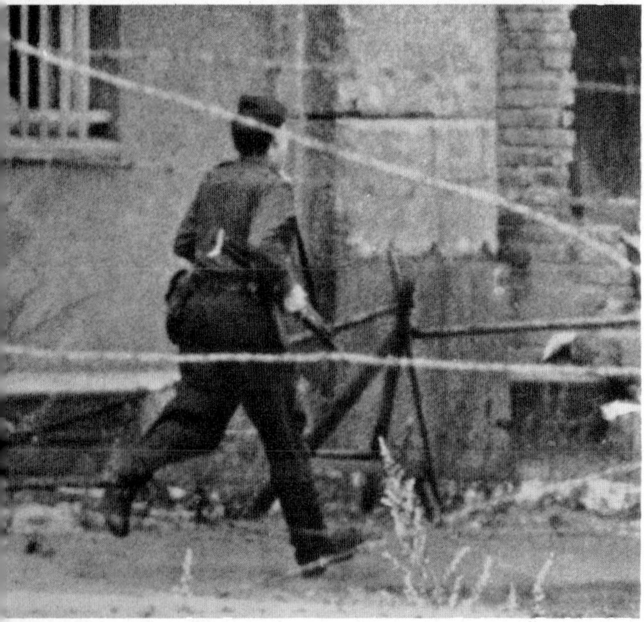

Les témoins, à Berlin-Est, restèrent muets. Deux heures plus tard, l'assassin présumé s'enfuit de la maison. Pendant des heures, les Berlinois de l'Ouest crièrent «Assassin»! On jeta des pierres sur les véhicules chargés de soldats soviétiques, entrant à Berlin-Ouest. — Deux ans plus tard, on fit sauter la maison. La flèche montre la brèche par laquelle le coup mortel a été tiré.

Los testigos de Berlín oriental permanecieron mudos. Después de dos horas huyó de la casa el supuesto asesino. "¡Asesino!", siguieron gritando los berlineses occidentales durante horas. Vehículos que entraron a Berlín occidental con soldados soviéticos fueron apedreados. — La casa se derribó dos años más tarde. La flecha indica el lugar desde el que se disparó el tiro mortal.

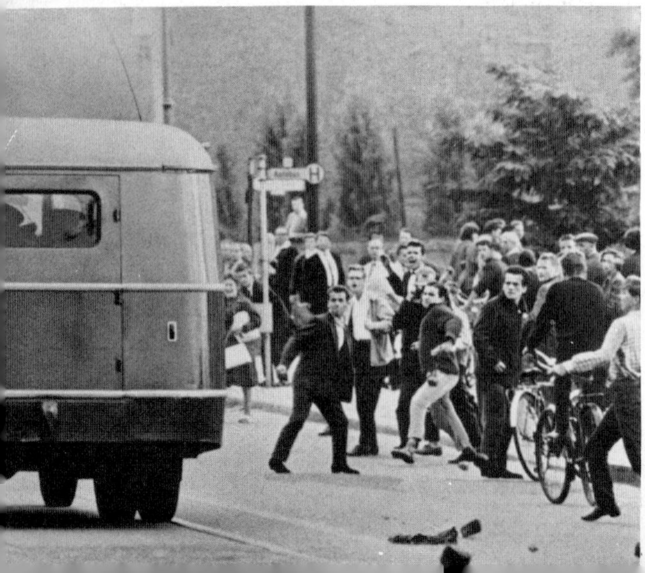

I testimoni della scena a Berlino-Est rimasero in silenzio. Dopo due ore il presunto tiratore assassino abbandonò in gran premura la casa. «Assassino» gridarono i berlinesi occidentali, a lungo, per ore. Gli automezzi che entravano a Berlino-Ovest con a bordo soldati sovietici furono presi a sassate. — La casa fu abbattuta due anni dopo. La freccia indica la feritoia dalla quale partì la pallottola mortale.

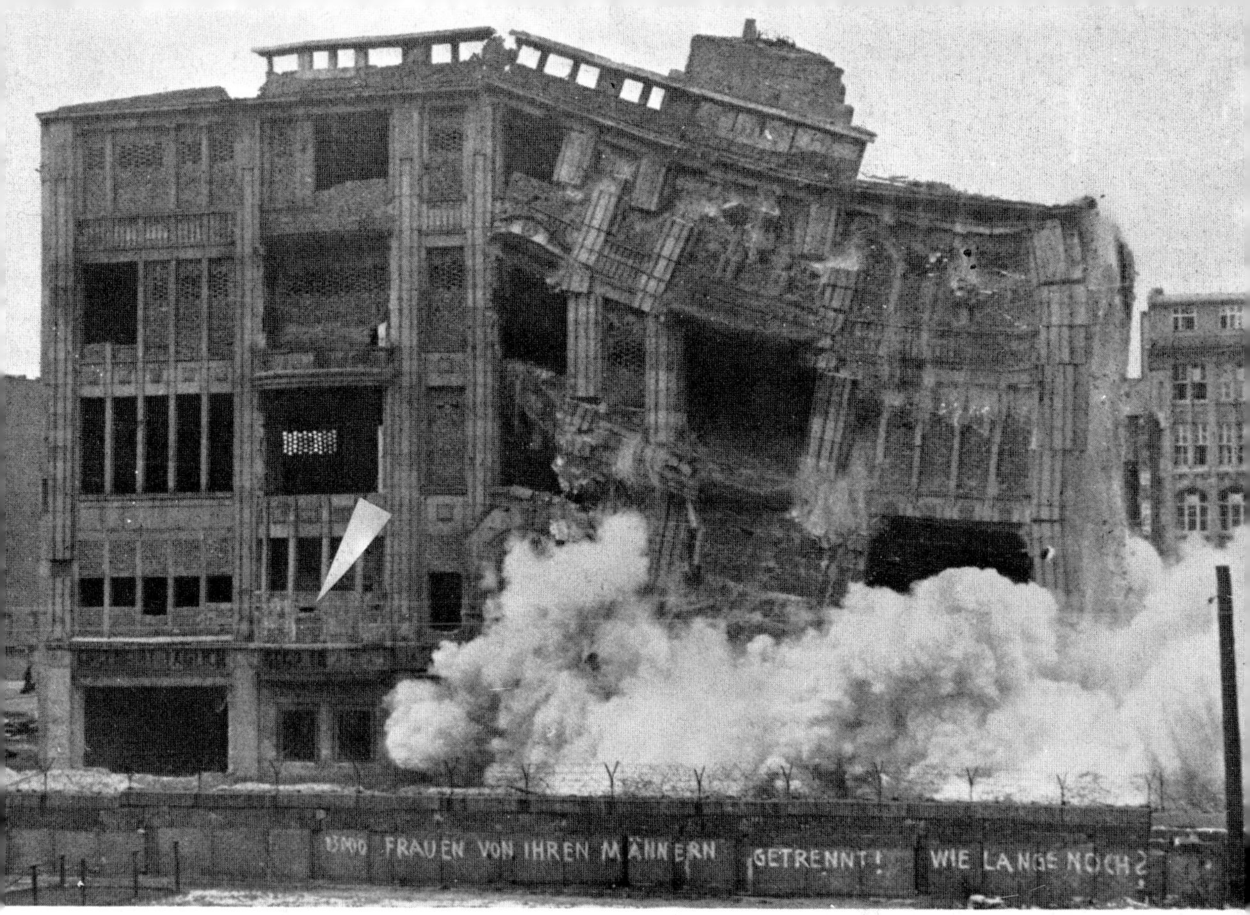
FRAUEN VON IHREN MÄNNERN
GETRENNT!
WIE LANGE NOCH?

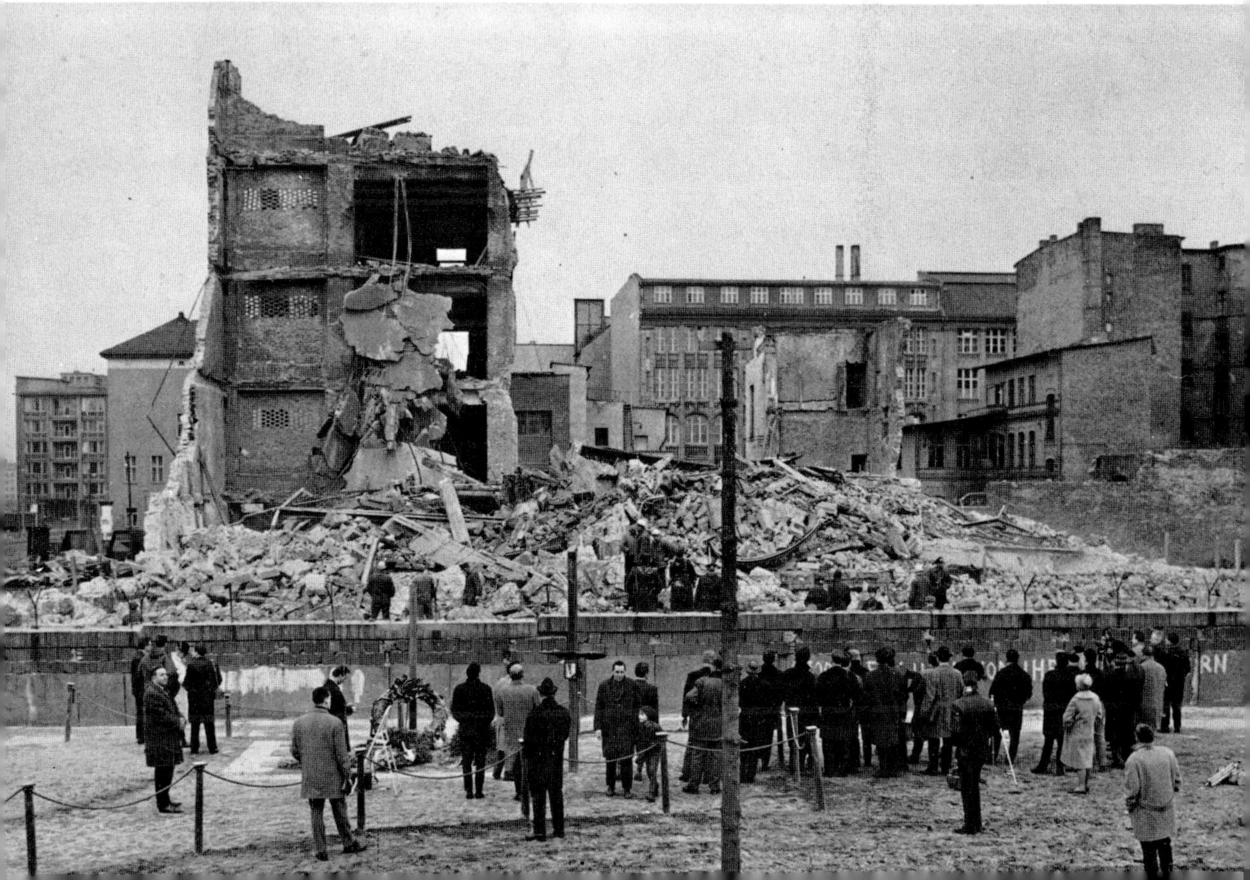

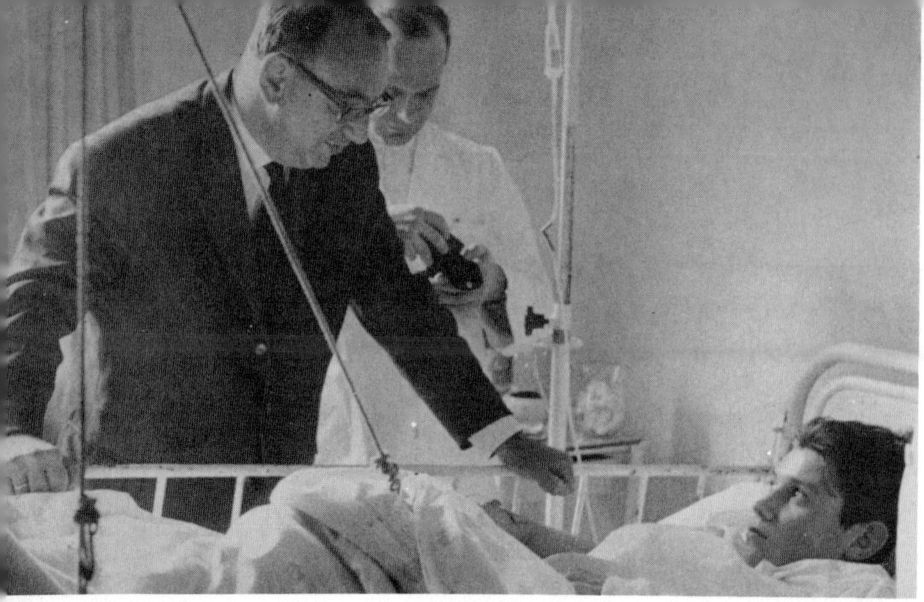

Auf diesen 15jährigen wurde das Feuer eröffnet. Bürgermeister Albertz an seinem Krankenbett. In Erwiderung des Feuers durch Westberliner Polizei wurde ein Grenzposten getötet. Das Foto des Erschossenen und der Totenfeier versandten die DDR-Agenturen kostenlos in alle Teile der Welt. – In den zirka 28 Jahren seit dem „13. August" wurden 13 Grenzposten erschossen. Ihnen stehen 192 registrierte Fluchtopfer an den Grenzen um West-Berlin und zur Bundesrepublik gegenüber. Die wirkliche Zahl der Opfer ist weit größer.

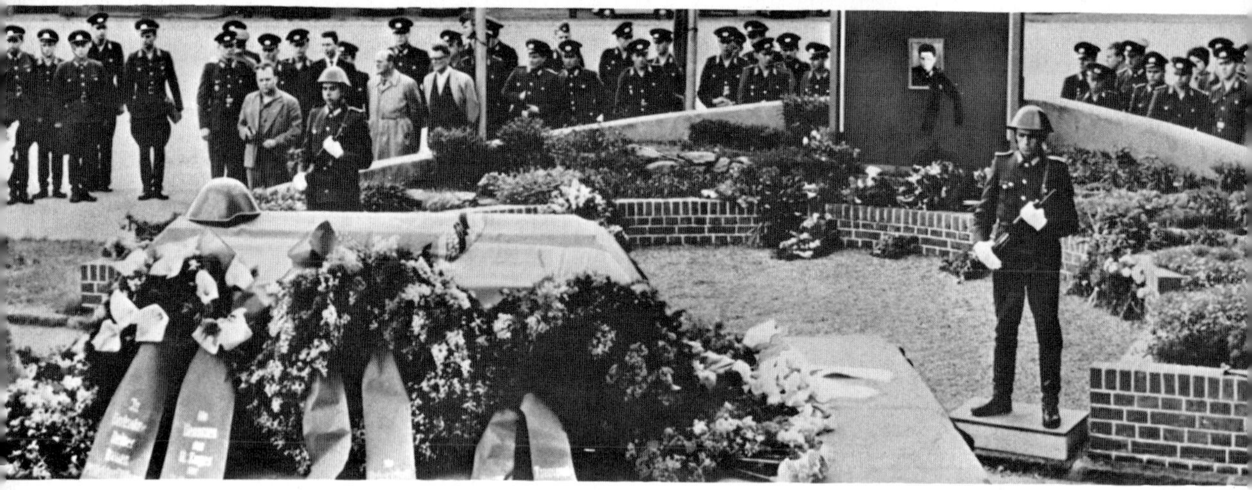

This 15-year-old boy was fired at. Mayor Albertz at his sick-bed. When the West Berlin police fired back at last, a frontier guard was killed. Free of charge, the Soviet zone's agency sent the photo of the guard killed and of the funeral to all parts of the world. – During nearly 28 years after „August 13th" 13 frontier guards have been killed up to this day. In comparison with this figure there are 192 registered victims on the borders around West Berlin and on the border to the Federal Republic. The actual figure is far higher.

On ouvrit le feu sur ce garçon de 15 ans. Le bourgmestre Albertz à son chevet. Lorsqu'enfin les policiers de Berlin-Ouest ripostèrent, une sentinelle fut tuée. Les agences de la zone soviétiques envoyèrent sans frais, dans toutes les parties du monde, la photo de la victime et des funérailles. – Durant les 28 années qui s'écoulèrent depuis le «13 août», 13 gardes-frontière ont été tués. On a, par contre, enregistré 192 victimes parmi les fugitifs à la frontière de Berlin-Ouest et à la frontière de l'Allemagne fédérale. Le nombre effectif des victimes est bien plus élevé.

Cuando atravesaba el río Spree nadando, abrieron fuego contra este muchacho de 15 años. El Alcalde de Berlín occidental, Albertz, en el hospital junto al muchacho. Al contestar el fuego la policía de Berlín occidental, hirió mortalmente a un centinela oriental. Estas fotografías del muerto y del funeral fueron enviadas gratuitamente por la agencia de prensa de la Zona Soviética a todos los países del mundo. – Desde el 13 de agosto, es decir, en casi 28 años, murieron 13 miembros de la guardia fronteriza. Por el contrario, el número de víctimas registradas en las fronteras de Berlín occidental y la República Federal asciende a 192. Pero el número real de victimas es mucho mayor.

Mentre attraversava a nuoto la Sprea, questo giovane di 15 anni fu fatto segno a colpi d'arma da fuoco. Il sindaco Albertz al capezzale del ferito. La polizia occidentale rispose al fuoco provocando la morte di una guardia confinaria. Di questo fatto si occuparono per più giorni i giornali della DDR, che tacquero però le ragioni dello scontro. Le agenzie di stampa della Zona sovietica spedirono gratuitamente in tutto il mondo le fotografie della guardia uccisa e dei suoi funerali. – Nel corso dei quasi 28 anni trascorsi dal «13 Agosto» furono uccise 13 guardie di frontiera mentre, secondo un calcolo ufficiale, le vittime uccise in tentativi di fuga sui confini di Berlino e della Repubblica Federale ammontano a 192. Ma il numero reale delle vittime è di molto superiore.

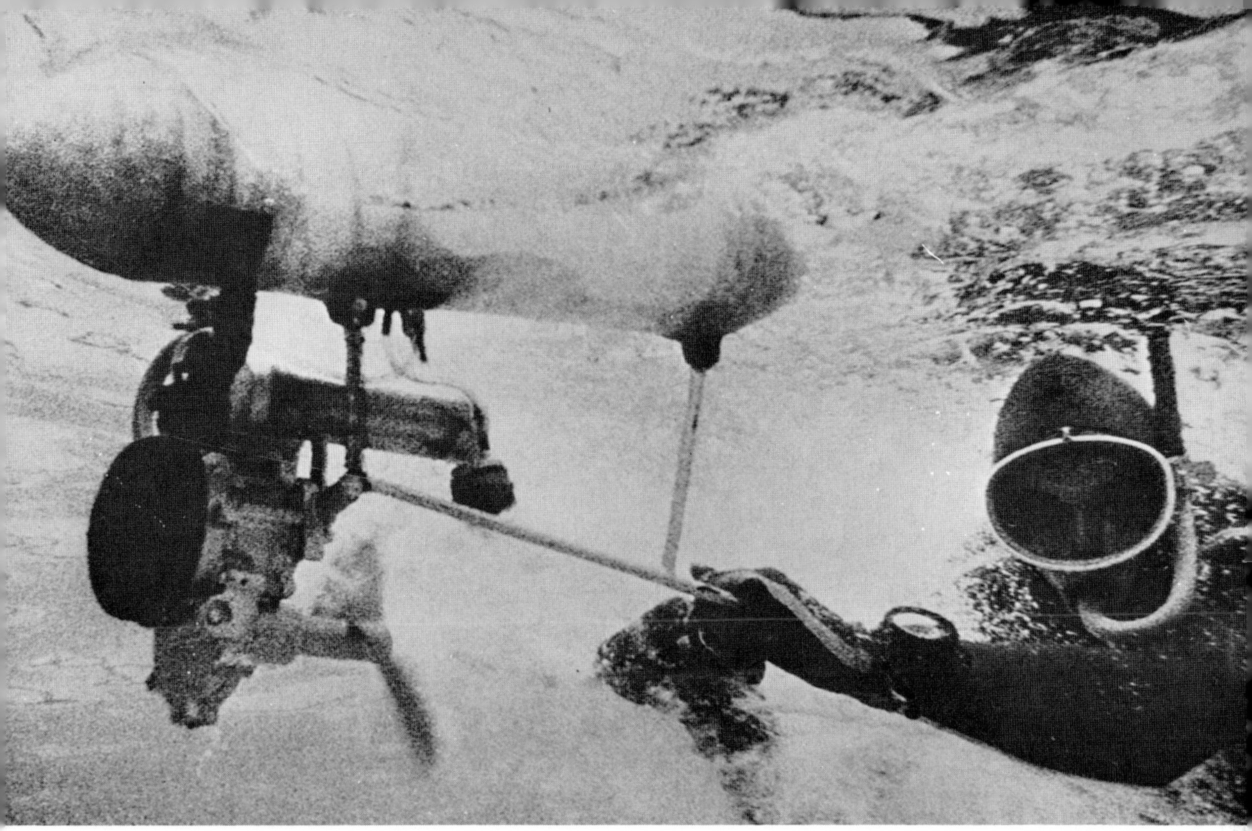

Der Flüchtling baute aus einem Fahrradhilfsmotor ein Mini-U-Boot, das ihn durch die Ostsee nach Dänemark zog: 25 Kilometer in 5 Stunden. Eine westdeutsche Weltfirma stellte den Erfinder sofort ein, um ein Serienmodell zu entwickeln, das für Sport und Rettungsdienst eine Revolution zu werden verspricht. Im ‚Haus am Checkpoint Charlie' stehen sich das Ur-Modell von 1968 und das 1973 auf den Markt gekommene Serienmodell gegenüber.

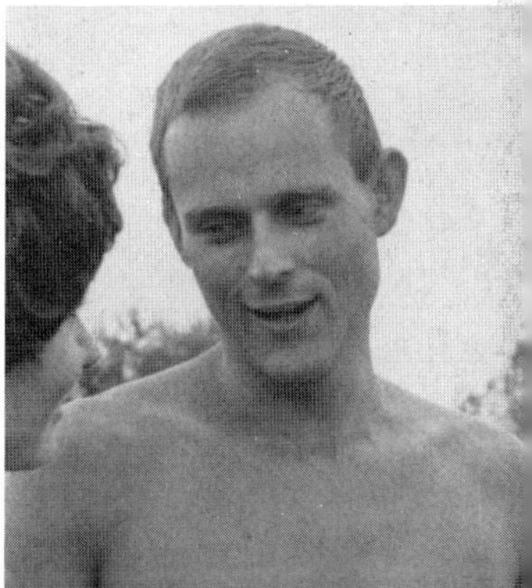

Using a tiny motor meant to power a bicycle, the escapee built a mini-submarine in which he crossed the Baltic to Denmark, covering 25 kilometres in 5 hours. A large West-German firm immediately hired the inventor. They are planning a mass-produced model which promises a revolution in sports and rescue work. In the "House at Checkpoint Charlie" are displayed the original model from 1968 and opposite the series model which appeared on the market in 1973.

D'un vélo à moteur d'occasion, construisit un réfugié, un sous-marin miniature, qui l'aida à passer de la mer Baltique au Danemark: 25 km en 5 heures. Une Société mondiale de l'Allemagne de l'Ouest, engagea immédiatement l'inventeur afin de pouvoir fabriquer un modèle de sèrie qui promet de faire une révolution dans le domaine du sport et du sauvetage. Dans la «Maison au Checkpoint Charlie» sont exposés l'un à côté de l'autre le modèle original de 1968 et le modèle de série passé sur le marché 1973.

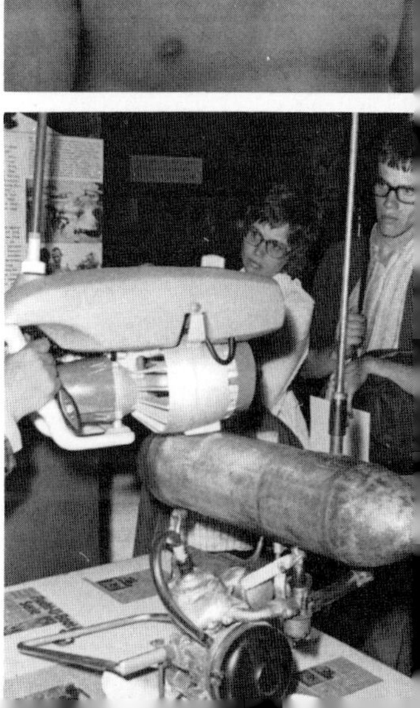

Un fugitivo construia con un motor auxiliar de bicicleta un mini-submarino que con 25 kilometros en 5 horas marchaba a través del mar Báltico con curso a Dinamarca. Una firma de Alemania Occidental empleo inmediatmente al inventor para desarrollar un modelo en serie, cual promete una revolución en el deporte y en el servicio de salvamanto. En la „Casa del Checkpoint Charlie" se encuentran el antiguo modelo de 1968, así como los recientes modelos en serie de 1973.

Con un motorino da bicicletta il fuggitivo costruì un mini-sommergibile, il quale lo tirò a Danimarca attraverso il Mare Baltico: 25 kilometri in 5 ore. Una ditta della Repubblica Federale, difama mondiale, ha subito assunto l'inventore per sviluppare un modello che promette di essere rivoluzionario per il salvataggio e per sport. Nella «Haus am Checkpoint Charlie» stanno l'uno di fronte all'altro il modello originale del 1968 e il modello di serie uscito sul mercato nel 1973.

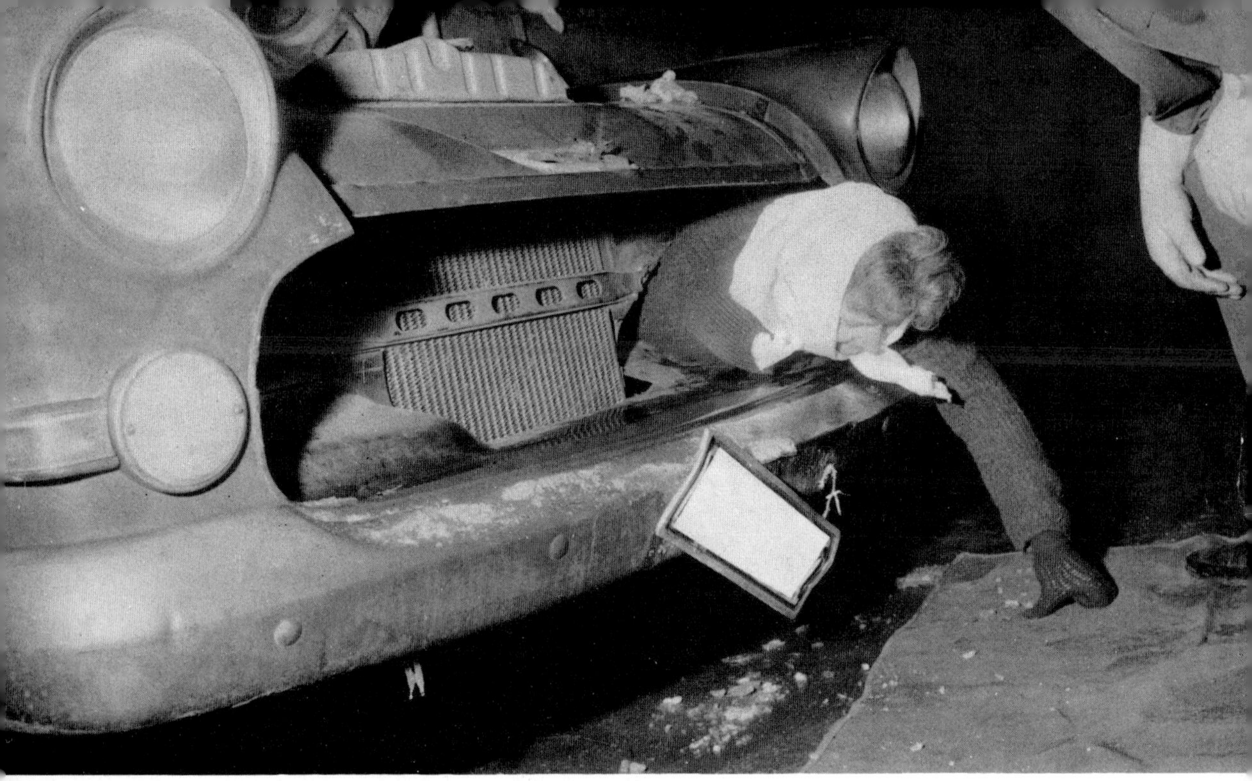

FLUCHT MACHT ERFINDERISCH (59—65) 18 mal gelang die Flucht in diesem Fahrzeug. Aber nur im ersten Jahr nach dem Bau der „MAUER" konnte dieses Versteck riskiert werden. Danach hatten die Grenzkontrolleure geeichte Meßstäbe, mit denen sie die Abmessungen jeder Fahrzeugtype kontrollieren konnten. An den Meßstäben sind Spiegel angebracht, um jedes Fahrzeug von unten betrachten zu können.
Von diesen Kontrollen war nur das kleinste aller Automobile ausgeschlossen. In einer „Isetta" einen Flüchtling zu verstecken erschien unmöglich. Und gerade darauf baute ein Fluchtunternehmen im Jahre 1964 auf. Die 9 Flüchtlinge waren jedesmal dort versteckt, wo sonst die „Isetta" ihre Heizanlage und Batterie hatte. Jetzt steht das Fahrzeug in der Ausstellung am Checkpoint Charlie.

ESCAPING PRODUCES INVENTIVENESS (59—65) 18 times escapes were successful with this vehicle. But only during the first year after the construction of the WALL could this hiding-place be used. Then the Control-guards had calibrated rods; with these they could measure the dimensions of all types of vehicles. Fixed to these measuring rods are mirrors reflecting the underside of the vehicle to be controlled.
Only one vehicle had been exempted from the controls: the "Isetta". It seemed to be impossible to transport a refugee with it. In 1964 the plan of escape was based on this finding. The 9 refugees had been hidden where there used to be the heating system and the battery. Now the vehicle is standing in the exhibition at Checkpoint Charlie.

LA FUITE REND DÉBROUILLARD (59—65) 18 tentatives de fuite réussirent dans cette voiture. Mais on ne put utiliser cette cachette que pendant la première année après la construction du MUR, car les gardes-frontière se servirent par la suite de jauges avec lesquelles ils pouvaient mesurer les dimensions de tous les types de véhicules. Les jauges sont munies de miroirs permettant de contrôler la voiture par dessous.
Seule la plus petite de toutes les voitures échappa à ce contrôle. Il semblait impossible de dissimuler un réfugié dans une « Isetta ». Et justement en partant de là, on imagina en 1964 un plan d'évasion. Chacun des 9 réfugiés fut caché à l'endroit où se trouvent habituellement, dans l'«Isetta», la batterie et le chauffage. Actuellement, on peut voir la voiture dans l'exposition au Checkpoint Charlie.

LA HUIDA AGUZA LOS SENTIDOS (59—65) Con este vehículo se ha conseguido huir 18 veces. Pero solamente pudo arriesgarse este escondrijo durante el primer año de existencia del MURO. A partir de entonces los vigilantes en la frontera pueden controlar todos los tipos de vehículos con varillas que indican las medidas de todos ellos en estas medidas van colocados además espejos para poder controlar todos los vehículos desde abajo.
De todos esto controles se excluyó un sólo tipo de automóvil: el Isetta. En él parecía imposible transportar a un fugitivo. Y por este motivo en el año 1964 se ideó un plan de huída. Cada uno de los nueve fugitivos se ocultaba en el espacio que tiene destinado el Isetta para alojar la calefacción y la batería. Pero en el décimo intento, el automóvil cabeceó ligeramente al momento de controlar los papeles. Y esto supuso el final.

LA FUGA RENDE GENIALI (59—65) 18 volte riuscì la fuga in questa vettura. Ma solo nel primo anno dopo l'erezione del muro si potè correre questo rischio. Da allora i controlli ai posti di frontiera vengono effettuati con bacchette appositamente tarate per ogni tipo d'automobile. Le bacchette sono fornite di specchi che permettono di osservare le vetture anche dal di sotto.

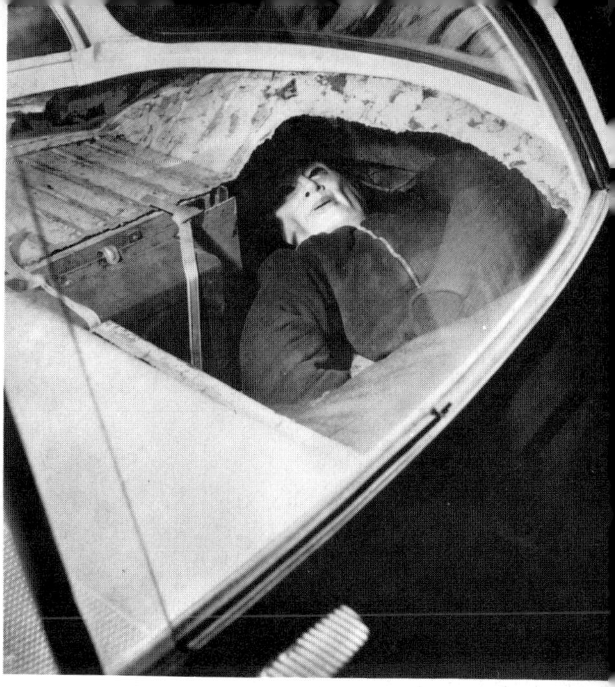

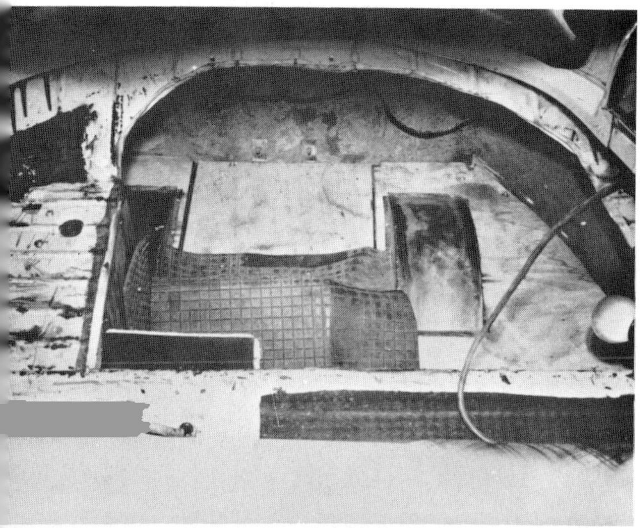

Da questi controlli era esclusa solo l'Isetta, la più piccola automobile esistente, poichè si riteneva impossibile nascondervi una persona. Allora, nel 1964, si ideò un nuovo piano di fuga. Il fuggitivo era nascosta nel vano dove di solito, nell'Isetta, sono allogati l'impianto di riscaldamento e la batteria. L'impianto di riscaldamento fu tolto e la batteria rimpiccolita. Con questo sistema la fuga riuscì nove volte, alla decima la vettura non ce la fece più a ripartire e fu la fine. Ora è esposta alla mostra «È accaduto al muro».

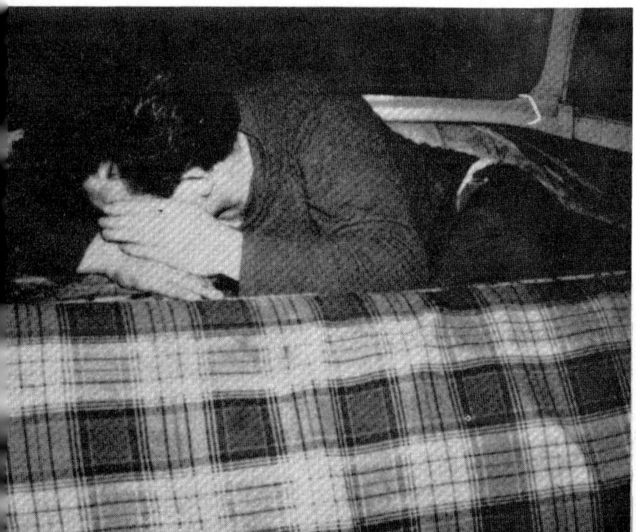

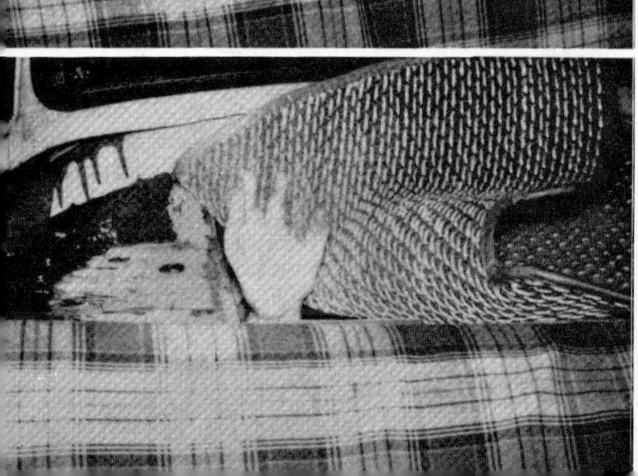

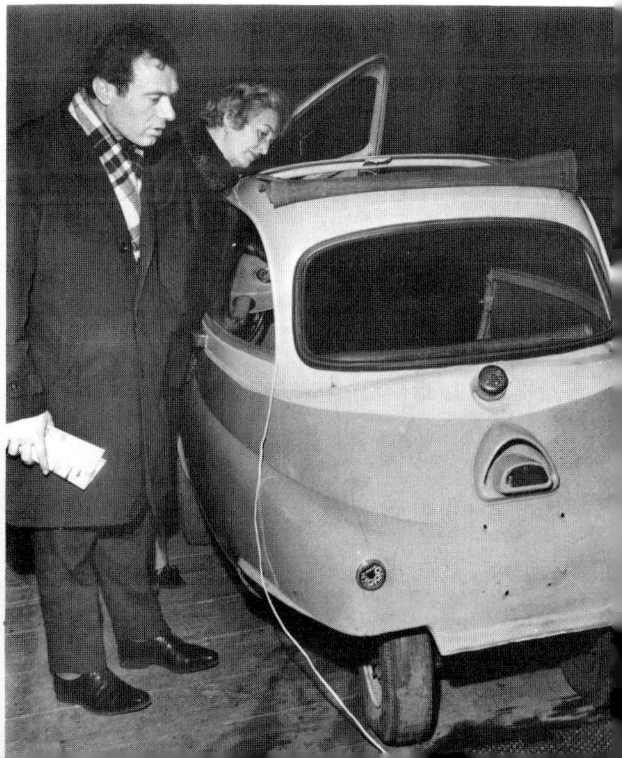

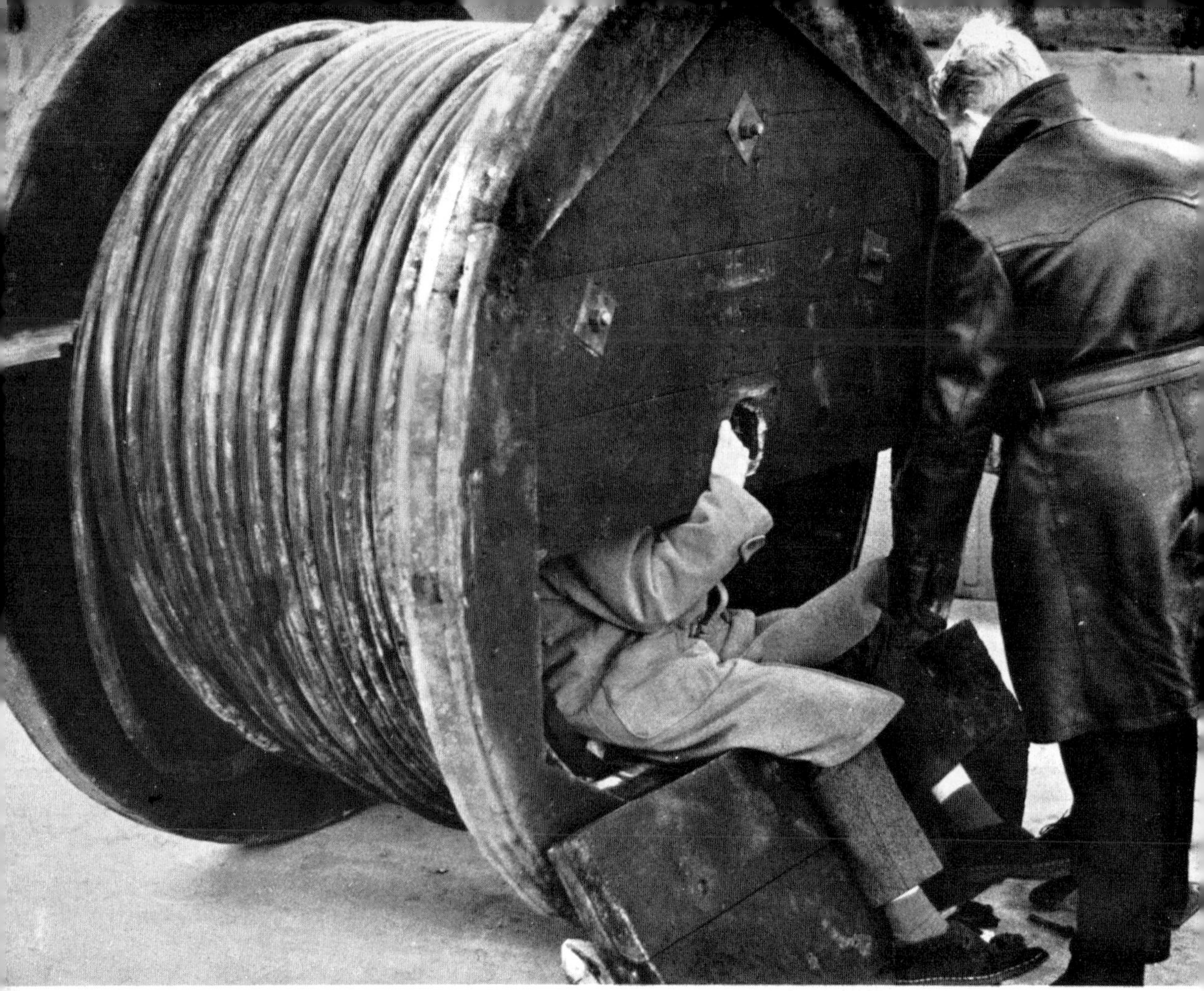

1963

Zweimal waren vier in dieser Kabelrolle. Dann war das Versteck verraten: Einer 17jährigen, die dabei war, wurde Straffreiheit versprochen, wenn sie nach Ost-Berlin zurückkehre und „ehrlich" sei. Ihre Eltern wurden vom Staatssicherheitsdienst bedroht und fürchteten berufliche Hindernisse. Sie ging.

Each time four persons were transported in this cable drum. But only twice was the escape successful. Then the hiding place was betrayed: A 17 year old girl was promised to be exempted from punishment, if she returned and told everything. Her parents had been threatened by the state security service and were afraid of difficulties concerning their occupation. And so she went.

Dos veces se escondieron cuatro personas en este rollo de cable. Y entonces fue denunciado el escondite: A una muchacha de 17 años se le prometió impunidad, si regresaba y "era sensata". El Servicio de Seguridad del Estado amenazó a sus padres, quienes temían represalias de carácter profesional. Regresó.

Deux fois quatre personnes se cachèrent dans ce rouleau. Puis la cachette fut dévoilée. On promit l'impunité à une jeune fille de 17 ans qui avait fait partie du convoi si elle retournait à Berlin-Est et si elle était «loyale». Ses parents avaient été menacés par le Service de sécurité de l'Etat et ils craignaient des ennuis professionnels. Elle rentra chez elle.

In quattro alla volta fuggivano nascosti in questo rotolo per cavi. Ma la fuga riuscì solo due volte, poi anche questo nascondiglio fu rivelato da una ragazza diciassettenne che in tal modo era fuggita. Le promisero l'impunità qualora ritornasse a Berlino-Est e fosse «sincera». La ragazza, i cui genitori erano minacciati dal Servizio di sicurezza e temevano per il proprio posto di lavoro, ritornò.

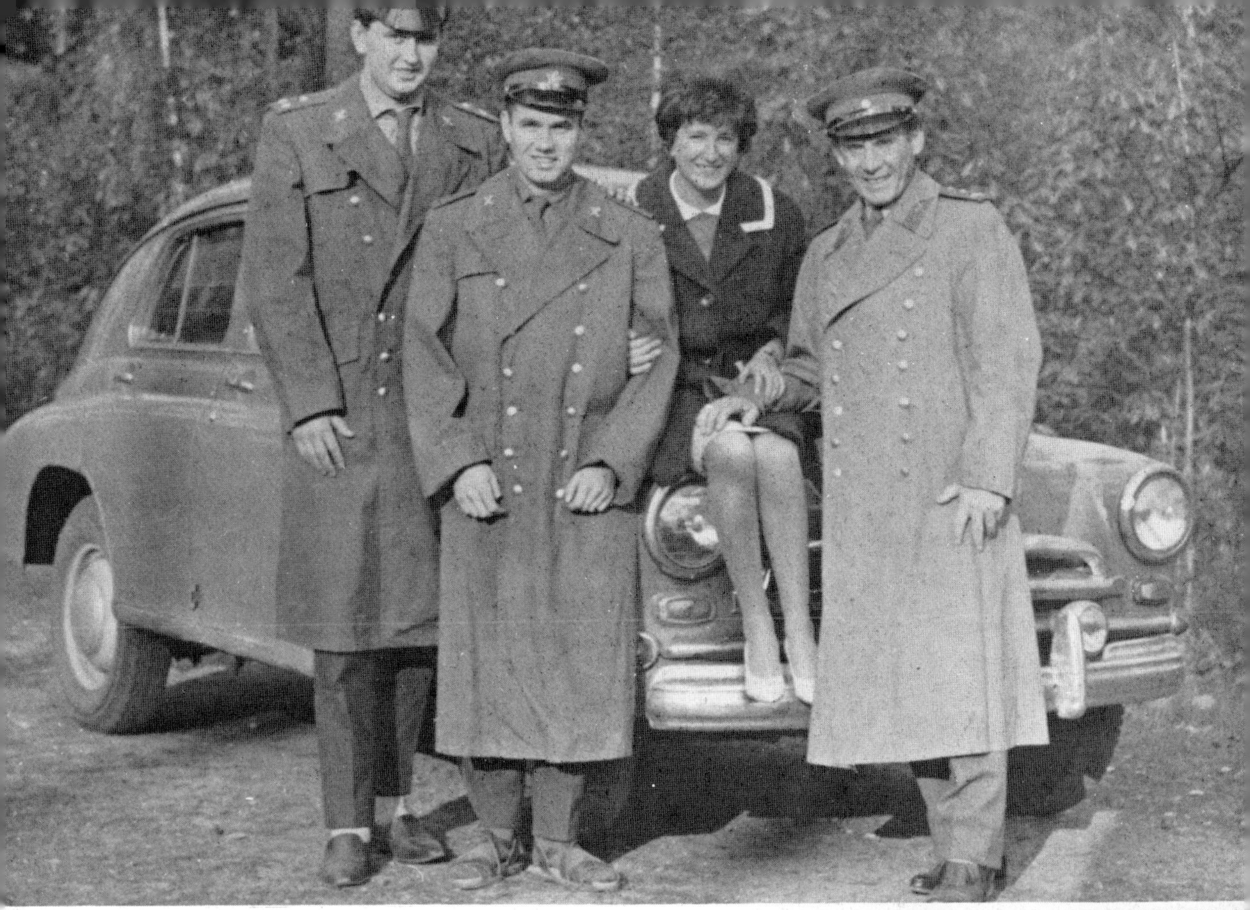

Diese Ostberlinerin schneiderte die sowjetischen Uniformen für ihre deutschen Freunde. Die Kontrollpunktposten erwiderten respektvoll den gut einstudierten Gruß der „Sowjet-Offiziere". Nach geglückter Flucht wird das Mädchen aus dem Versteck gezogen.

This East Berlin girl made the Soviet uniforms for her German friends. With great respect the "Vopos" saluted in reply to the thoroughly studied salutation of the "Soviet officers". The girl is being freed from her hiding-place after the successful flight.

Cette femme de Berlin-Est confectionna des uniformes soviétiques pour ses amis allemands. Les sentinelles du point de contrôle rendirent respectueusement le salut bien étudié des «officiers soviétiques». Après l'évasion on retira la femme de sa cachette.

Una berlinesa oriental confeccionó uniformes soviéticos para sus amigos alemanes. Los "Vopos" contestaron respetuosamente el bien ensayado saludo de los "oficiales soviéticos". La muchacha, saliendo de su escondite, después de haber realizado con éxito la huída.

Questa ragazza di Berlino-Est cucì delle uniformi sovietiche per i suoi amici tedeschi. Al punto di controllo *Checkpoint Charlie* passarono nella parte libera della città. I *Vopos* risposero rispettosamente al ben studiato saluto degli «ufficiali sovietici». Nella foto: la ragazza viene estratta dal nascondiglio dopo la ben riuscita fuga.

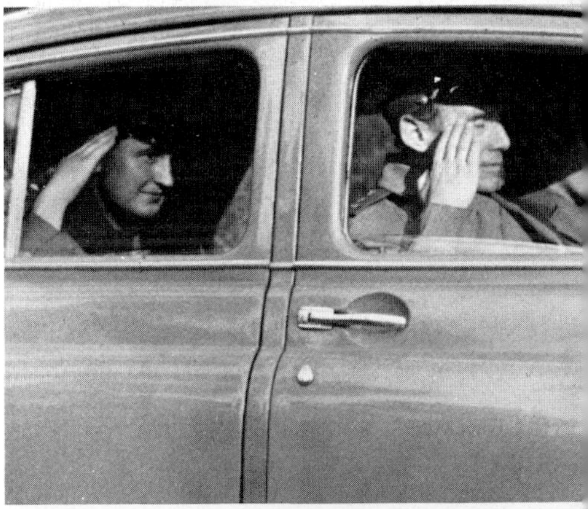

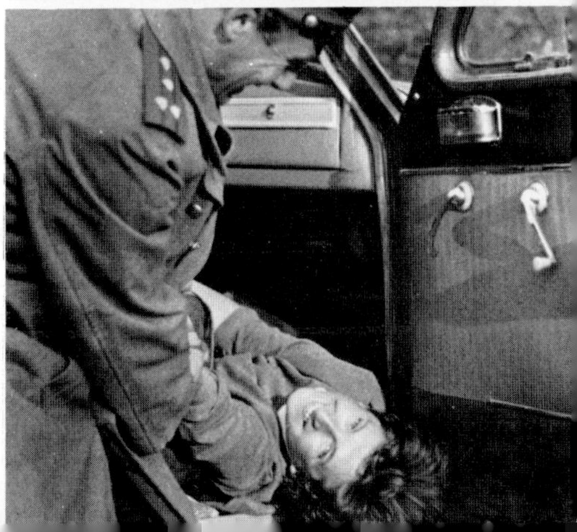

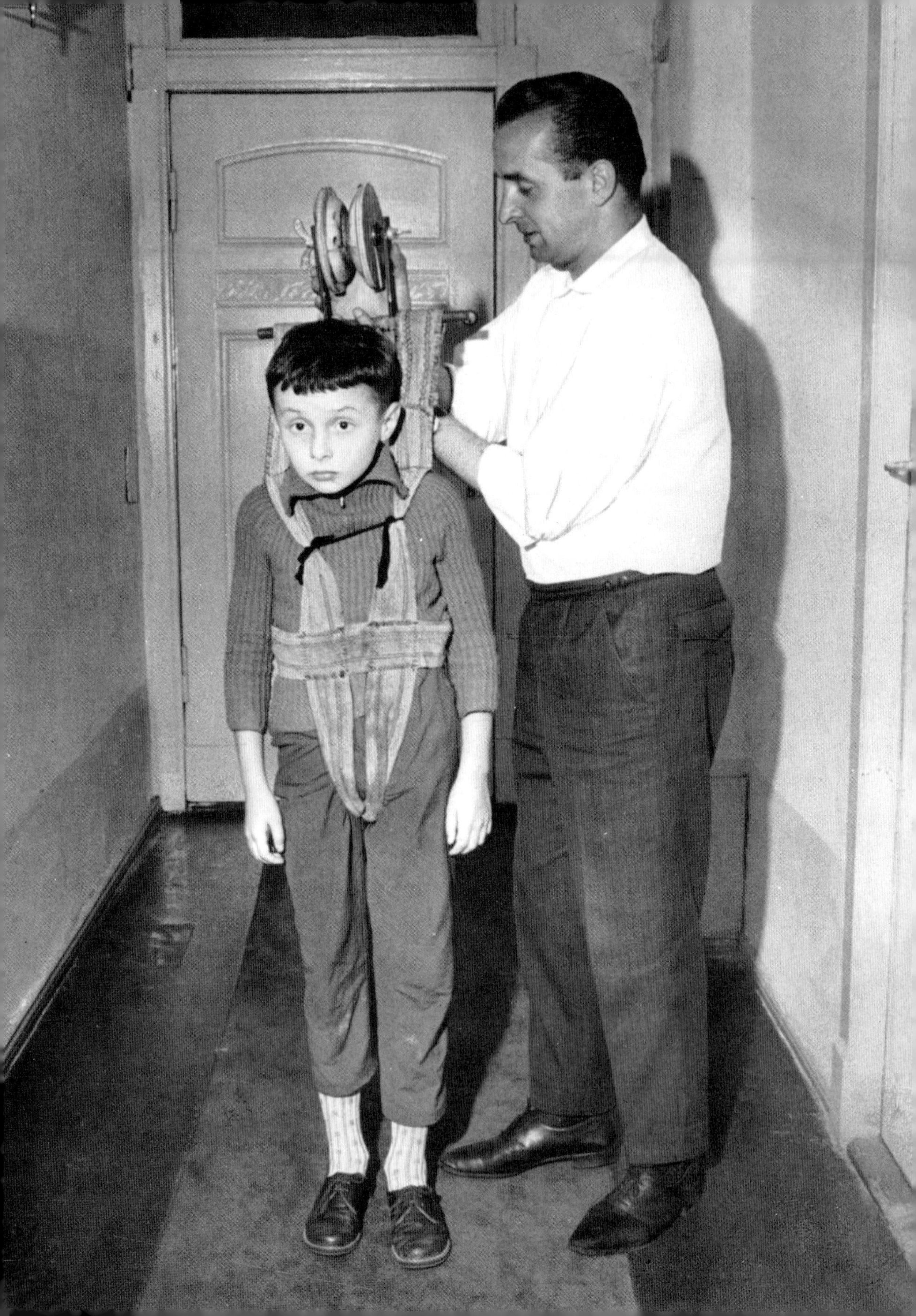

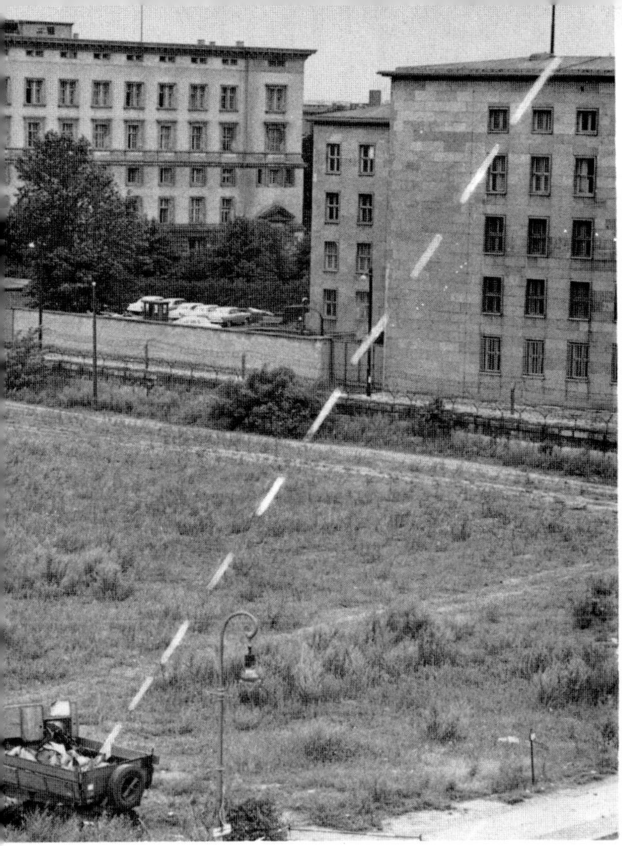

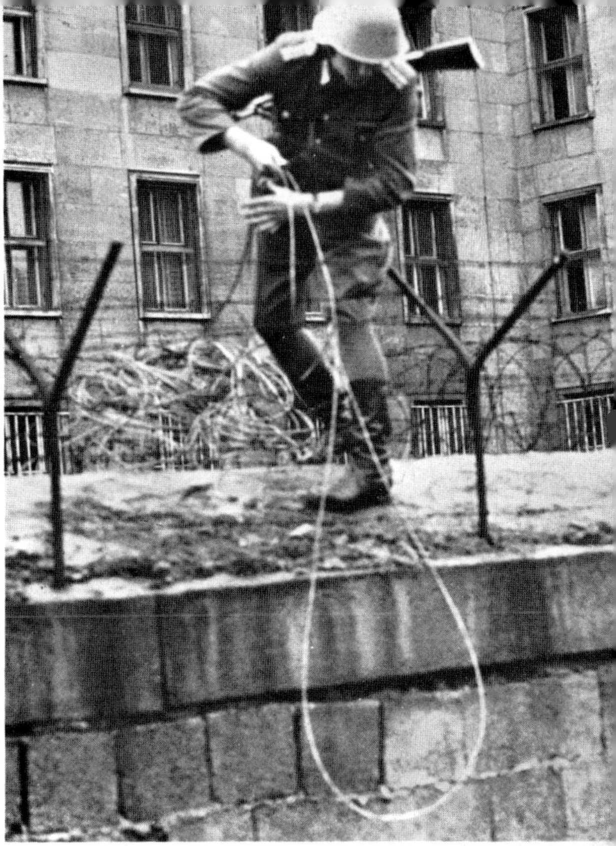

1965

Mit Frau und Kind ging er in das grenznahe „Haus der Ministerien", wo er häufig zu tun hatte. Dort schloß er sich in die Toilette ein, wartete, bis es Nacht war, kletterte dann aufs Dach und schleuderte über die Mauer einen Hammer, an dem eine Schnur befestigt war. Ein Drahtseil wurde hochgezogen. Mit selbstgefertigten „Sesselliften" rollten die drei ab. Erst am Morgen entdeckten die Grenzposten das letzte verbliebene Indiz, das Drahtseil, und zogen es ein.

Together with his wife and child he went into the "Haus der Ministerien" where he had been very often before. There he locked himself up in the lavatory and waited for night to fall. Then he climbed up to the roof and threw a hammer with a line attached to it over the wall. A wire rope was pulled up and then wound off with the home-made chair-lifts. Only in the morning did frontier-guards discover the last evidence of the escape, i. e. the rope and they could do nothing but roll it up again.

Avec sa femme et son enfant il entra dans la maison Haus der Ministerien, une maison située tout près de la frontière, dans laquelle il avait souvent à faire. Là, il s'enferma dans les toilettes, attendit la nuit, grimpa sur le toit et lança de l'autre côté du mur un marteau attaché à une corde. Un câble métallique fut hissé. Les trois fugitifs descendirent dans des télésièges qu'ils avaient confectionnés eux-mêmes. Ce n'est que le lendemain matin que les gardes découvrirent le dernier indice de cette fuite, le câble, et ils l'enroulèrent.

Con su mujer y su hijo se dirigió a la "Casa de los Ministerios", que limita con el muro. Por motivos profesionales conocía y frecuentaba el edificio. Allí se encerraron en los retretes, esperaron hasta que se hizo de noche, trepando después al tejado y lanzando un martillo por encima del muro, al que habían fijado una cuerda. Con ella se izó un cable, deslizándose la familia por este accidental "funicular". Hasta la mañana siguiente no encontraron los Vopos la última prueba de la huída: el cable. Y lo recogieron.

Con la moglie ed il figlio si recò nella «Casa dei Ministeri», situata presso il confine, dove era già stato molte volte per ragioni di lavoro. Dopo aver atteso la notte rinchiuso nella toletta, si arrampicò sul tetto e lanciò oltre il muro un martello con attaccata una cordicella. Mediante questa issò un cavo metallico che gli servì per approntare una rudimentale seggiovia sulla quale i tre raggiunsero i loro soccorritori dall'altra parte. Solo la mattina seguente la fuga fu scoperta, e l'ultimo indizio rimasto, il cavo metallico, venne portato via.

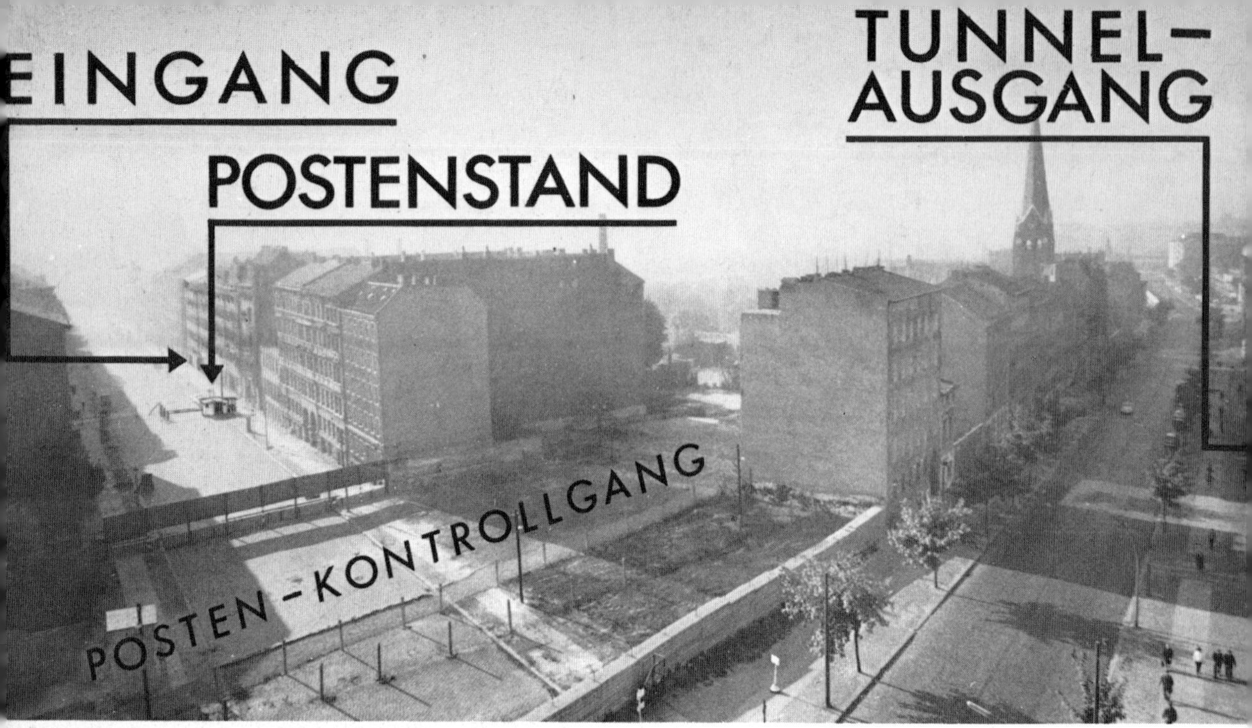

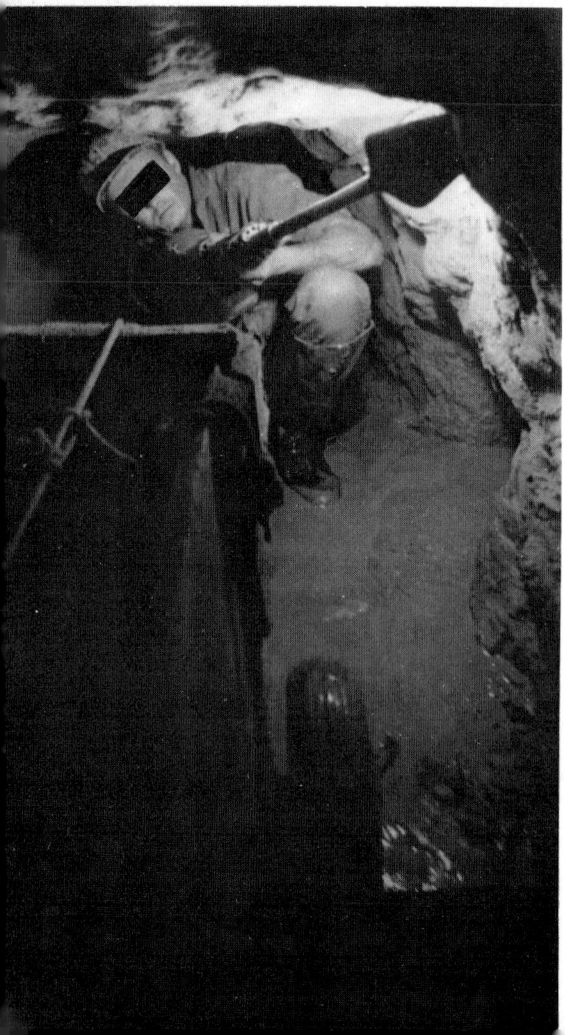

1964

DER LÄNGSTE TUNNEL UND DIE GRÖSSTE MASSENFLUCHT (66—71) 145 m lang war dieser Tunnel. Er verlief in 12 m Tiefe. Der Einstieg war in einem Toilettenhaus eines Hinterhofes. Der Ausstieg im Keller einer ausgedienten Bäckerei der Bernauer Straße, die sich der Initiator für 100,— DM monatlich gemietet hatte. Der Tunnel durfte nur 70 cm hoch sein, weil anderenfalls kein Raum für die Sandmassen gewesen wäre.

THE LONGEST TUNNEL AND THE GREATEST MASS-ESCAPE (66—71) This tunnel was 145 m long. It began at a depth of 12 m. The entrance hole was situated in the toilet house in the backyard, the exit hole in the cellar of a former bakery the initiator had rented in the Bernauer Straße for 100,— DM per month. The tunnel could be only 70 cm high, otherwise the rooms would have been too small for the quantitiy of sand.

LE PLUS LONG TUNNEL ET LA PLUS GRANDE FUITE EN MASSE (66—71) Ce tunnel mesurait 145 mètres. Il courait à 12 m sous terre. Son entrée se trouvait dans les toilettes d'une arrièr-cour et sa sortie dans une ancienne boulangerie de la Bernauer Strasse, que l'initiateur de l'entreprise avait louée pour 100 DM par mois. Le tunnel ne pouvait pas dépasser 70 cm de hauteur, car on manquait de place pour la terre à évacuer.

EL TUNEL MAS LARGO Y LA MAYOR HUIDA EN MASA (66—71) El túnel tenía una longitud de 145 metros, y lo construyeron a 12 metros de profundidad. La entrada era por los retretes de una casa de vecindad. La salida por el sótano de una antigua tahona en la Bernauer Straße, alquilada al creador de la idea por 100 marcos mensuales. El túnel solo podía tener 70 centímetros de altura, de otra forma no hubiese habido espacio suficiente, para acumular la tierra extraída.

IL TUNNEL PIÙ LUNGO E LA PIÙ GRANDE FUGA IN MASSA (66—71) Questo tunnel era lungo 145 metri e si trovava ad una profondità di 12 metri. L'accesso era in una toletta sita in un cortile interno e l'uscita si trovava nella cantina di una vecchia panetteria nella Bernauerstrasse. Il tunnel doveva avere un'altezza massima di 70 centimetri perchè, altrimenti, non vi sarebbe stato spazio sufficiente per il terriccio che vi veniva estratto.

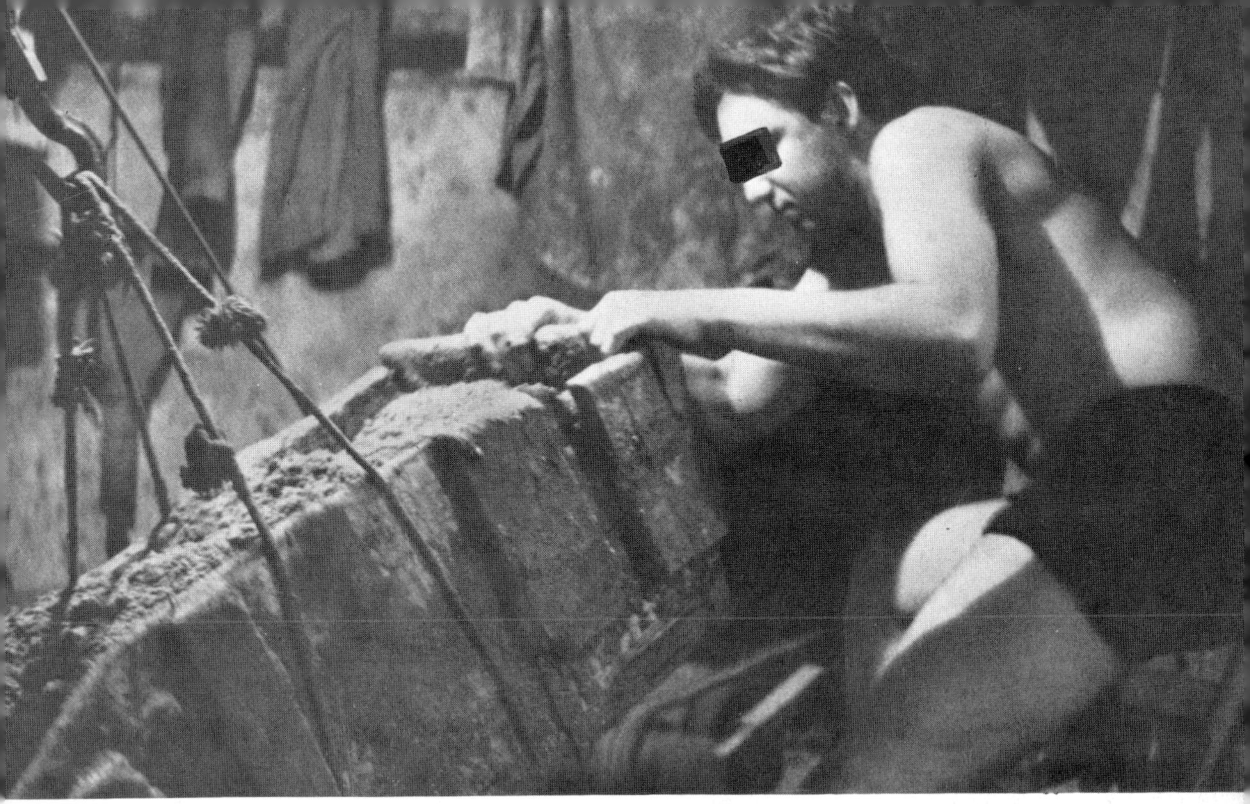

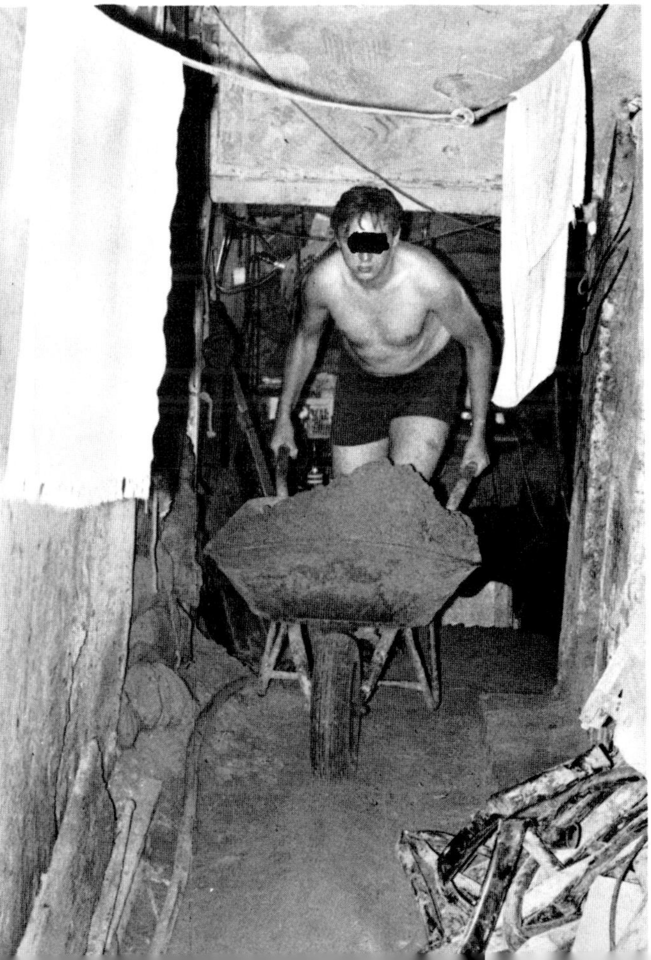

Der Sand wird vom Transportwagen abgehoben, hochgezogen und sodann mit einer Schubkarre auf die einzelnen Räume verteilt. 36 junge Menschen, fast alle Studenten, und eine 23jährige junge Frau beteiligten sich. Einziger Lohn: Die Chance, die Braut oder den Freund herüberholen zu können, oder auch fremde Familien zusammenzuführen.

Deep in the tunnel the sand-filled truck was emptied, the sand brought up, filled into the push-cart and then distributed in the rooms. 36 young people, most of them students, and a 23-year-old woman participated in the construction. The reward: the chance th help the fiancée or a friend to come to West Berlin or even to unite families they did not know at all.

Le sable est déblayé par une charrette qui le hisse des profondeurs du tunnel, puis il est versé dans une brouette et répandu dans les pièces. 36 jeunes gens, presque tous étudiants et une jeune femme de 23 ans, participèrent à cette action. Leur seul salaire: la chance de pouvoir faire venir la fiancée ou l'ami, ou même de réunir des familles qu'ils ne connaissaient pas.

Desde el profundo túnel se subía la arena en un montacargas, repartiéndola en carretillas por todas las habitaciones. En la construcción participaron 36 personas, casi todos estudiantes y entre ellos una mujer de 23 años. El premio: la oportunidad de salvar a la novia o al amigo, o quizá reunir a familias deconocidas para ellos.

Il terriccio estratto dal tunnel veniva sollevato con una carrucola e quindi sparso nelle varie stanze con una carriola. A questo lavoro parteciparono 36 giovani, quasi tutti studenti, ed una giovane donna di 23 anni. L'unica ricompensa: la possibilità di far fuggire la fidanzata o l'amico, oppure di riunire delle famiglie a loro stessi estranee.

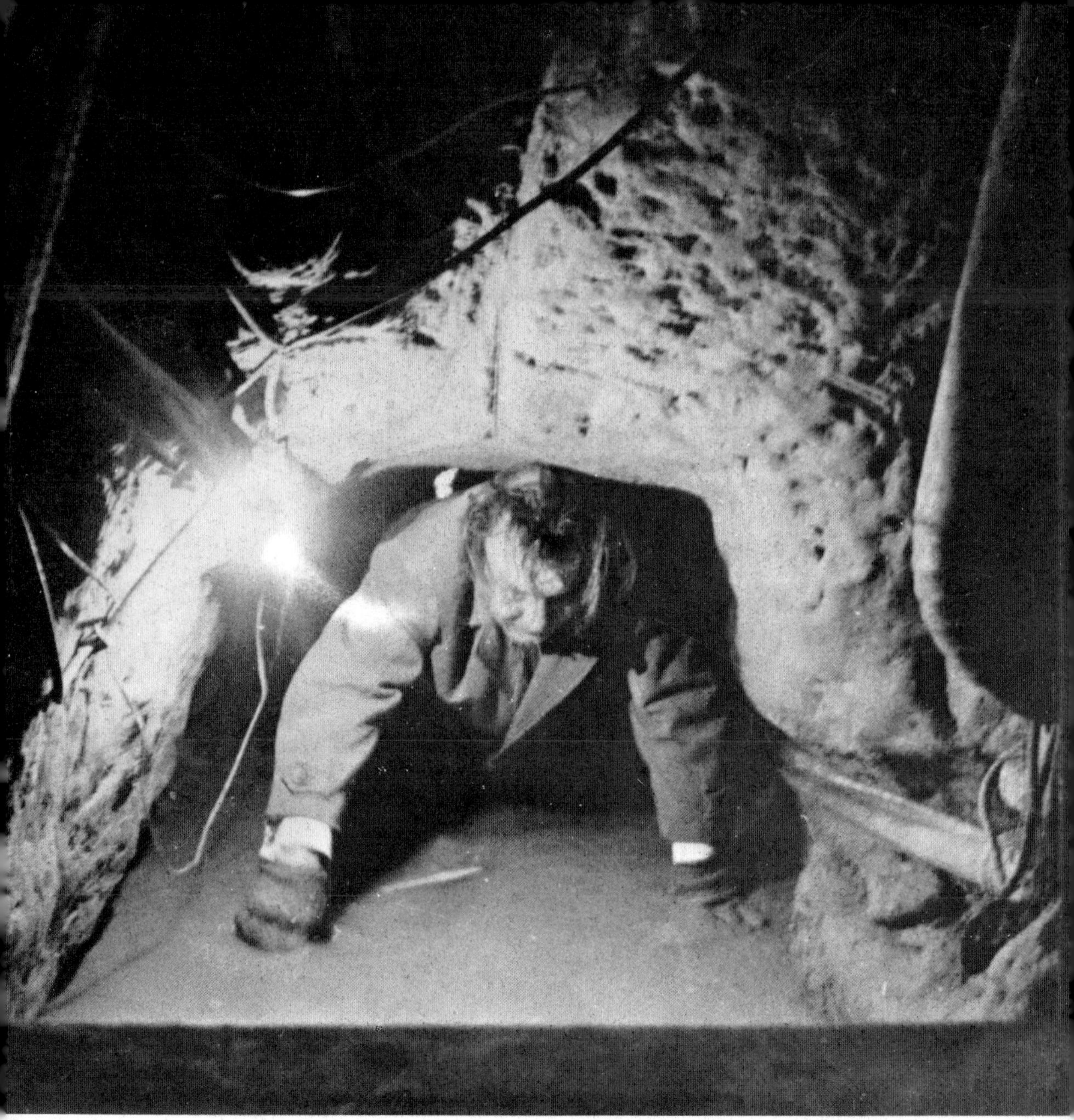

3. und 4.10.1964

Nach einem halben Jahr angestrengtester Arbeit gelang 57 Personen die Flucht. Im Bild der Älteste, ein Herzkranker, der mit blauen Lippen angekrochen kam, und der Jüngste auf dem Schoß eines Fluchthelfers: „Die Höhle hatte ja gar keine wilden Tiere", sagte er.

After six months' hard work 57 people succeeded in escaping. The photo shows the eldest refugee, suffering from heart trouble, who came creeping along with blue lips; and the joungest sitting on the knees of an assistant. "But there were no wild animals in the cave", the 5-year-old boy said.

Après 6 mois de travail épuisant, 28 personnes réussirent à s'enfuir. La photo montre le plus âgé des fugitifs, un cardiaque, qui arriva les lèvres bleues, et le plus jeune d'entre eux assis sur les genoux d'un des constructeurs du tunnel. «Mais, il n'y avait pas de bête féroce dans la caverne», dit le petit qui avait 5 ans.

Tras seis meses de activo trabajo consiguieron huir 28 personas. En la fotografía un enfermo de corazón, que llegó gateando con los labios amoratados, y el más joven, en las rodillas de un ayudante. "Pues en la gruta no había fieras, dijo el nino.

Dopo mezzo anno di strenuo lavoro poterono fuggire 57 persone. Nella foto si vede il più anziano, sofferente di cuore, che arrivò strisciando carponi e con le labbra bluastre per lo sforzo. Il più giovane, un bimbo di 5 anni, mentre saliva sulle ginocchia di uno dei succorritori esclamò: «Ma nella grotta non c'era neanche una bestia feroce!»

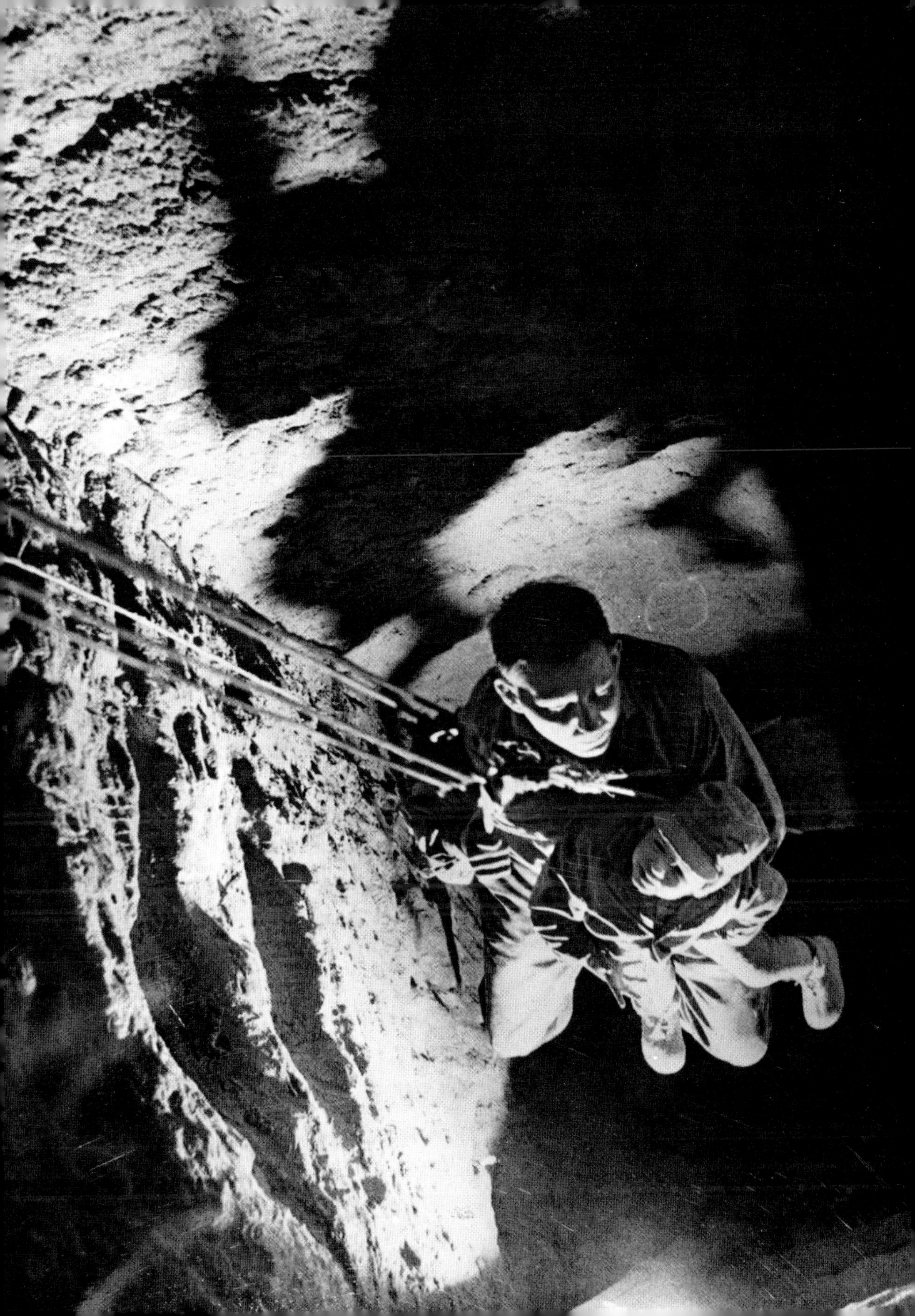

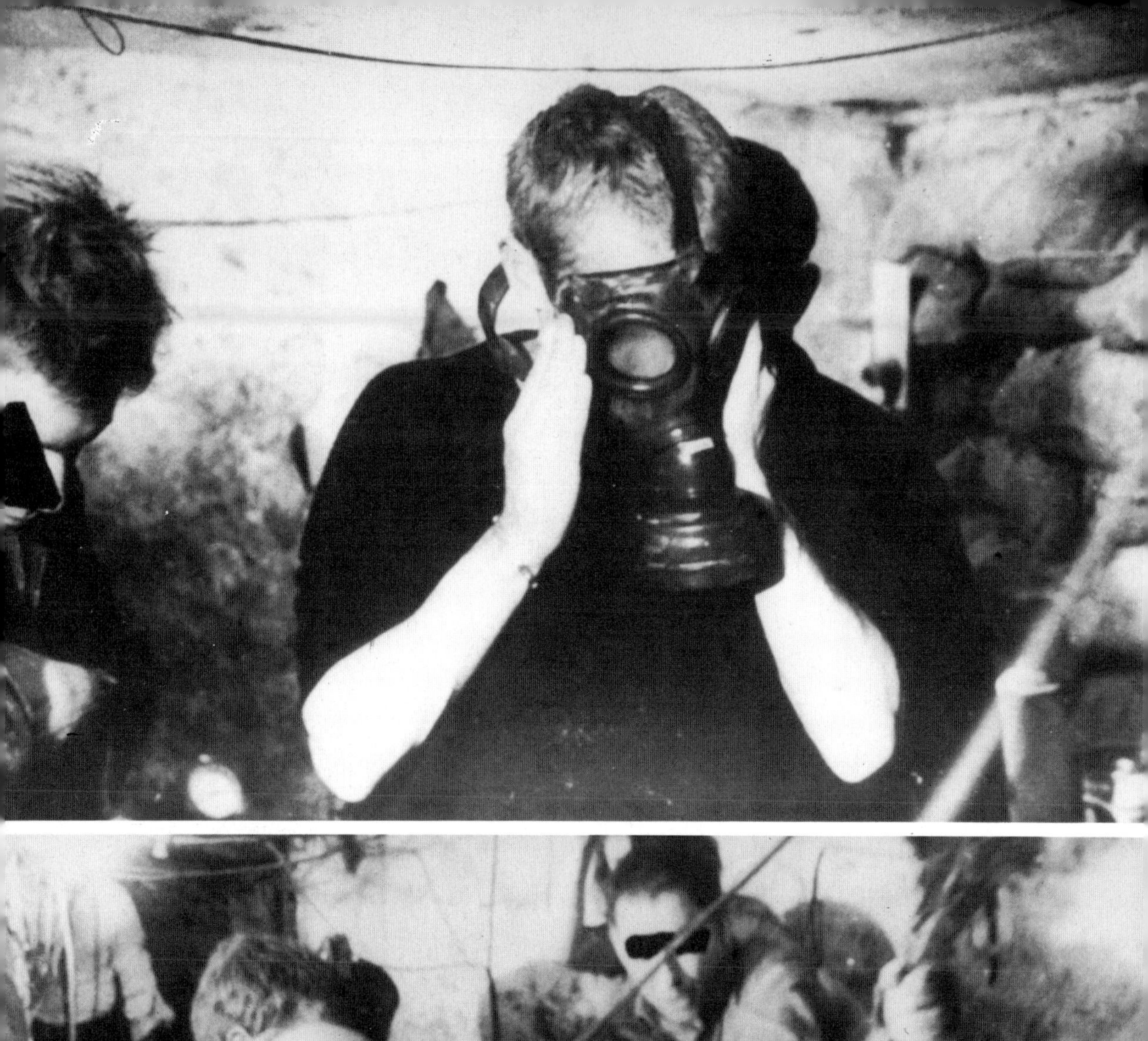

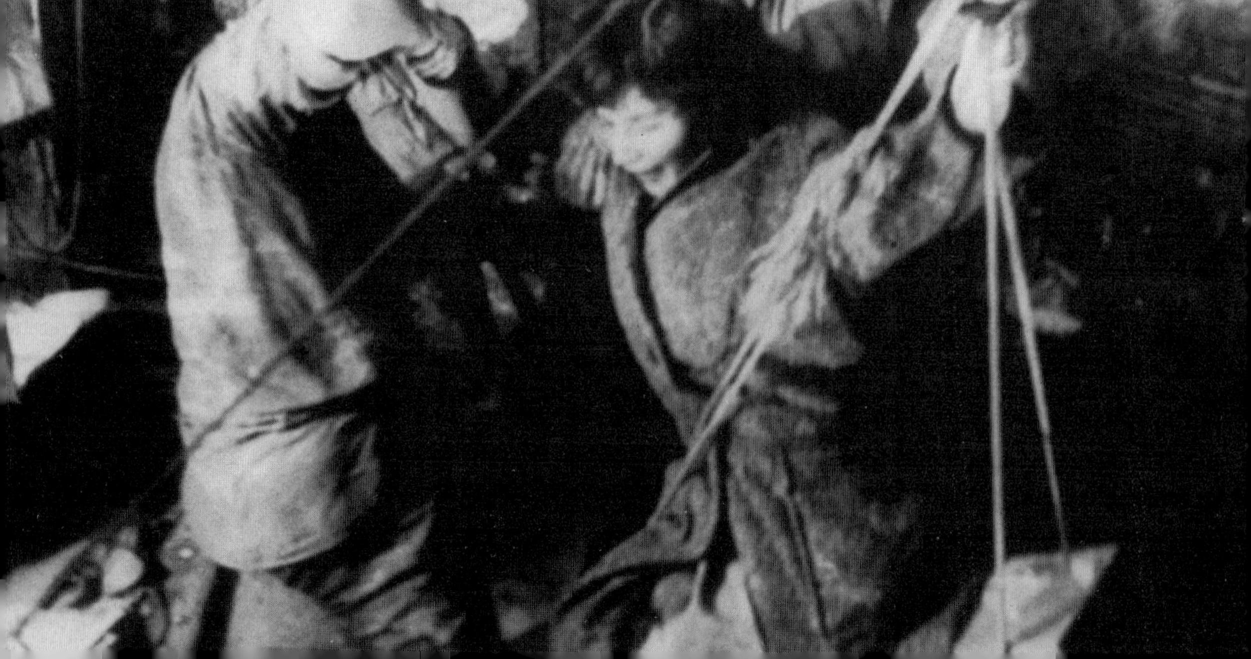

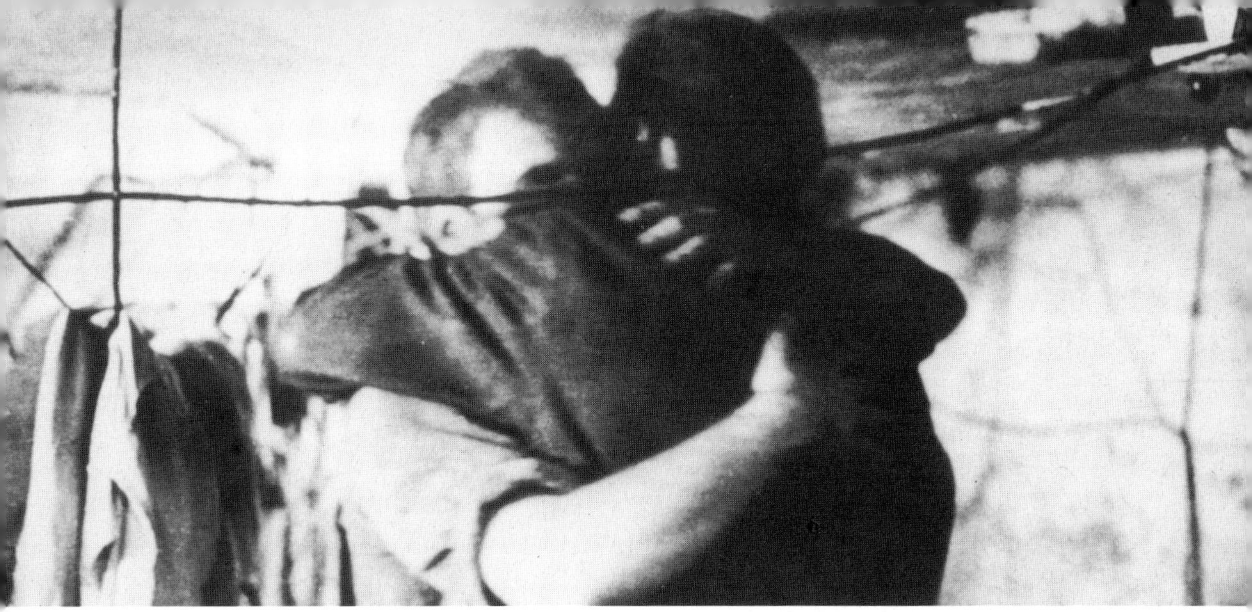

Die Fluchthelfer mußten auf alle Gefahren vorbereitet sein. Mehrmals schon waren Handgranaten oder auch tödlich wirkende Gasbomben in entdeckte Tunnels geworfen worden. Etwa 1500 junge Menschen wurden in den ersten Jahren nach dem Mauerbau zu Fluchthelfern, darunter viele Ausländer und auch Frauen (als Kuriere). Einige der damaligen Studenten sind heute verdienstreiche Ärzte und Wissenschaftler.
In zwei Nächten wurden auf diesem Brett Flüchtlinge hochgezogen, nachdem sie den Weg durch den Fluchttunnel zurückgelegt hatten.
Zwei Brüder sind wieder beisammen. Der berufstätige West-Berliner hatte während eines halben Jahres an jedem Wochenende in dem Tunnel mitgearbeitet und nur wenige Stunden geschlafen.

People who helped others to escape had to be prepared for every kind of danger. On several occasions granades or deadly gas bombs have been thrown into discovered escape tunnels. During the first years after the WALL had been built about 1500 young people became involved in helping others to escape, among them a lot of foreigners and also women (as couriers). Some of the former students are now reputed doctors and scientists.
During two nights refugees were lifted up on this wooden plank after they had escaped through the tunnel.
Two brothers are together again. One who works in West Berlin had helped to construct the tunnel every week-end for six months and had had only a few hours' sleep.

Les auxiliaires de la fuite devaient se préparer à toutes sortes de périls. Plusieurs fois déjà, des grenades ou même des bombes à gaz aux effets mortels avaient été jetées dans des tunnels découverts. Pendant les premières anneés de l'aprè la construction le MUR , 1500 yeunnes gens environ sont de vennes passuers. Parmi eux beaucoup d'étrangers et de femmes aussi (comme courriers). Quelle ques-uns des étudiants d'autres fois sont aujourd'hui de médicin et savants réputés.
En deux nuits, on hissa des fugitifs sur cette planche après qu'ils eurent parcouru le trajet à travers le tunnel.
Deux frères se sont retrouvés. Le Berlinois de l'Ouest avait, durant six mois, en plus de son activité professionnelle, travaillé chaque week-end au tunnel, ne dormant que très peu d'heures.

Las personas que ayudaban a los prófugos, debían estar dispuestas a correr toda clase de peligros. Efectivamente, repetidas veces han sido arrojado en túneles que habían sido descubiertos, granadas de mano y también granadas de gases, de efecto mortal. Alrededor de 1.500 jóvenes se hicieron, en los primeros años después de la construcción del MURO, socorredores de personas que querían huir, entre ellos muchos extranjeros y también mujeres (como recaderas). Algunos de los estudiantes de entonces son hoy estimados médicos y científicos.
Durante dos noches fueron izados sobre esta tabla, prófugos que habían atravesado el túnel cavado para su huida.
Dos hermanos están nuevamente juntos. El berlinés occidental había, aunque trabajase, colaborado por el espacio de seis meses cada fin de semana en la construcción del túnel, por lo cual no podía dormir más que muy pocas horas.

Le persone, che volontariamente aiutano i profughi, dovettero essere pronte ad affrontare ogni sorta di pericolo. Infatti, già varie volte, furono lanciate nelle gallerie che venivano scoperte bombe a mano di tipo tradizionale e bombe a gas ad effetto mortale. Circa 1.500 giovani diventarono, nei primi anni dopo l'erezione del MURO soccorritori di persone che volevano fuggire, tra cui molti stranieri ed anche donne (quali corrieri). Alcuni degli studenti d'allora sono, oggi, stimati medici e scienziati.
In due notti vennero issati su questa tavoletta i profughi che avevano attraversato la galleria scavata per la fuga.
Due fratelli sono nuovamente riuniti. Il berlinese occidentale ha lavorato nella galleria nonostante i suoi impegni di lavoro, per mezz'anno, ogni fine settimana, concedendosi soltanto poche ore di sonno.

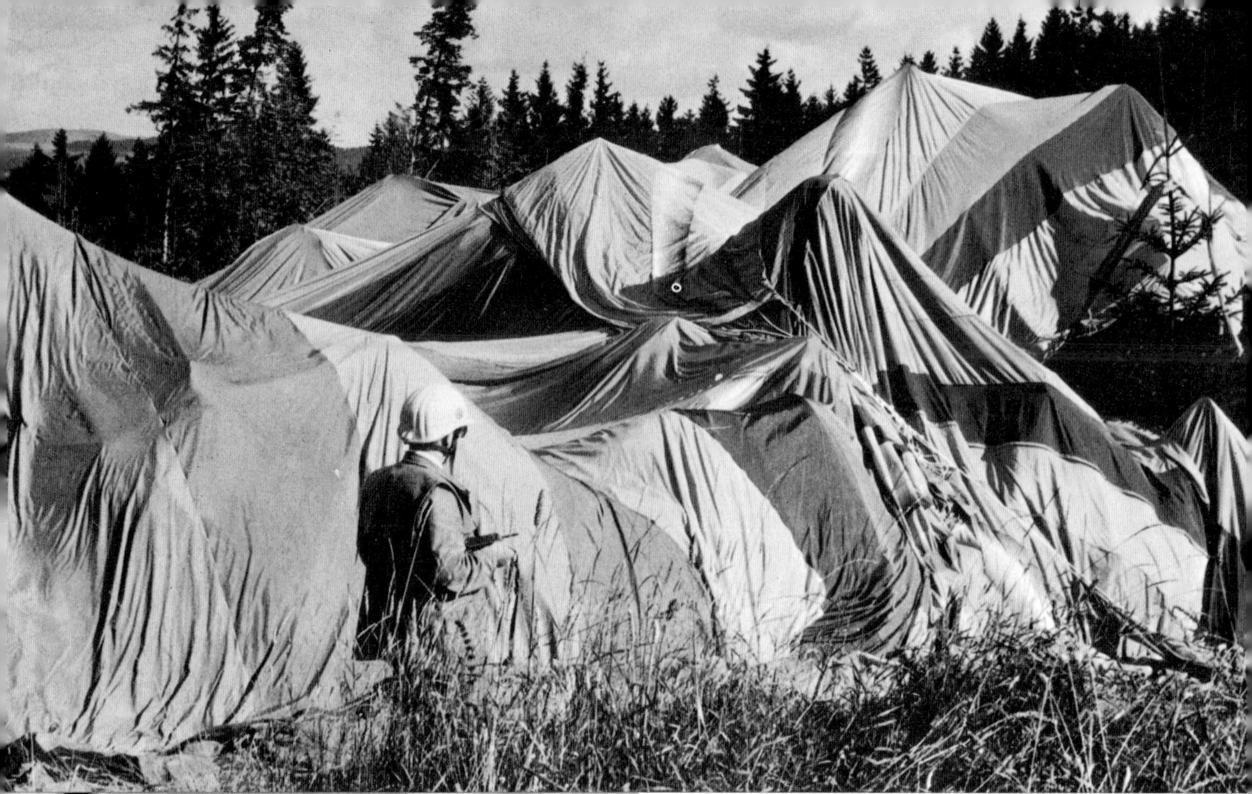

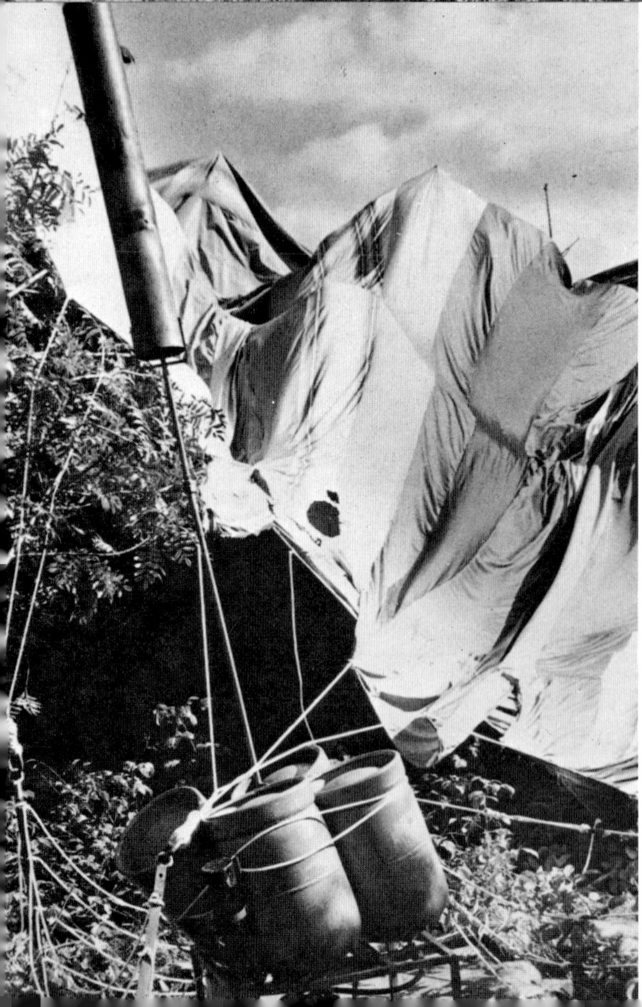

In einem selbstgebauten Heißluftballon, dem größten bisher in Europa gebauten (28 m hoch), flüchteten zwei Familien 1979. Die Erbauer des Ballons besaßen keine aerodynamischen Kenntnisse, die sie sich erst durch Fachliteratur aneignen mußten. Sie bauten Testgeräte für verschiedene Stoffarten und machten Versuche mit verschiedenen Brennstoffen. Als sie die Grenze überflogen, bündelten sich drei Scheinwerfer unter ihnen und sie stiegen bis auf 2600 m Höhe. 7 km südlich der Grenzlinie landeten sie. 28 Minuten dauerte der 40 km-Flug. Mit Unterstützung des „STERN" wurde der Ballon für die Fotografen nochmals aufgeblasen. Im 'Haus am Checkpoint Charlie' sind nun die Gondel, 10 Stoffbahnen und das Instrumentarium zu sehen.

In 1979, two families fled from East Germany in a hot-air balloon that they had constructed; its 28 meters in heigth made it the largest ever built in Europe. The builders of the balloon knew nothing of aerodynamics; they had to learn it from the relevant technical literature. They built a device to test various fabrics and experimented with various fuels. When they were close to the border, three searchlights sent a bundle of beams in search of them, and they climbed to 2600 meters. Seven kilometers south of the border, they landed in West Germany, 40 kilometers and 28 minutes from their starting point. The weekly magazine 'STERN' made it possible for the balloon to be reinflated for the photographers. The gondola, ten strips of the fabric, and the instrumentation may now be seen in the House at Checkpoint Charlie.

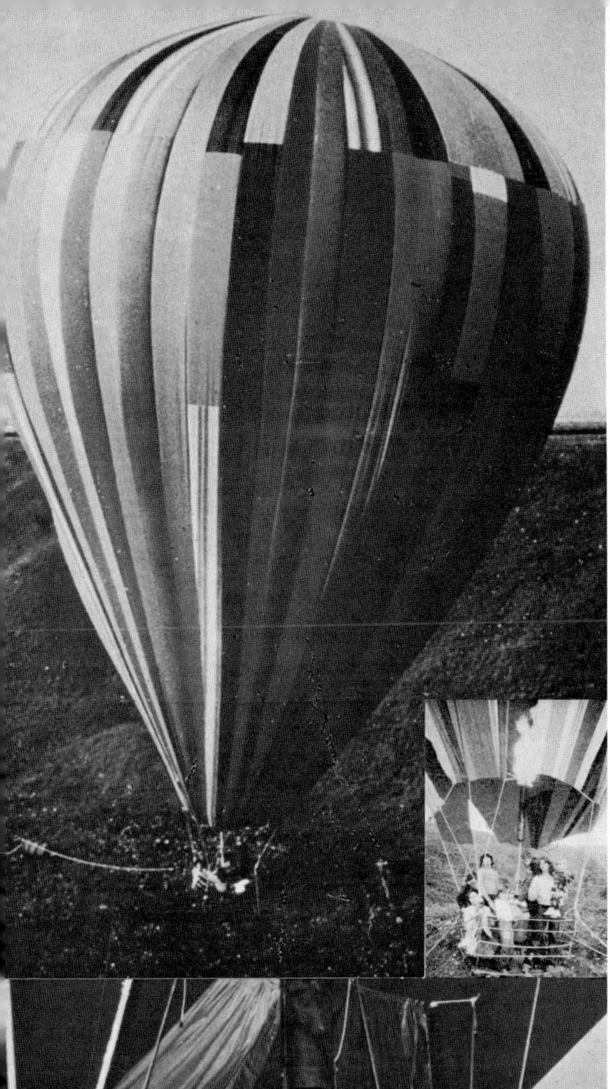

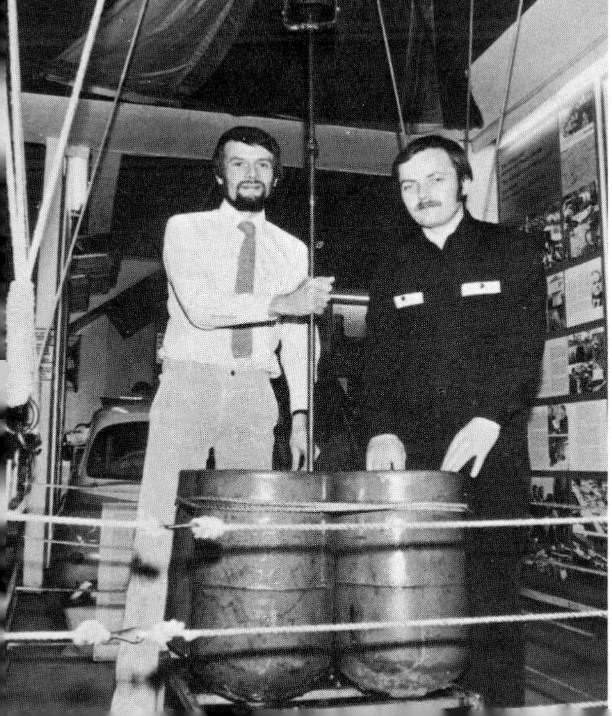

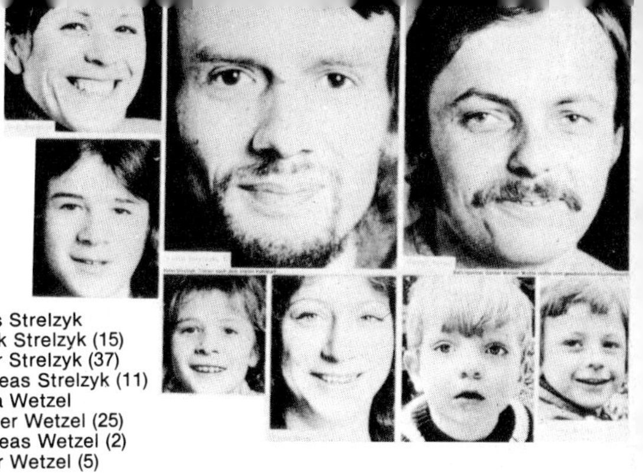

Doris Strelzyk
Frank Strelzyk (15)
Peter Strelzyk (37)
Andreas Strelzyk (11)
Petra Wetzel
Günter Wetzel (25)
Andreas Wetzel (2)
Peter Wetzel (5)

C'est dans un ballon à air chaud qu'ils avaient construit eux-mêmes, le plus grand ballon (28 m de haut) jusque là jamais construit en Europe, que s'enfuirent deux familles en 1979. Les constructeurs du ballon ne possédaient aucune connaissance en aérodynamique. Ils durent tout d'abord acquérir ces connaissances par des livres sur ce sujet. Ils construisirent des appareils de test pour différentes sortes d'étoffe et firent des essais avec différentes étoffes inflammables. Lorsqu' ils survolèrent la frontière, trois faisceaux de projecteur s'éclairèrent sous eux, et ils montèrent alors jusqu'à une hauteur de 2.600 m. Ils atterrirent à 7 km au sud de la frontière. Le vol de 40 km avait duré 28 minutes. Par l'appui du magazine 'STERN', le ballon fut à nouveau gonflé pour les photographes. Au musée 'Haus am Checkpoint Charlie' vous pouvez voir maintenant la nacelle, 10 pans d'étoffe d'enveloppe du ballon et les instruments.

In un pallone ad aria calda costruito da se, il piu grande mai finora costruito in Europa (alto 28 m) fuggirono due famiglie nel 1979. I costruttori del pallone non posse derano nessuna conocienza di aerodinamica, dove essi tramite letteratura tecnica si sono adattati. Costruirono strumenti di prova per diverse qualita di tessuti e diverse qualita di carburanti. Mentre loro sorvolavano la frontiera si accenderano tre fasci di luce sotto di loro, e cosi salirono a quota 2600 m di altezza. 7 km a sud della frontiera sono alterati. 28 minuti e durato il roto di 40 km. Con l'apoggio del periodico 'STERN' il pallone e stato rigonfiato ancora una volta per i fotografi. In questo museo (Haus am Checkpoint Charlie) ora sono da vedere la gondola, 10 rotoli di tessuti e tutti gli strumenti.

En un globo de aire caliente, de propia construcción y hasta ahora el mayor de Europa (28 mts. de altura) se fugaron dos familias en 1979. Los constructores de este globo no tenían conocimientos aerodínámicos, sino habían de aprenderlos por literatura del ramo. Elaboraron aparatos de ensayo para las diferentes telas, con varios combustibles. En el momento de sobrevolar la frontera, fueron enfocados por tres faros juntados e hicieron subir el globo hasta altitudes de 2.600 mtrs. Aterrizaron 7 kms. al sur de la frontera. Este vuelo de 40 kms. duraba 28 minutos. Con ayuda de la revista 'STERN' hincharon nuevamente el globo para los fotógrafos. En la 'Casa del Checkpoint Charlie' quedan expuestos de ahora en adelante la barquilla, 10 largos de tela y el conjunto de instrumentos del globo.

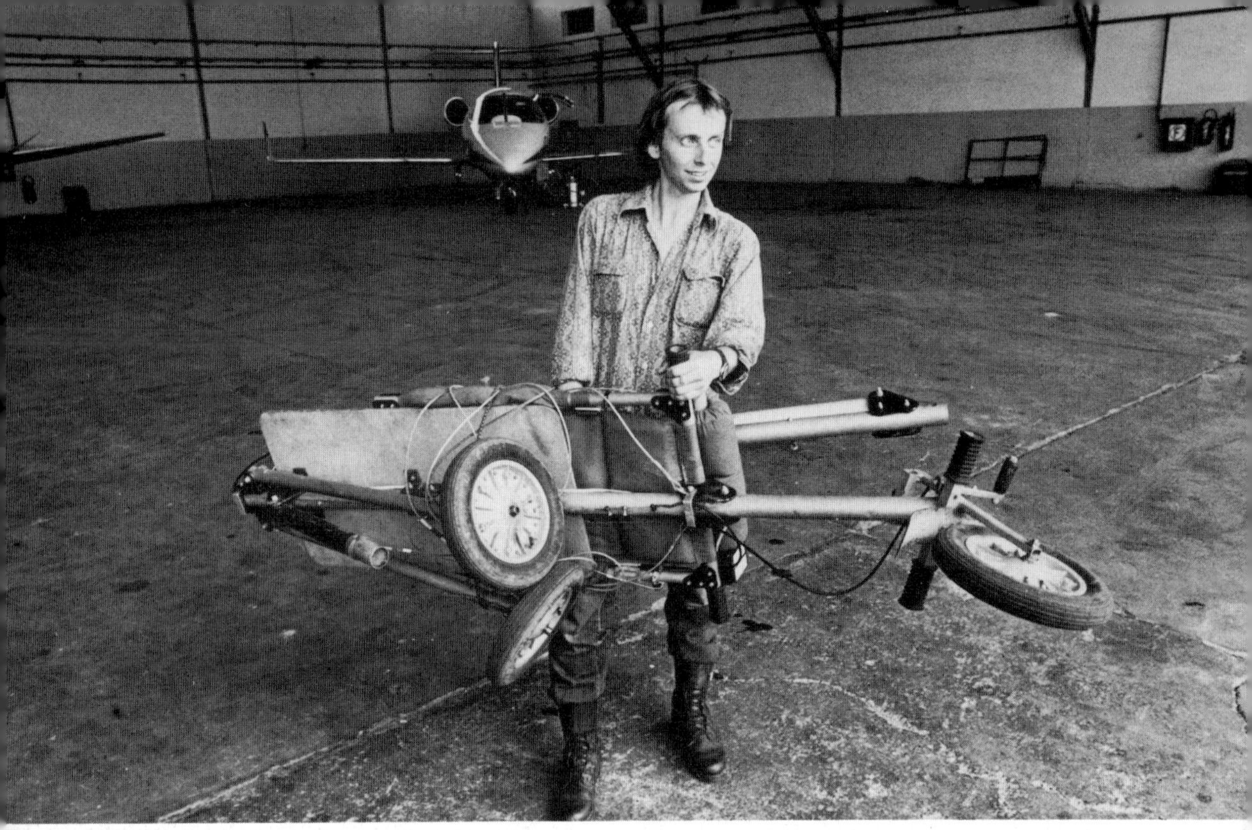

Das erste selbstgebaute Fluchtflugzeug. Mit diesem Fluggerät flüchtete der 24jährige Student Ivo Zdarsky am 4. 8. 84 aus der ČSSR nach Österreich (Fluchtweg ca. 100km). Mit Ausnahme des Motors (aus einem DDR-Pkw »Trabant«), des Tanks und der Räder sind alle Teile selbst entworfen und gebaut, auch der Propeller. Die Tragflächen lassen sich für den Transport zusammenklappen (Länge 3m) und auf dem Dach eines Personenwagens befestigen; die übrigen Teile konnten im Innern des Fahrzeuges untergebracht werden. Das Flugzeug wurde im 5. Stock eines Hauses mit 250 Wohnungen in einem Zimmer mit einer Fläche von 3,50 x 4,10 m erbaut und befindet sich nun im Haus am Checkpoint Charlie.

The first self-made flying machine. The 24 year-old student Ivo Zdarsky escaped in this aeroplane on 4. 8. 84 from Czechoslovakia to Austria (approx. 100 kms flying distance). Apart from the engine (from an East German private car »Trabant«), the tank and the wheels, all the other parts were self-designed and self-built, also the propeller. The wings could be folded up (length 3m) and could be transported on the roof of a normal car; the other parts could be accommodated in the inside of the car. The flying machine was built in a room measuring 3,50m x 4,10m in a block of 250 flats, and is now housed in the House at Checkpoint Charlie.

Le premier avion de fuite autoconstruit. C'est avec cet engin volant que l'étudiant tchécoslovaque Ivo Zdarsky, âgé de 24 ans, s'est évadé le 4. 8. 84 de Tchécoslovaquie en Autriche (un trajet d'envrion 100km). A l'exception du moteur (pris d'une «Trabant», voiture de RDA), du réservoir et des roues, toutes les pièces de l'avion ont été concues et construites par lui, même l'hélice. Les voilures peuvent se plier (longueur de 3m) pour le transport et être fixées sur le toit d'une voiture. Les autres pièces purent être transportées à l'intérieur de la voiture. L'avion fut construit au 5ème étage d'un immeuble de 250 appartements, dans une pièce de 3,50m x 4,10m, et se trouve maintenant dans le musée Haus am Checkpoint Charlie.

El primer avión utilizado para escapar, construído por el mismo prófugo. Con este artefacto volador huyó el estudiante Ivo Zdarsky, de 24 años, el día 4 - 8 - '84 de la ČSSR a Austria (recorrido de fuga que mide 100km aprox.). Con excepción del motor (sacado de un coche »Trabant« fabricado en la RDA), del tanque y de las ruedas, todas las piezas han sido proyectadas y fabricadas por el mismo prófugo, hasta la hélice. Las alas pueden ser plegadas para el transporte (longitud 3m) y fijadas en el techo de un automóvil; todas las demás partes han podido ser alojadas en el vehículo. Este avión ha sido construído en el 5º piso de un edificio de 250 viviendas, en un cuarto de 3,50m x 4,10m y está ahora en la Haus am Checkpoint Charlie.

Il primo velivolo da fuga costruito dallo stesso profugo. Con questo apparecchio è fuggito lo studente ventiquattrenne Ivo Zdarsky il 4 - 8 - '84 dalla ČSSR all'Austria (tragitto di fuga che misura 100 km ca.). Ad eccezione del motore (tolto da un'automobile »Trabant« di fabbricazione RDT), del serbatoio e delle ruote, tutte le altre parti sono state progettate e fabbricate dallo stesso profugo, perfino l'elica. Le ali possono essere ripiegate per il trasporto (lunghezza 3 m) e fissate sul tetto di un'automobile; le altre parti potevano essere sistemate all'interno del veicolo stesso. L'aereo venne costruito al 5º piano di un edificio di 250 appartamenti, in una stanza di 3,50 m x 4,10 m, e si trova ora alla »Haus am Checkpoint Charlie«.

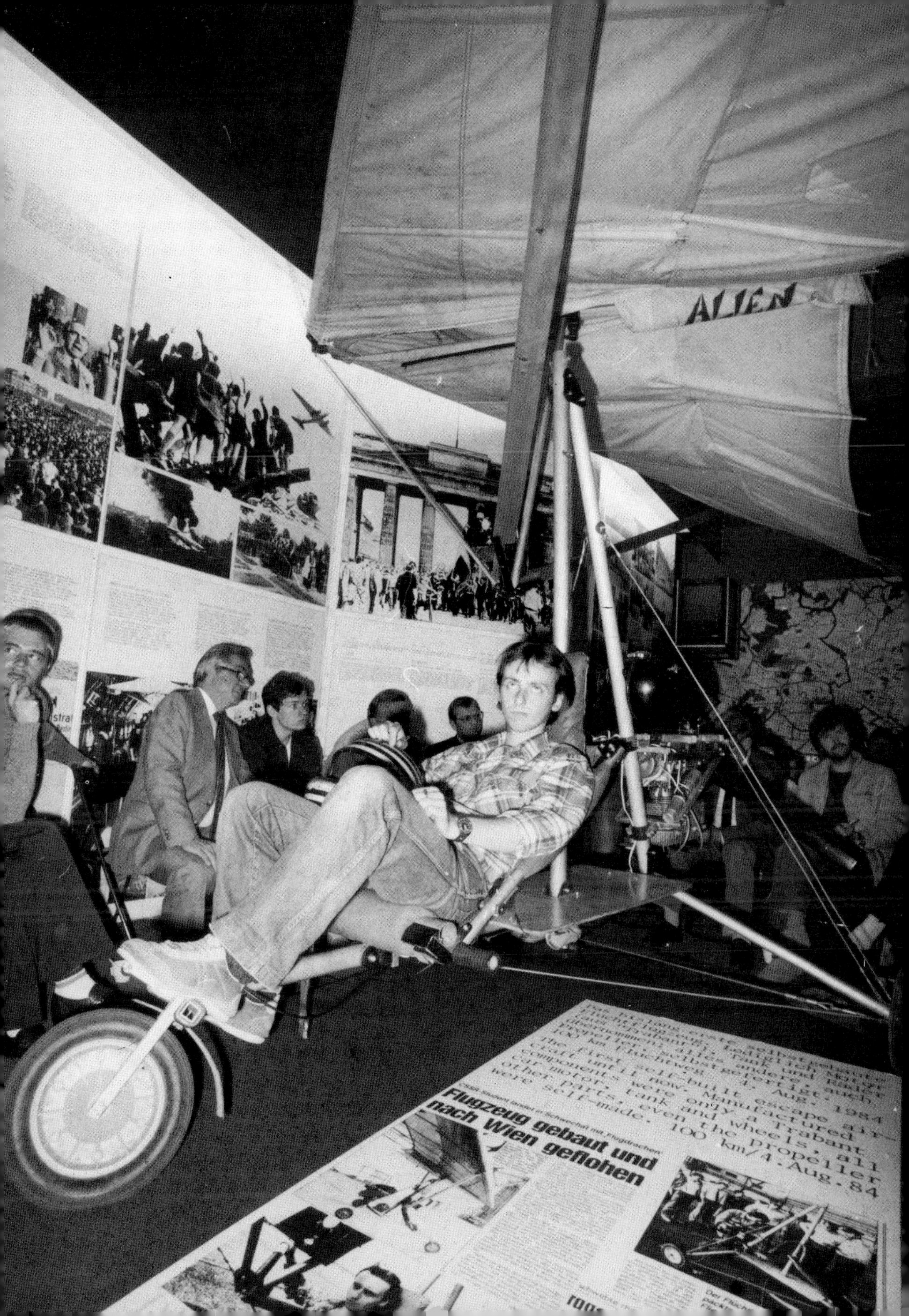
ALIEN
100 km Fluchtweg 4. Aug. 1984
The first self-built escape air-
craft until now. Manufactured
components were only a Trabant
car motor, tank and wheels, all
other parts, even the propeller
were self-made. 100 km/4.Aug.84
Flugzeug gebaut und
nach Wien geflohen

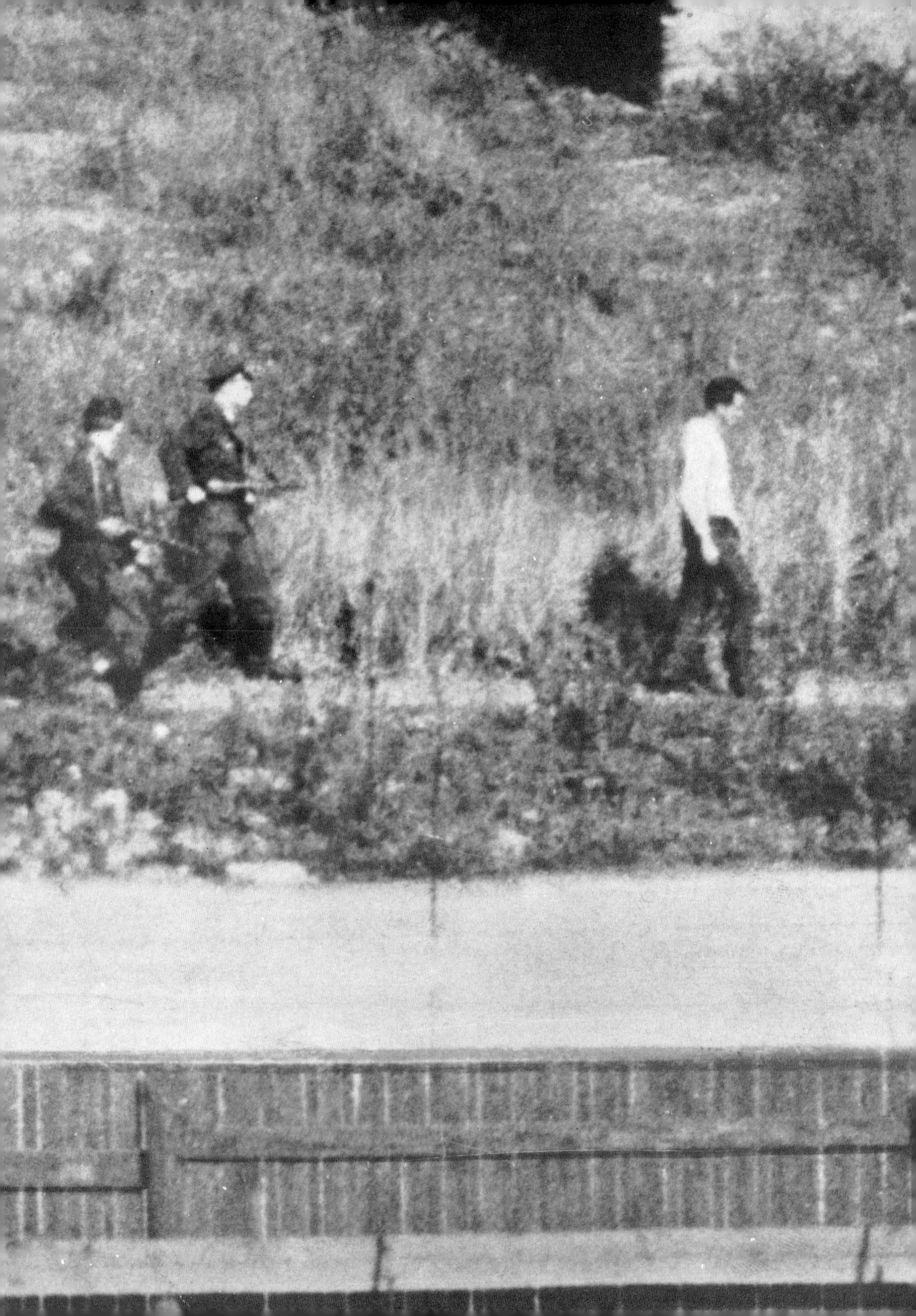

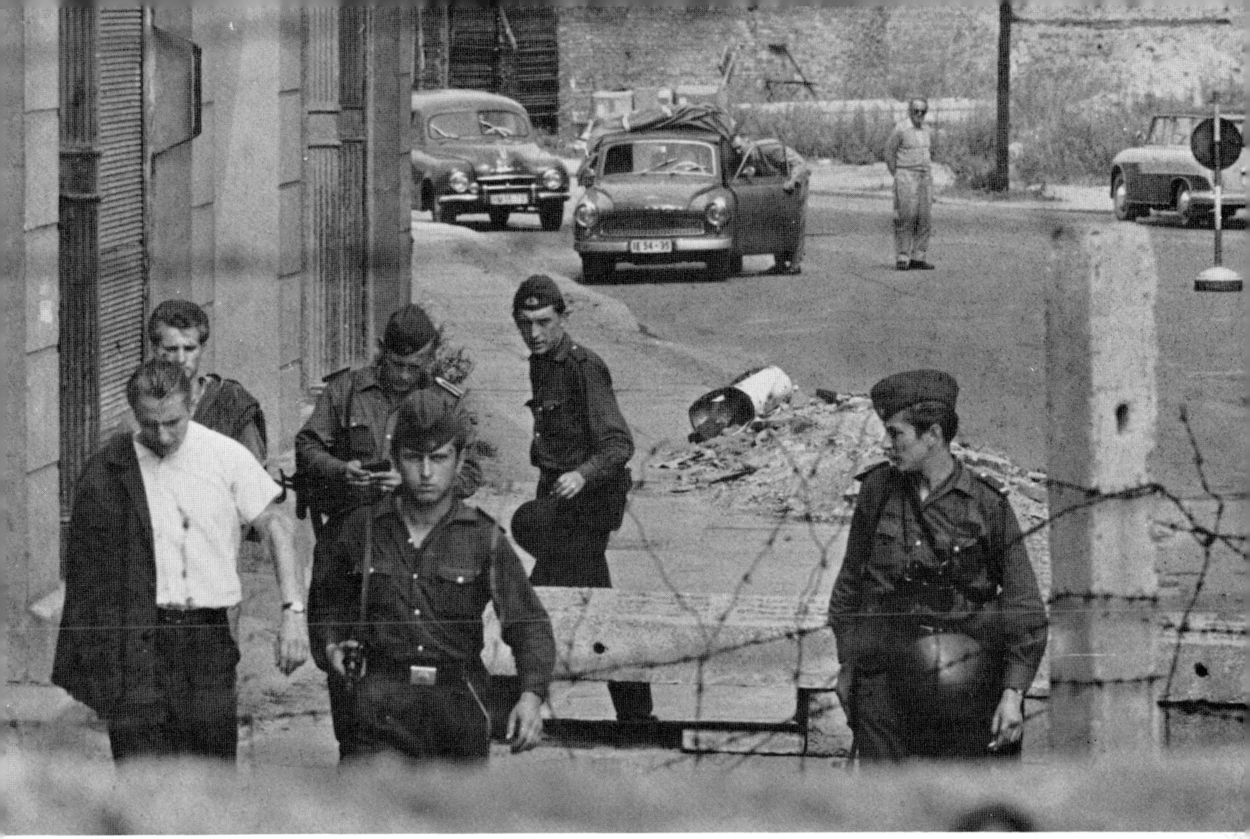

VERHAFTET bei dem Versuch, von Deutschland nach Deutschland, von Berlin nach Berlin zu gelangen. Über 60.000 Menschen wurden wegen „Versuchs der Republikflucht" oder auch nur wegen „Vorbereitung" dazu bereits verurteilt. Die Durchschnittsstrafe beträgt 16 Monate. Für „Beihilfe zur Republikflucht" (dazu zählt auch die Hilfe, die ein Familienvater seinen Nächsten leistet) ist die Durchschnittsstrafe 4 Jahre. Für organisierte Fluchthilfe wurden lebenslängliche Zuchthausstrafen verhängt. Außer Deutschen wurden über 800 Personen aus etwa 30 verschiedenen Ländern gefangengesetz, weil sie Bewohnern der DDR Fluchthilfe leisteten.

ARRESTED when attempting to go from Germany to Germany, from Berlin to Berlin. More than 60.000 people have already been condemned on the grounds of an "attempt to flee from the Republic" or even of "preparation" only, the average punishment amounts to 16 months. For "assistance on the occasion of flights of others" (this also applies to a father escaping with the next of kin) the average punishment is 4 years. Penal servitude for life has been inflicted for organized assistance of escape. Apart from Germans more than 800 citizens of about 30 countries have been taken prisoner for having helped Eastzone-Germans to escape.

ARRÊTE en essayant de passer d'Allemagne en Allemagne, de Berlin à Berlin. Plus de 60.000 personnes furent déjà condamnées pour avoir tenté de «fuir la République» ou seulement pour avoir fait des «préparatifs». La peine moyenne est de 16 mois de prison. Dans le cas d'«aide à la fuite» (et ceci également pour un père de famille qui aide ses proches), la peine moyenne est de 4 ans. Dans le cas d'aide organisée à la fuite, les coupables sont condamnés à la réclusion à vie. Sans compter les Allemands, plus de 800 personnes d'environ 30 pays différents furent emprisonnées pour avoir aidé des habitants de la zone soviétique à s'enfuir.

DETENIDOS Por intentar ir de Alemania a Alemania, de Berlín a Berlín; más de 60.000 personas fueron condenados por "intento de evasión de la República" o incluso por "prepararlo". Las penas son, por término medio, de 16 meses. El promedio de la pena por "ayuda a la evasión de la República", es de 4 años, incluyendo en ella al padre que ayuda a sus familiares. Por ayuda organizada a huir se condena incluso a cadena perpetua. Fueron encarceladas más de 800 personas de unos 30 países, sin contar Alemania, que posibilitaron la fuga a ciudadanos alemanes de la Zona de Ocupación Soviética.

ARRESTATI per aver tentato di andare dalla Germania in Germania, da Berlino a Berlino. Oltre 60.000 persone sono già state condannate per «tentata fuga dalla Repubblica» o anche per averla solo «preparata». La pena media è di 16 mesi. La condanna media per «collaborazione alla fuga» (in questo caso rientra anche l'aiuto che un padre di famiglia dà ai suoi congiunti) è di 4 anni. Per la collaborazione organizzata alla fuga sono già state emesse condanne all'ergastolo. Escludendo gli stessi tedeschi, più di 800 persone di 30 diverse nazionalità sono state imprigionate per aver favorito la fuga di cittadini della Zona d'occupazione sovietica.

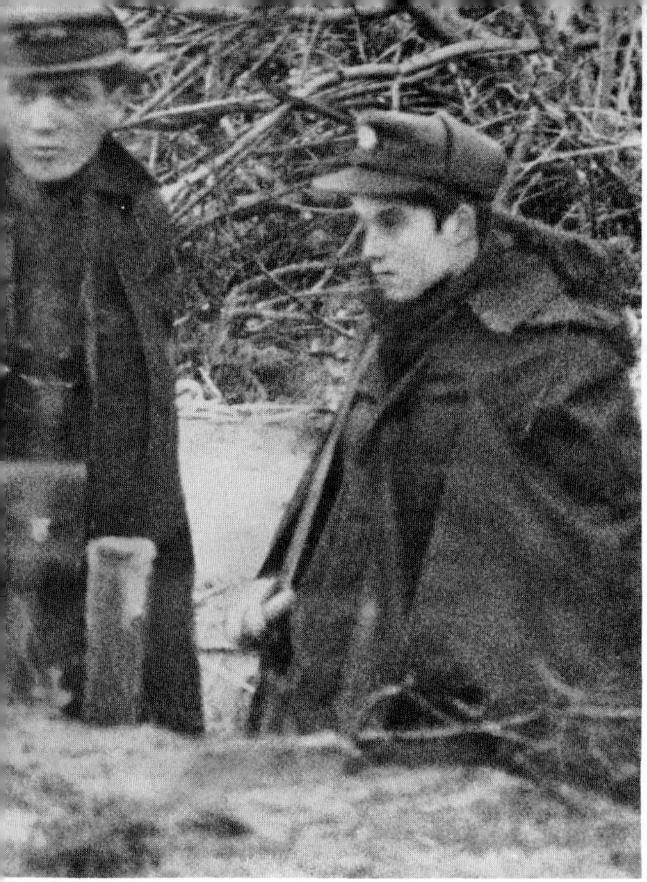

MENSCHENRAUB. Der kleinere Uniformierte schoß auf zwei Westberliner Jugendliche, welche den Draht aufgeschnitten hatten. Schwer verletzt brach der eine zusammen, und der andere suchte Deckung. „Liegen bleiben!" riefen die Vopos und kamen durch den Draht, zwangen den Nichtverletzten mit vorgehaltener Pistole mitzukommen und schleppten den von vielen Schüssen Getroffenen mit sich. Zwei Grenzsoldaten der Kompanie, Zeugen des Verbrechens, flüchteten aus Abscheu. Hier berichteten sie auf einer Westberliner Pressekonferenz.

Ein Westberliner Zöllner wurde durch einen Grenzübergriff entführt. Die Tat wurde dank seines Hundes entdeckt, der nicht von der Stelle des Verbrechens und dem zurückgelassenen Fahrrad seines Herrn wich.
In den ersten fünf Nachkriegsjahren wurden 600 Menschen aus West-Berlin entführt, seit Gründung der „DDR" bis zum 31. 12. 1967 weitere 273, davon 20 trotz des Baus der Mauer.

KIDNAPPING The smaller of the two uniformed men fired at two young West Berliners who had cut through the wire. Severely wounded one of them fell down and the other one tried to cover himself. "Keep lying!" the "Vopos" cried, came through the wire and with their guns leveled at the unhurt young man they forced him to come along with them and carried away the other young men fired at two young West Berlins who had tier guards having witnessed the crime escaped out of detestation. Here they are reporting during a news conference.

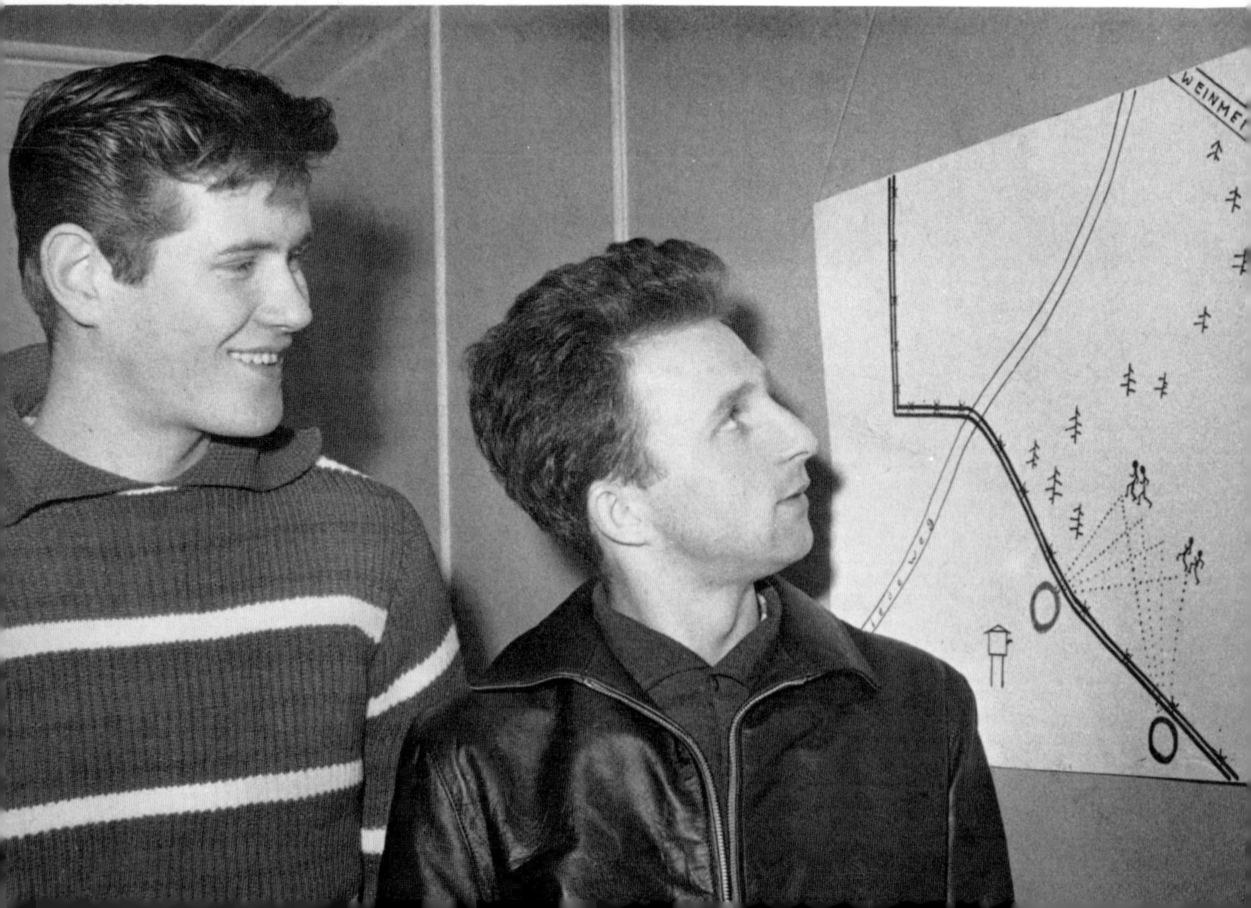

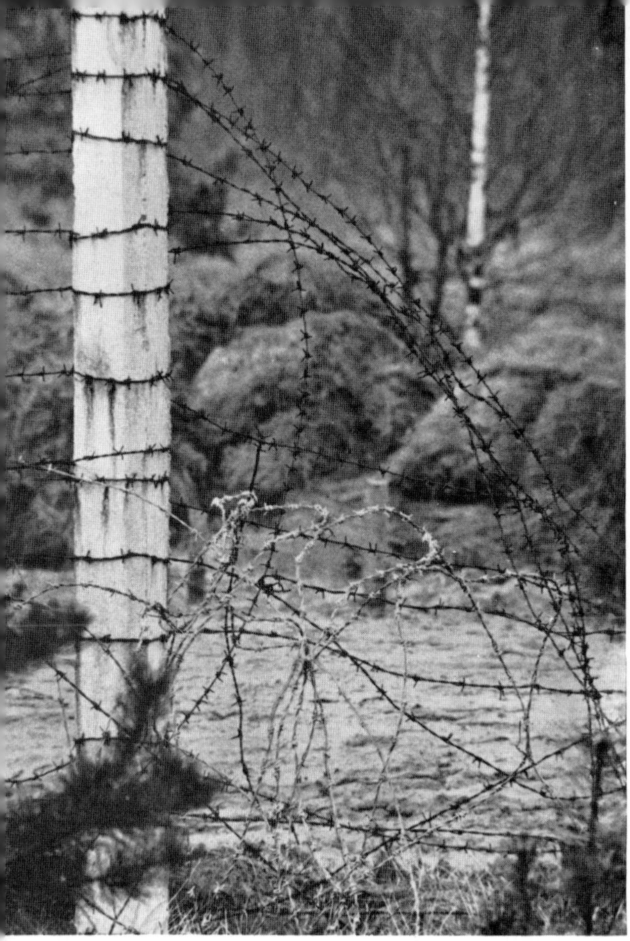

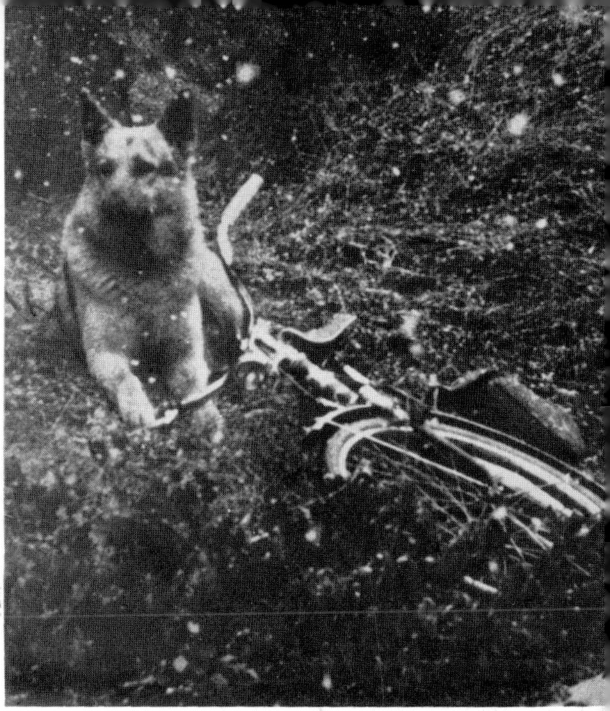

After Soviet zone frontier guards had infringed the frontier a West Berlin customs officer was abducted. This crime became known because the dog of the customs officer neither budged from the place of crime nor from his master's bicycle. During the first five years after the war 600 persons were kidnapped from West Berlin, since the foundation of the "DDR" until 31. 12. 1967 another 273, among them 20 have been abducted in spite of the construction of the WALL!

RAPT Le plus petit des deux hommes en uniforme tira sur deux jeunes Berlinois de l'Ouest, qui avaient coupé les barbelés. L'un d'entre eux, grièvement blessé, s'effondra, et l'autre essaya de se protéger. «Restez couchés!», crièrent les Vopos. Ils passèrent les barbelés, ordonnèrent à celui qui n'était pas blessé de les suivre sous la menace d'un pistolet et transportèrent celui qui avait été touché de plusieurs balles. Deux gardes-frontière de la compagnie, témoins du crime, s'enfuirent, saisis d'horreur. Nous les voyons ici qui témoignent au cours d'une conférence de presse à Berlin-Ouest.
Un douanier de Berlin-Ouest avait été enlevé par un garde-frontière. Le fait fut découvert grâce à son chien, qui ne voulait pas s'éloigner de l'endroit du méfait et restait près de la bicyclette de son maître.
Durant les cinq premières de l'après-guerre, 600 personnes de Berlin-Ouest furent enlevées; depuis la fondation de la RDA jusqu'au 31-12-1967, 273 autres personnes; 20 d'entre elles malgré la construction du MUR.

RAPTO El menor de los uniformados disparó sobre dos muchachos de Berlín Occidental que habían cortado la alambrada. Uno de ellos se desplomó gravemente herido, mientras el otro buscaba cobijo. "Quieto!", gritaron los Vopos, atravesando la alambrada y obligando, pistola en mano, al muchacho a acompañarles, mientras se llevaban al herido, acribillado a balazos. Dos soldados de la misma compañía, que fueron testigos del suceso, huyeron movidos por el horror. En la fotografía, informan de los pormenores en una conferencia de prensa.
Sin respetar la línea divisoria, secuestraron a un aduanero de Berlín Occidental. El hecho se descubrió por su perro, que no se apartaba del lugar del secuestro, vigilando la bicicleta abandonada por su dueño.
Durante los cinco primeros años de la postguerra fueron secuestradas de Berlín Occidental más de 600 personas; desde la creación de la "DDR" hasta 31 de diciembre de 1967, ostras 273, de ellas 20 después de la construcción del muro!

RAPIMENTI. Il più piccolo dei due uomini in uniforme aprì il fuoco su due giovani di Berlino-Ovest che avevano tagliato il filo spinato. Uno di questi, gravemente ferito, si accasciò al suolo mentre l'altro cercò riparo. «Non muovetevi!» intimarono i *Vopos*. Dopo aver oltrepassato i reticolati, essi costrinsero il giovane non ferito a seguirli, spianandogli addosso le pistole, e portarono via anche l'altro che era stato raggiunto da molti colpi. Due soldati di frontiera della stessa compagnia, testimoni del crimine, fuggirono disgustati. Una volta dall'altra parte resero noto il fatto nel corso di una conferenza stampa (foto).
Un doganiere occidentale fu trascinato con la forza oltre confine. Il fatto fu scoperto solo perchè il suo cane rimase accucciato vicino alla bicicletta sul posto del rapimento.
Nei primi 5 anni del dopoguerra 600 persone furono rapite da Berlino-Ovest. Dalla fondazione della «DDR» fino al 31. 12. 1967 altre 273, di cui 20 dopo l'erezione del muro.

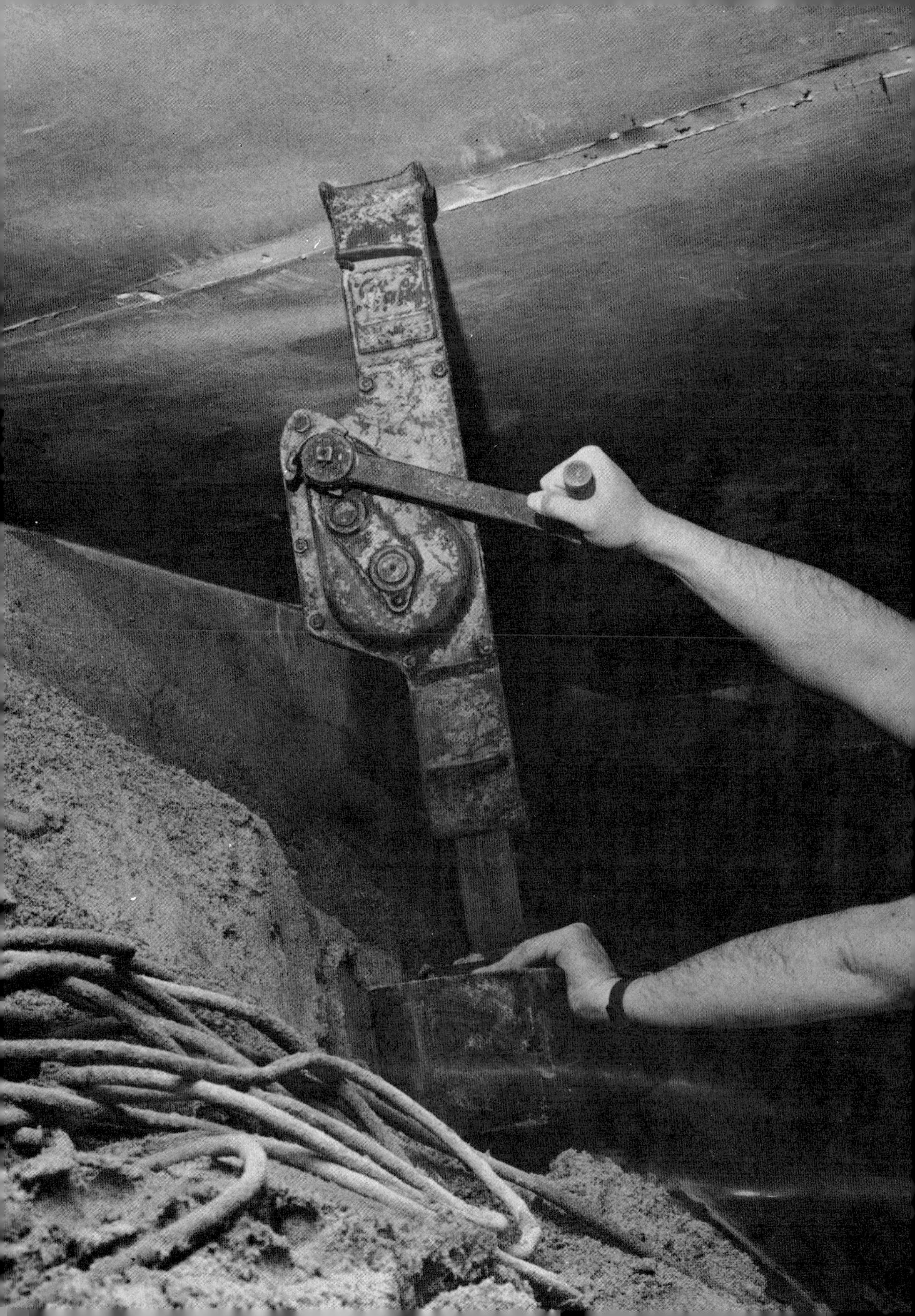

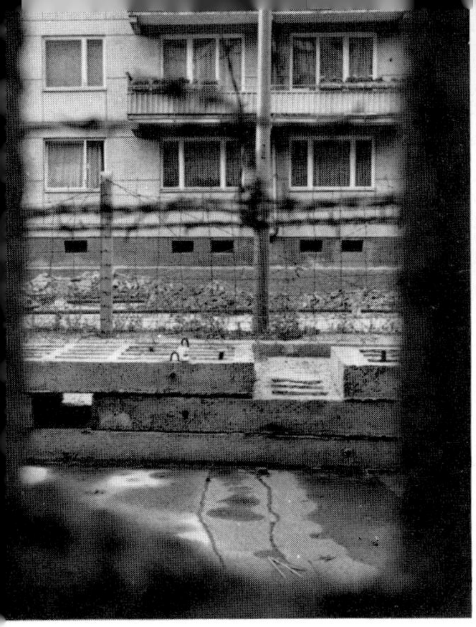
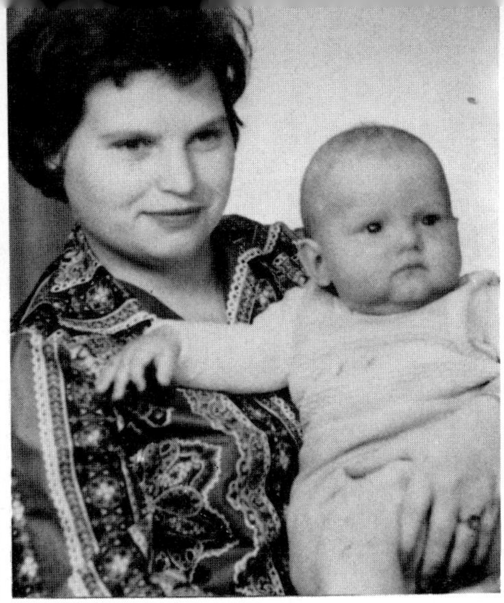
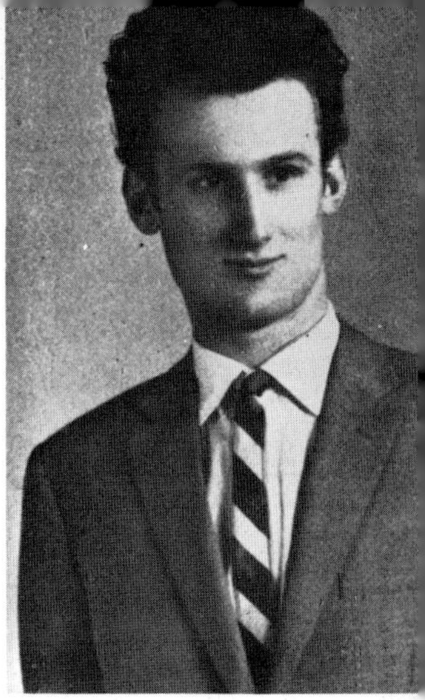

29. 6. 1962

FLUCHTHILFE — EINSATZ DES LEBENS (80—87) Der Tunnel von Siegfried Noffke, der Frau und Kind holen wollte, war solide gebaut. Er konnte nicht wissen, daß zwei Häuser entfernt Studenten auch einen Tunnel bauten, der eine Erdsenkung verursachte und so ein geheimes Suchkommando der Volkspolizei alarmierte. Mit diesem Wagenheber wurde der Fußboden durchbrochen. Als Noffke ausstieg, wurde er erschossen, zwei seiner Helfer verhaftet und zu lebenslänglichem Zuchthaus verurteilt.

ASSISTANCE TO ESCAPE — RISK OF LIFE (80 to 87) The tunnel of Siegfried Noffke who wanted to pick up wife and child had been constructed solidly. He could not know that students were building another tunnel only two houses way from his. As therefore a hollow showed up in the ground a secret detachment of the "Volksarmee" was alarmed. The floor was broken through with this jack. When coming out of the tunnel Noffke was shot dead, two assistants were arrested and condemned to penal servitude for life.

AIDER A FUIR — AU RISQUE DE SA VIE (80—87) Le tunnel que Siegfried Noffke construisit pour aller chercher sa femme et son enfant était solide. Il ne pouvait savoir, que deux maisons plus loin, des étudiants creusaient aussi un tunnel qui provoqua un glissement de terrain; ce qui alarma un commando secret de recherche des Vopos. Le plancher fut percé au moyen de ce cric. Lorsque Noffke sortit du tunnel, il fut tué d'une balle, deux de ses compagnons furent arrêtés et condamnés à la réclusion à vie.

LA AYUDA A LA HUIDA PONE EN PELIGRO LA PROPIA VIDA (80—87) El túnel que estaba construyendo Siegfried Noffke era sólido. Pero él no podía saber que, más allá, unos estudiantes estaban construyendo otro, y que provocaron un desprendimiento de tierra, que alarmó a un commando secreto de escucha de los Vopos. Con este gato para levantar coches se forzó el techo. Cuando Noffke salió de su túnel fue ametrallado; dos de sus ayudantes detenidos y más tarde condenados a cadena perpetua.

AIUTANO A FUGGIRE A RISCHIO DELLA PROPRIA VITA (80—87) Il tunnel di Siegfried Noffke, che voleva far fuggire la moglie e il bambino, era stato costruito molto solidamente. Egli non poteva sapere che due case piu in là alcuni studenti, che a loro volta stavano scavando una galleria, avevano provocato un movimento del terreno mettendo così in allarme una «squadra antifughe» della polizia popolare. Quando uscì dal tunnel, dopo aver sfondato dal di sotto il pavimento con un cricco, Noffke fu ucciso sul posto. Due dei suoi aiutanti furono arrestati e condannati all'ergastolo.

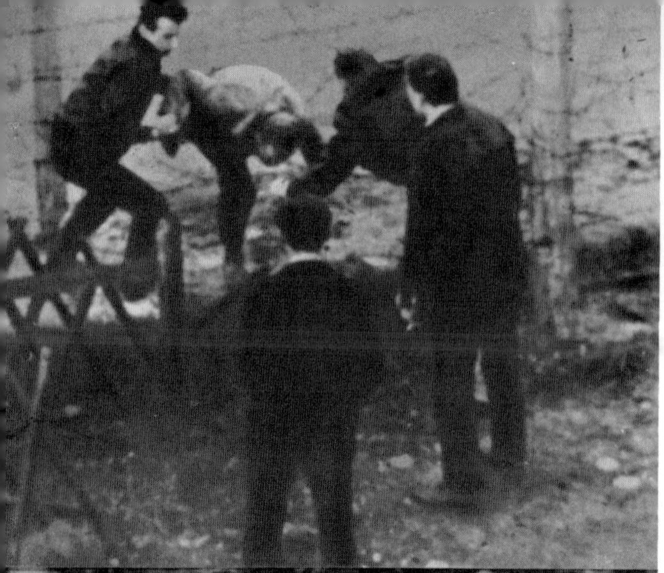

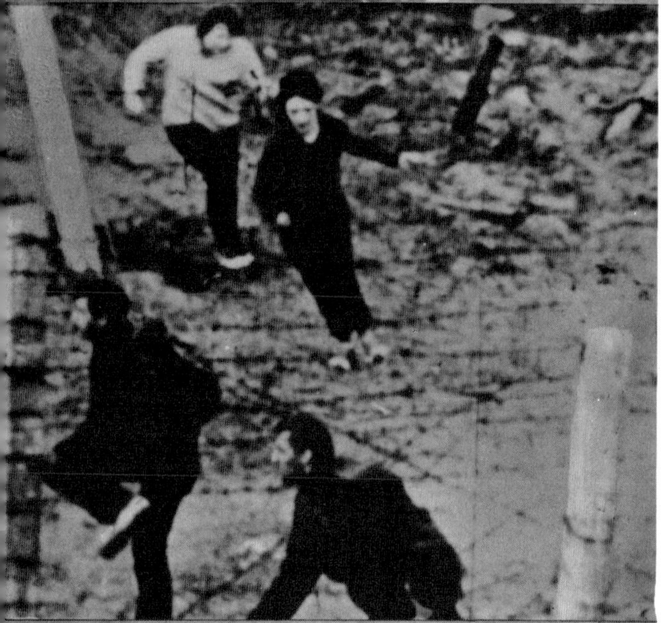

1961

Der Fluchthelfer schneidet den Draht auf. Zuerst kommt der Freund, dann die Braut und deren Freundin. Vopos sehen die Flüchtlinge, und die Braut bleibt dazu noch im Draht hängen! Tränengasbomben werden geworfen und nehmen den Vopos die Sicht. Zu spät kommen sie. Rechts das glückliche Paar — wenige Sekunden später.

The escape assistant cuts through the wire. His friend is the first to come, then the fiancée and her girl-friend follow. "Vopos" discover the refugees and moreover, the fiancée is cought in the barbed-wire! Tear-gas bombs are thrown so that the "Vopos" cannot see anything. They are too late. On the right the happy couple a few seconds later.

Celui qui aide à fuir coupe le fil de fer. Son ami arrive d'abord, puis la fiancée et son amie. Des Vopos aperçoivent les réfugiés, la fiancée est accrochée aux barbelés. Des bombes lacrymogènes sont lancées pour empêcher les Vopos de voir. Ils arrivent trop tard. A droite, l'heureux couple — quelques secondes plus tard.

Uno corta la alambrada. Primero pasa el amigo, después su novia y por último la amiga de ella. Los Vopos descubren a los fugitivos, la novia queda enganchada en la alambrada. Se lanzan bombas de gases lacrimógenos que ciegan a los Vopos, que llegan demasiado tarde. A la derecha la feliz pareja, segundos después.

Un soccorritore taglia il filo spinato. Per primo passa l'amico, poi viene la fidanzata con una sua amica. I *Vopos* scoprono i fuggiaschi, e la fidanzata resta impigliata nel reticolato! Vengono lanciate delle bombe lacrimogene per impedire la vista alle guardie, che così arrivano troppo tardi. A destra la coppia felice, alcuni secondi dopo.

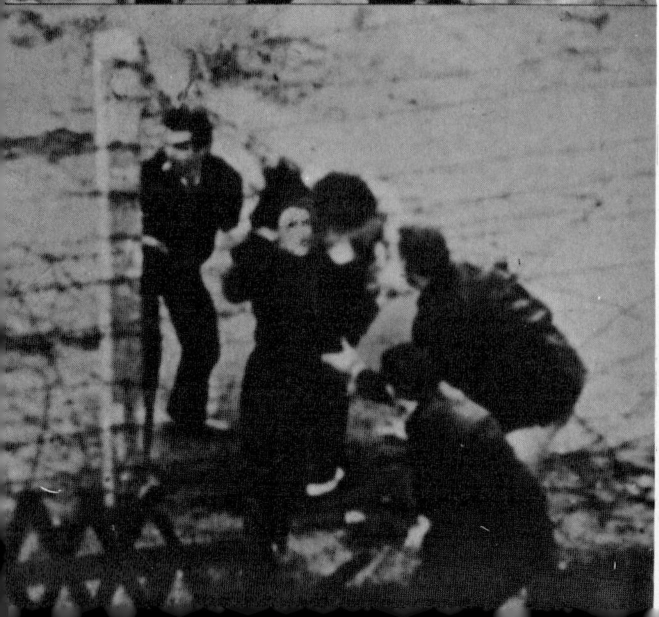

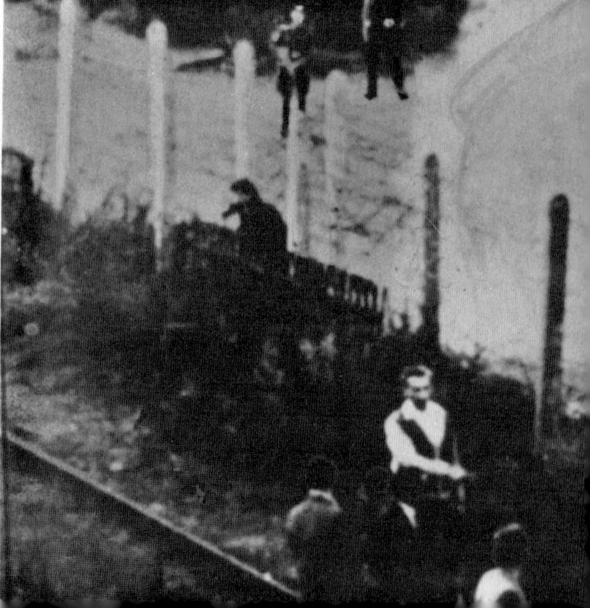

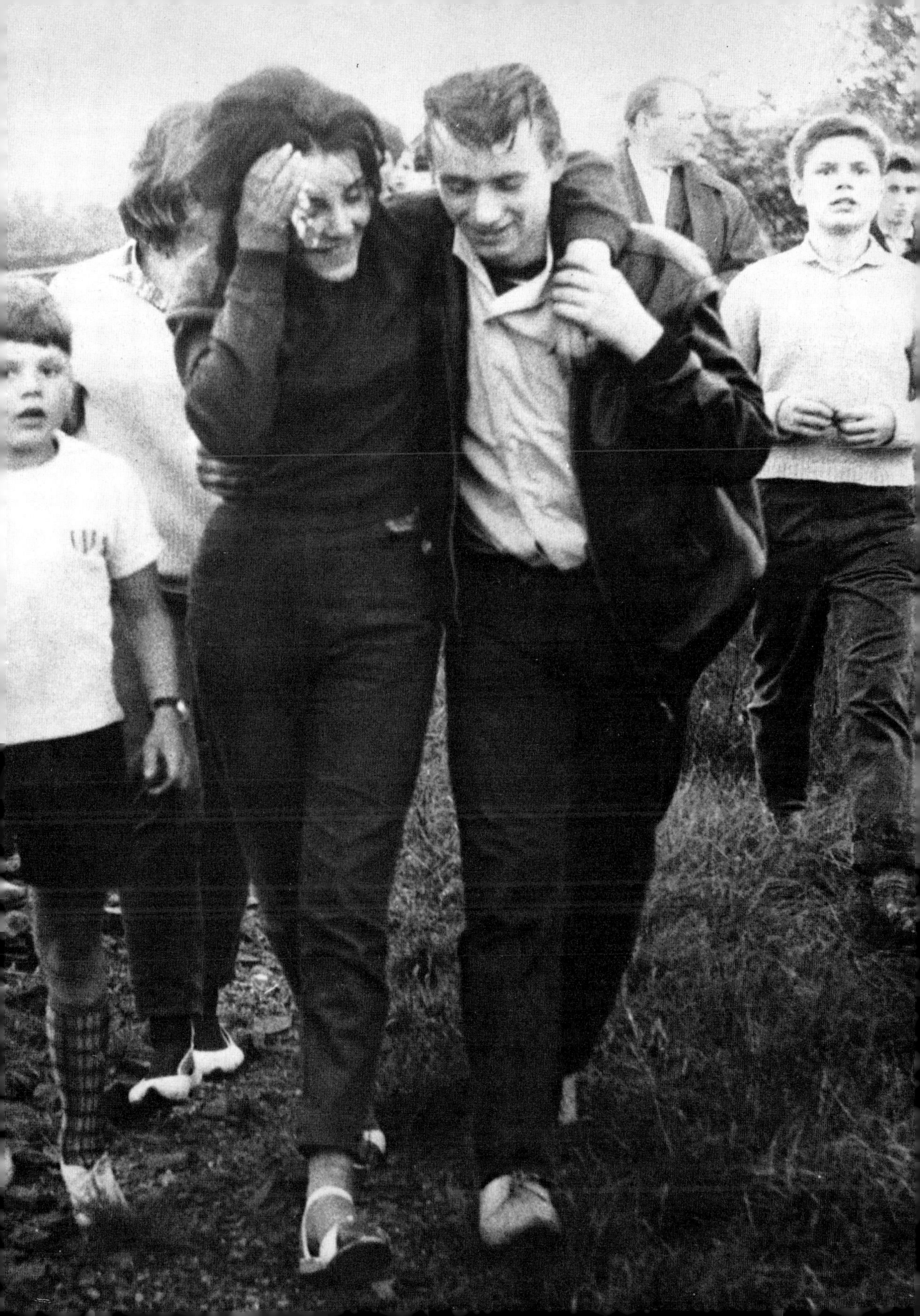

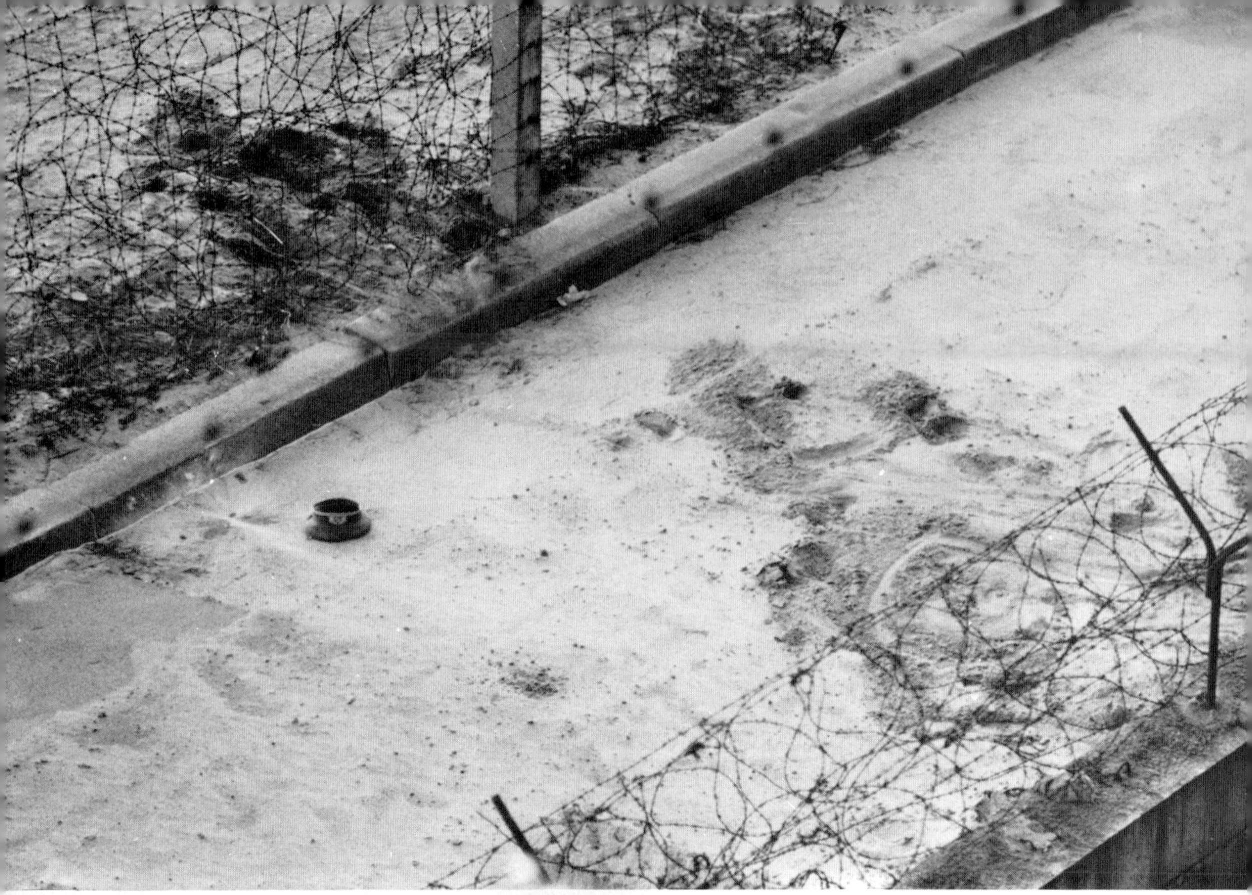

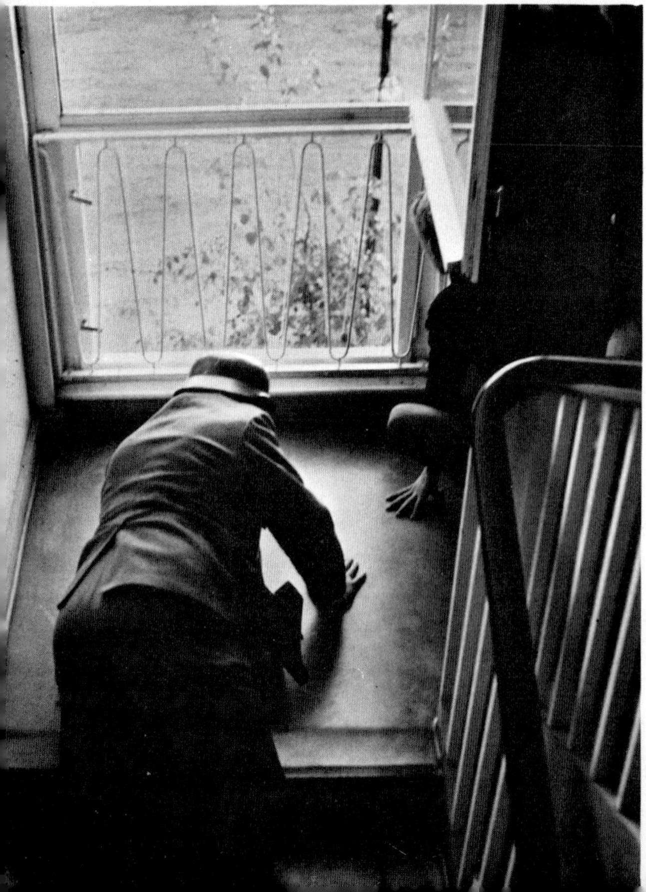

13. 9. 1964

Der 20jährige Hans Meyer war bereits unter dem letzten Stacheldraht hindurch und wollte auf die Mauer. Da wurde er beschossen, verletzt und gestellt. Der Posten wollte den am Boden Liegenden wegschleppen. Der Amerikaner Hans Werner Pool kletterte auf die Mauer und rief dem Posten zu: „Laß den Jungen los!" Die im Hausflur befindlichen Westberliner Polizisten drohten mit ihren Waffen, Warnschüsse fielen. Der Junge wurde freigegeben. Im Foto ist die Stelle zu sehen, wo der Kampf um den jungen Menschen stattfand. Der Regierende Bürgermeister Willy Brandt dankte Pool für die Rettung.

20-year-old Hans Meyer had already passed the last wire entanglement and tried to climb up the wall. Then he was fired at and wounded. The guards were on the point of carrying away the young man. The American Hans Werner Pool climbed up the wall and shouted to the guard: "Let go the boy!" The West Berlin policemen in the hall of a house near that place threatened to use their arms, warning shots were to be heard. The boy was released. The photo shows the spot where the fight for the boy's liberty took place. Governing Mayor Willy Brandt thanked Pool for having saved the boy.

Hans Meyer, 20 ans, avait déjà traversé les derniers fils de fer et s'apprêtait à grimper sur le mur, lorsqu'on ouvrit le feu sur lui. Il fut blessé et le garde l'atteignit. L'Americain Hans Werner Pool monta sur le mur et cria au garde: «Lâche ce jeune homme!» Les agents de police de Berlin-

Ouest, se trouvant dans le vestibule de la maison, menacèrent d'en venir aux armes. Ils tirèrent des coups en l'air. Le jeune homme fut relâché. Sur la photo on peut voir l'endroit où la lutte eut lieu. Le bourgmestre régnant de Berlin, Willy Brandt, remercie Pool de son action de sauvetage.

Hans Meyer, un joven de 20 años, había conseguido atravesar la última alambrada e iba a saltar el muro. Entonces dispararon contra él, fue herido y le detuvieron. Los Vopos querian llevarse al herido. El soldado americano Hans Werner Pool escaló el muro, gritando: "Soltad al muchacho". Los policías occidentales, que se encontraban en el pasillo amenazando con sus armas, hicieron fuego de aviso. Los Vopos soltaron al muchacho. En la foto puede apreciarse el lugar donde tuvo lugar la lucha por salvar al chico. El Alcalde Gobernador, Willy Brandt, agradece a Pool la salvación del joven, entregándole un pergamino.

Il ventenne Hans Meyer era già passato sotto l'ultima barriera di filo spinato e si accingeva a superare il muro, quando fu ferito da colpi d'arma da fuoco. La guardia gli si avvicinò per portarlo via dal punto ove giaceva. L'americano Werner Pool si arrampicò allora sul muro e gridò: «Lascia stare il ragazzo!» I poliziotti occidentali appostati in un pianerottolo di una casa minacciarono la guardia con le loro armi e spararono alcuni colpi in aria. Il giovane fu lasciato libero. Nella foto si vedono ancora le tracce della lotta disperata. Il Borgomastro Willy Brandt ringraziò Pool per la sua azione di soccorso.

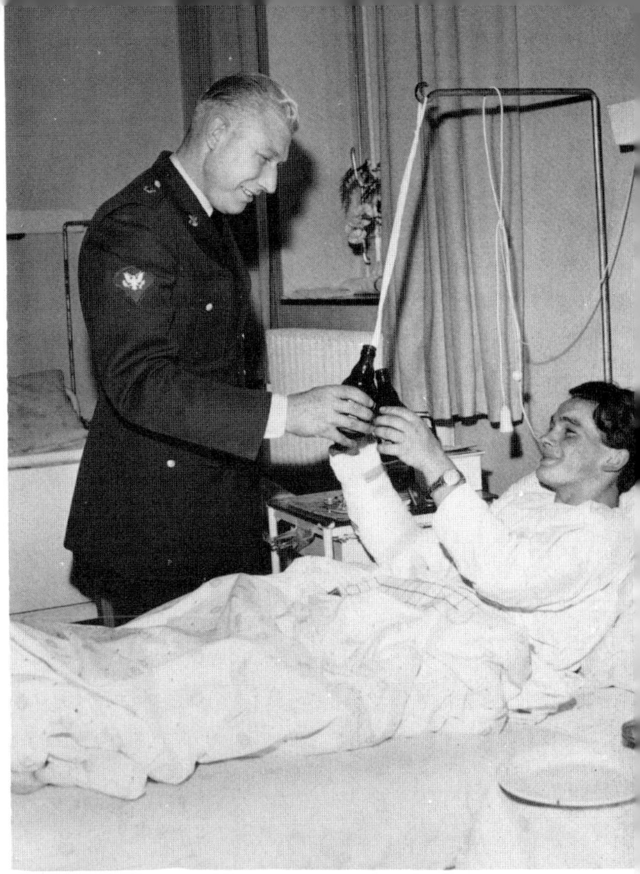

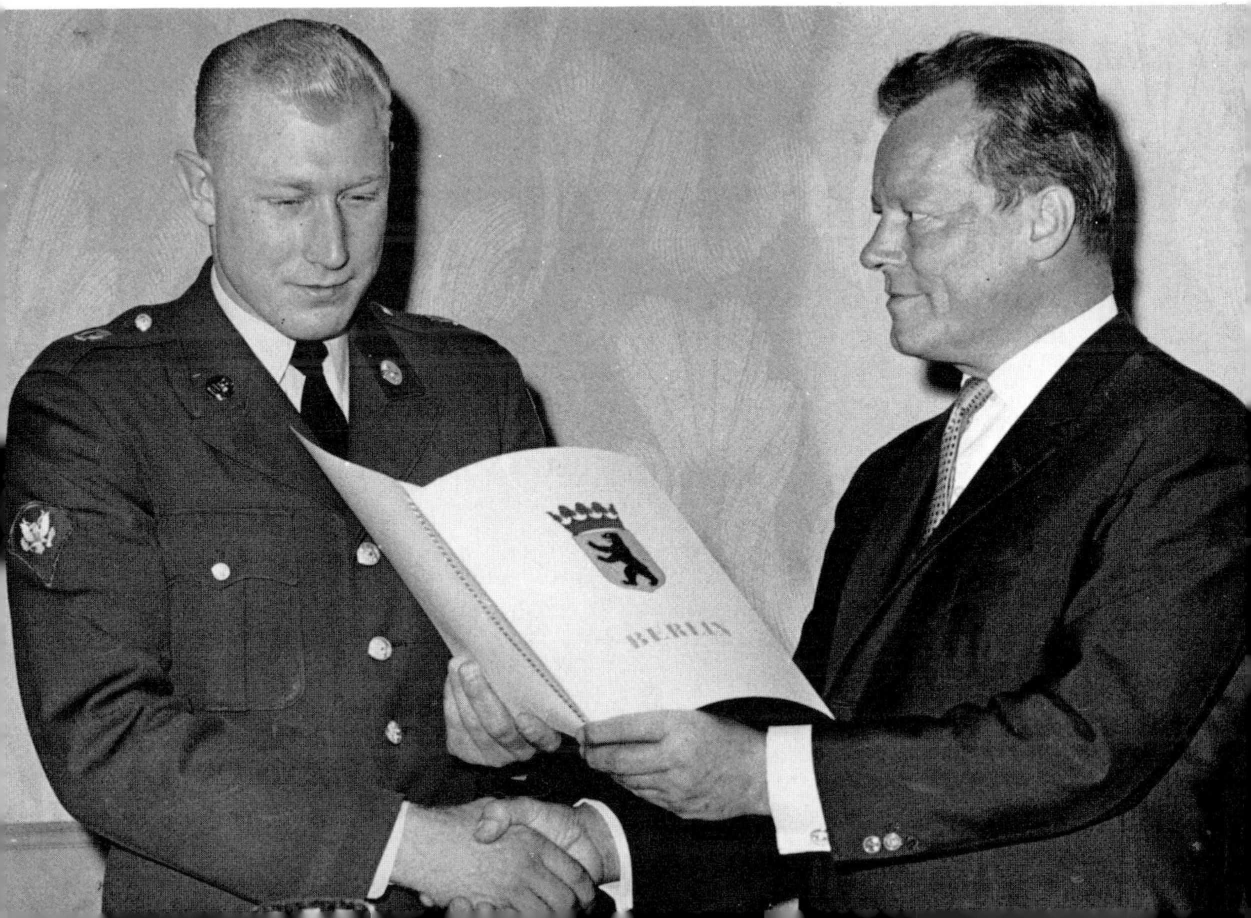

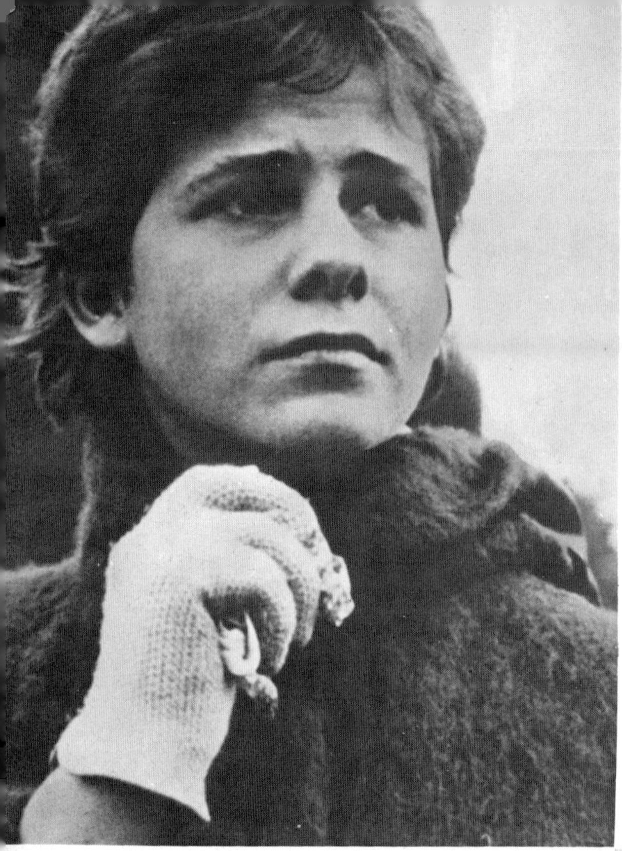

siven Gewaltpolitik der revanchistischen und militaristischen Kreise der Bonner Regierung und des West-Berliner Senats dar, die die Welt in die Katastrophe eines mit Atom- und Raketenwaffen geführten dritten Weltkrieges zu stürzen droht. Die staatlich organisierte systematische Unterminierung der Staatsgrenze der DDR ist daher Kriegsvorbereitung und Aggression." 1966, nach 4 Jahren Haft wurde Harry Seidel entlassen, nicht zuletzt durch die Proteste aus allen Teilen der Welt.

One day this girl came to this student asking him to help her mother to get to West Berlin. In an unselfish way the 20 year old escape assistant Dieter Wohlfahrt had already helped more than 50 people to come through the barbed wire. Without knowing the girl or her mother any closer he was ready to help them. At a certain place in Staaken where the girl's mother had already been waiting near the frontier and after her having given the sign they had agreed upon Dieter Wohlfahrt cut through the wire. From ambush he was shot. The soldier having escaped out of detestation of the crime reported that the girl's mother had turned up in the company already two hours before the crime and that the plan of escape had been known. The girl was close to the spot when Dieter Wohlfahrt was shot dead. The girl's photo was taken some moments later.
"Liberty for the escape assistant Harry Seidel condemned to penal servitude!" demand his friends.

Un jour, cette jeune fille vint demander à cet étudiant d'aider sa mère à fuir. Dieter Wohlfahrt, 20 ans, avait déjà aidé, de façon désintéressée,

Dieses Mädchen kam eines Tages zu diesem Studenten mit der Bitte, ihre Mutter herüberzuholen. Der 20jährige Fluchthelfer Dieter Wohlfahrt hatte bereits über 50 Menschen uneigennützig durch den Draht geholt. Ohne das Mädchen oder deren Mutter näher zu kennen, erklärte er sich bereit. An einer bestimmten Stelle in Staaken, wo die Mutter bereits in Grenznähe wartete und ein verabredetes Zeichen gab, schnitt Dieter Wohlfahrt den Draht auf. Aus einem Hinterhalt trafen ihn tödliche Schüsse. Der aus Abscheu über dieses Verbrechen geflüchtete Soldat Heinz Kliem berichtete, daß die Mutter bereits zwei Stunden vor der Tat in der Kompanie erschienen war und daß der Fluchtplan dort bekannt war. Das Mädchen war in nächster Nähe, als Dieter Wohlfahrt erschossen wurde. Das Foto von ihr wurde kurz danach aufgenommen. (9. 12. 61)
In dem Prozeß gegen Harry Seidel, der bei seiner Verhaftung eine Pistole in der Tasche hatte, kam die Tatsache der Fluchthilfe und Zusammenführung von Familien nicht zur Sprache. In der Urteilsbegründung hieß es: „Seidel und andere Mitglieder von Terrororganisationen drangen in einer großen Anzahl von Fällen durch unterirdisch in das Hoheitsgebiet der Deutschen Demokratischen Republik vorgetriebene Stollen mit schußfertigen Pistolen und Maschinenpistolen ein und entführten Bürger der Deutschen Demokratischen Republik. Die von dem Angeklagten begangenen Verbrechen stellen die unmittelbare Verwirklichung der aggres-

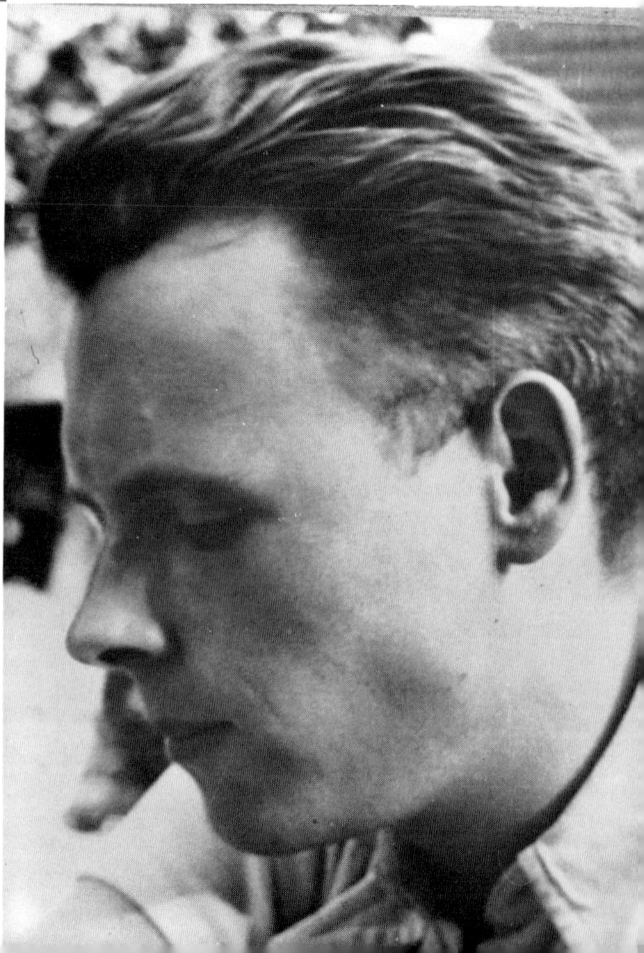

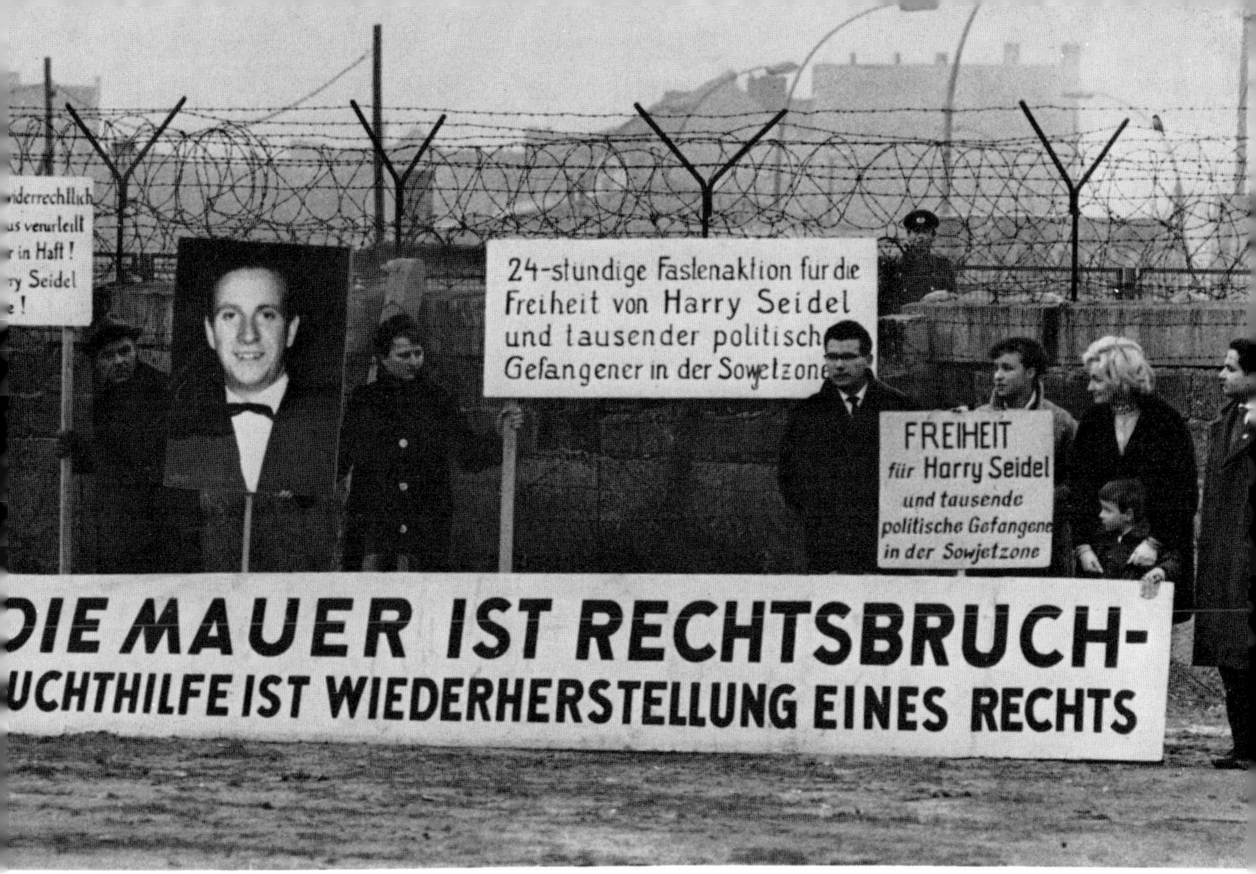

plus de 50 personnes à traverser les barbelés. Sans connaître ni la fille ni la mère, il accepta. A un certain endroit à Staaken, où la mère attendait et devait donner un signal, Dieter Wohlfahrt coupa les barbelés. Des coups de feu provenant d'une embuscade le blessent mortellement. Le soldat Heinz Kliem, horrifié par ce crime, s'enfuit et rapporta que la mère était apparue à la compagnie déjà deux heures plus tôt et que le projet de fuite était connu. La jeune fille se trouvait tout près de Dieter Wohlfahrt lorsqu'il fut tué. Cette photo d'elle fut prise peu de temps après le crime.

«Liberté pour Harry Seidel, condamné à la réclusion à vie pour avoir aidé à fuir» demandent ses amis.

Esta muchacha se presentó un día en la casa de este estudiante, para rogarle que trajera a su madre. El muchacho, Dieter Wohlfahrt, de 20 años, habia pasado ya a más de 50 desinteresadamente. Sin conocer ni a ella ni a su madre, se comprometió a emprenderlo. En un determinado punto, en Staaken, donde la madre estaba esperando junto a la frontera, y después de hacer la señal convenida, Dieter Wohlfahrt cartó la alambrada. Desde un escondite le dispararon, hiriéndole mortalmente. El soldado Heinz Kliem, que huyó horrorizado por el delito comentado, informó que la madre se presentó dos horas antes en la compañía, dando a conocer el plan de la fuga. La muchacha se encontraba en las proximidades, cuando ametrallaron a Dieter Wohlfahrt. Esta foto se obtuvo pocos momentos después.

"Libertad para Harry Seidel, condenado a cadena perpetua, por ayudar a evadirse!" exigen sus amigos.

Questa ragazza si recò un giorno da questo studente pregandolo di aiutare sua madre a fuggire. Il ventenne Dieter Wohlfahrt aveva già fatto scappare più di 50 persone attraverso il filo spinato, senza mai chiedere un compenso. Pur non conoscendo nè la ragazza nè sua madre, il giovane acconsentì. In un punto prestabilito di Staaken, dove la madre aspettava vicino al confine facendo dei segnali convenuti, Dieter Wohlfahrt tagliò il filo. Da un punto nascosto lo raggiunsero dei colpi mortali. Il soldato Heinz Kliem, fuggito per l'orrore provato per questo crimine, rese noto che la madre già due ore prima del fatto si era recata dalle guardie e quindi il piano era conosciuto. La ragazza si trovava nelle immediate vicinanze quando Dieter Wohlfahrt fu ucciso. Questa sua fotografia fu scattata pochi momenti dopo.

«Libertà per Harry Seidel, condannato all'ergastolo per aver favorito delle fughe!» reclamano i suoi amici.

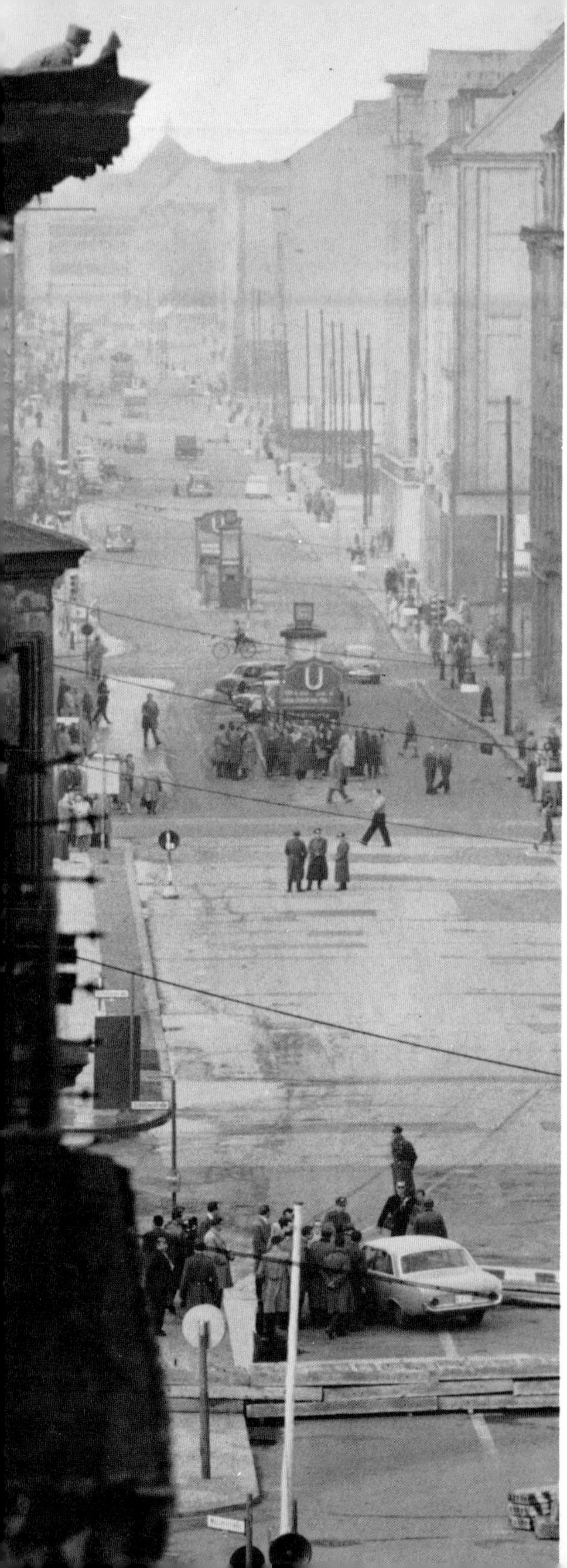

AMERIKANER SETZEN EIN RECHT DURCH 22. bis 28. 10. 1961 (88—91) Eines Tages sollten die amerikanischen Armeeangehörigen den „Vopos" ihre Ausweise vorzeigen, wenn sie nach Ostberlin einfuhren. Die Forderung bedeutete den Bruch eines internationalen Abkommens. Die Amerikaner weigerten sich, und ihr Fahrzeug wurde sogleich gestoppt. Um ihr Recht durchzusetzen, stoppten nun die Amerikaner die nach West-Berlin einfahrenden sowjetischen Fahrzeuge.

THE AMERICANS EXERCISE A RIGHT 22.—28. 10. 1961 (88—91) One day the "Vopos" ordered the American military staff to show their identification cards when entering East Berlin. This demand was a violation of an international agreement. The Americans refused to do so and their vehicle was stopped right away. In order to exercise their right, the Americans — in their turn — stopped the Soviet cars entering West Berlin.

LES AMERICAINS FONT RESPECTER UN DROIT 22 AU 28-10-1961 (88—91) Un jour, les Vopos exigèrent que les soldats américains montrent leur carte d'identité lorsqu'ils passaient à Berlin-Est. Par cette exigence, ils violaient un accord international. Les Américains refusèrent et leur voiture fut aussitôt arrêtée. Pour faire respecter leur droit, les Américains arrêtèrent, de leur côté, les voitures soviétiques qui entraient à Berlin-Ouest.

LOS AMERICANOS IMPONEN UN DERECHO, 22.—28. 10. 1961 (88—91) Un día, los americanos pertenecientes a las fuerzas armadas, habían de mostrar a los Vopos su documentación para pasar al sector oriental. Esta exigencia era una violación de un tratado internacional. Los americanos se negaron, siendo detenido inmediatamente su vehículo. Para imponer su derecho, los americanos detuvieron todos los vehículos soviéticos, que se dirigían a Berlín Occidental.

GLI AMERICANI FANNO VALERE UN LORO DIRITTO. 22.—28. 10. 1961 (88—91) Un giorno i *Vopos* pretesero di controllare i documenti personali dei soldati americani che entravano a Berlino-Est. Ciò costituiva una violazione di un accordo internazionale. Gli americani si rifiutarono e le loro vetture vennero immediatamente fermate. Per ristabilire il loro diritto gli americani bloccarono allora gli automezzi sovietici che entravano a Berlino-Ovest.

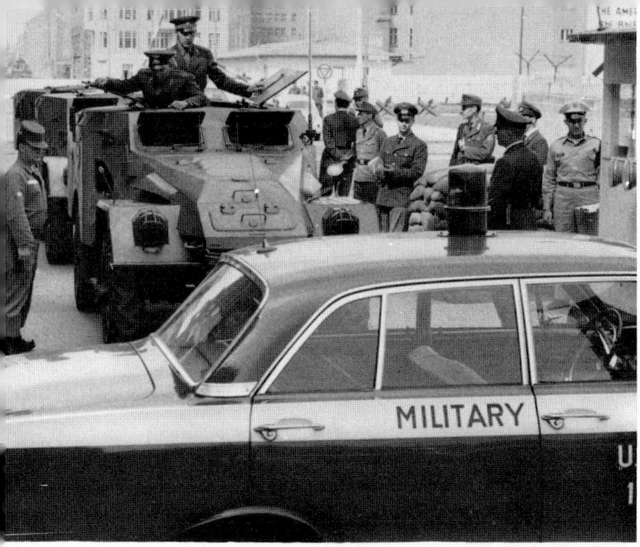

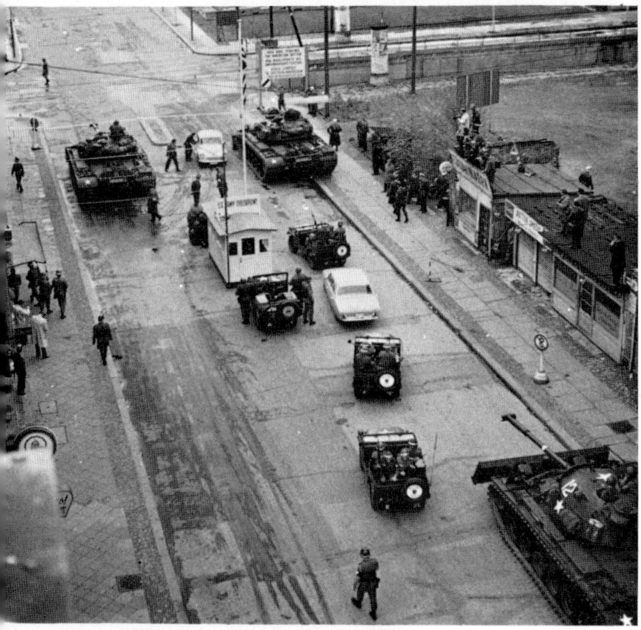

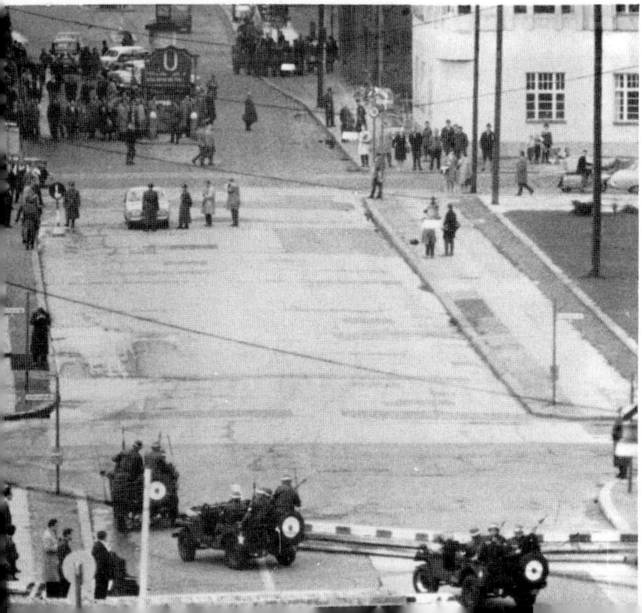

Die Amerikaner gaben „Kampfalarm". Ein Testwagen in einem Konvoi von drei Jeeps fuhr in den Sowjetsektor hinein. Dort ließ der Konvoi den Testwagen allein. Bei seiner Rückfahrt wurde der Testwagen erneut gestoppt (Bild). Drei Jeeps fahren an, um den Wagen zu befreien.

The Americans were on the alert. Convoyed by three jeeps a test car was driven into the Soviet sector. There the escort left the test car. On the way back the test car was stopped again (photo). Three jeeps are started to free the car.

Les Américains donnèrent l'alerte. Une voiture test, entourée de trois jeeps, entra en zone soviétique. Là, le convoi de jeeps laissa la voiture seule. A son retour, la voiture fut arrêtée (photo). Trois jeeps partent pour la libérer.

Los americanos tocaron alarma. Un automóvil, a modo de prueba, se introdujo en el sector soviético, acompañado de un convoy de tres jeeps. Allí, el convoy se separó del automóvil. A su regreso, el automóvil fue nuevamente detenido (véase la fotografía). Los tres jeeps se dirigen a liberar el automóvil.

Gli americani disposero lo «stato d'allarme». Una vettura-prova entrò nel settore sovietico accompagnata da un convoglio di tre *jeeps*. Qui la vettura fu fatta proseguire da sola. Al suo ritorno essa venne nuovamente fermate (vedi foto). Allora le tre *jeeps* le si diressero incontro per liberarla.

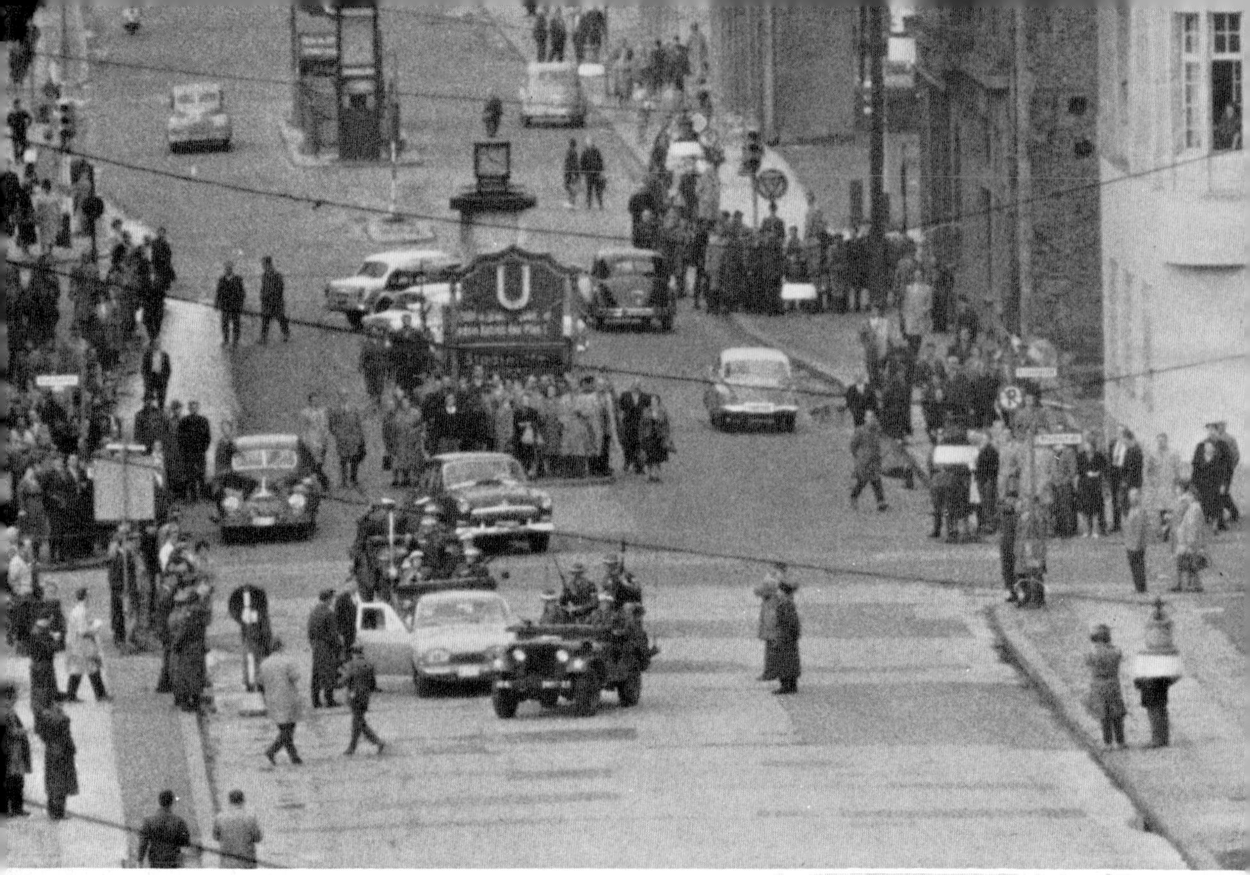

Der in Ost-Berlin gestoppte Wagen wird von den entsendeten Fahrzeugen in Geleitschutz genommen und auf diese Weise befreit. In den folgenden Tagen standen sich sowjetische und amerikanische Tanks gegenüber und es bestand höchste Alarmstufe. Kennedy: „Wir verteidigen die Freiheit von Paris, London und New York, wenn wir uns für die Freiheit in Berlin einsetzen."

The stopped car is being escorted and thus freed. During the following days Soviet and American tanks faced each other. There was the highest degree of alarm. Kennedy: "We are defending the freedom of Paris, London and New York when standing up for liberty in Berlin."

La voiture arrêtée à Berlin-Est est escortée et libérée. Pendant les jours qui suivent, les blindés soviétiques et américains se trouvaient face à face. L'état d'alerte était des plus graves. Kennedy: «En intervenant pour la liberté de Berlin, nous défendons celle de Paris, de Londres et de New York.»

Los vehículos corrieron en auxilio del coche detenido en Berlín Occidental y lo acompañaron, liberándolo de esta manera. En los días subsiguientes se enfrentaron tanques soviéticos y americanos y hubo gran alarma. Kennedy dijo: "Defendemos la libertad de París, Londres y Nueva York, cuando defendemos la libertad de Berlín."

La macchina bloccata a Berlino-Est viene liberata e accompagnata sotto la protezione dei mezzi militari mandati per questo scopo. Nei giorni seguenti si trovarono di fronte carri armati sovietici e americani. Sussisteva lo stato d'allarme generale. Come disse Kennedy: «Difendendo la libertà di Berlino noi difendiamo anche quella di Parigi, Londra e Nuova York».

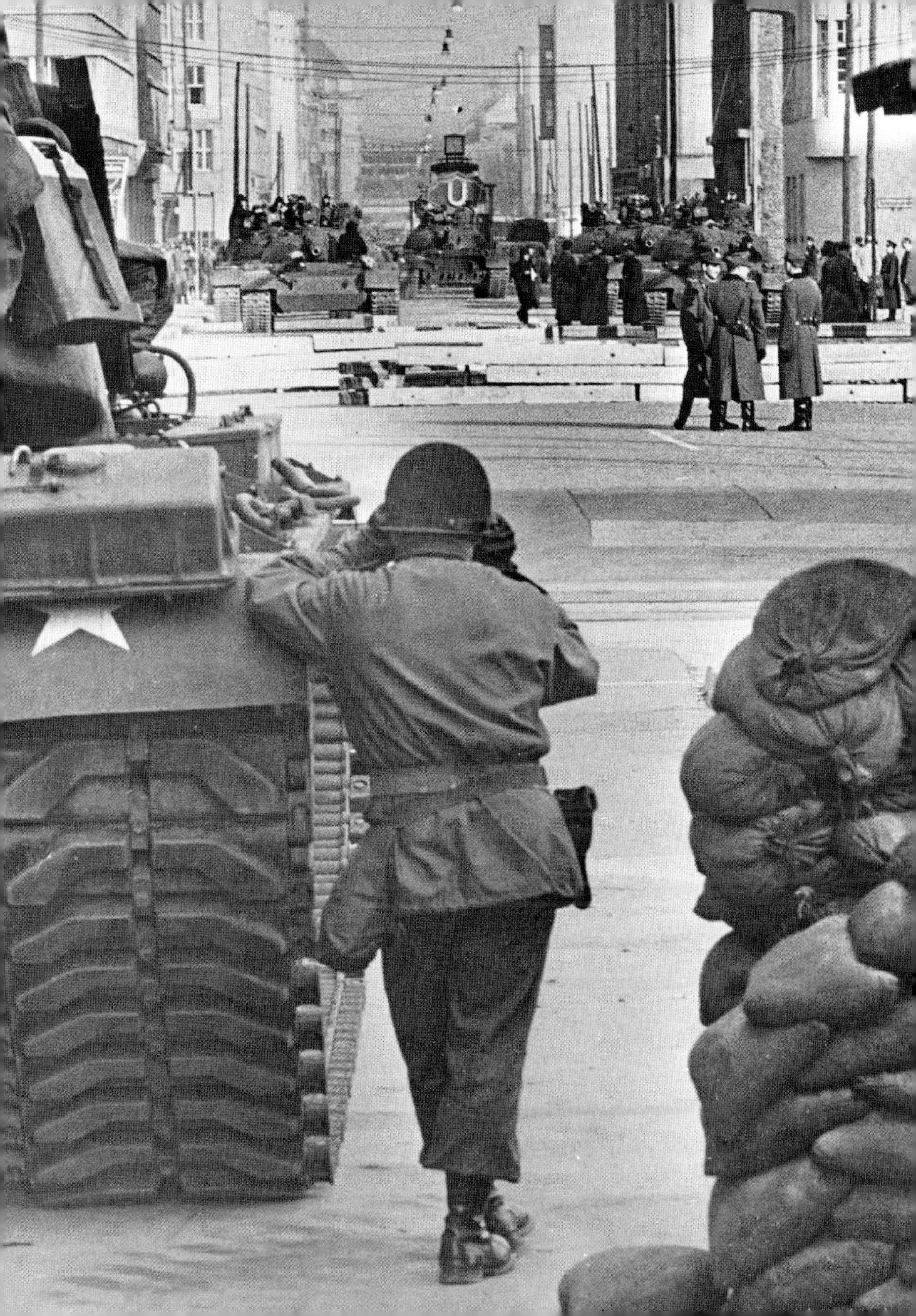

BRITEN SETZEN EIN RECHT DURCH. Dieser Zwölfjährige wohnte in der Exklave Eiskeller, die zum britischen Sektor gehört, aber eine kleine Insel in der „DDR“ ist. Sie ist nur durch eine schmale Zufahrtsstraße mit West-Berlin verbunden. Eines Tages versperrten „Vopos“ dem Jungen den Schulweg nach West-Berlin. Daraufhin erhielt er auf seinem täglichen Weg militärischen Geleitschutz. Der Knabe sagte „Many thanks“ zu dem Kommandeur der britischen Truppen in Berlin, Brigadegeneral Whithworth. (26. 8. 1961)

THE BRITISH EXERCISE A RIGHT. This 12-year-old boy lives in Eiskeller which being a part of West Berlin and belonging to the British Sector is a little island in the "DDR". The only connection with West Berlin consists of a narrow street. One day "Vopos" barred the way so that the boy could not go to school in West Berlin. There upon he was escorted by British soldiers on his daily way to school. The boy said „Many thanks“ to Brigadier Whithworth, the commander of the British forces in Berlin.

LES ANGLAIS FONT RESPECTER UN DROIT. Ce garçon de 12 ans habitait dans l'enclave de «Eiskeller», qui appartient au secteur britannique mais forme une petite île en RDA. Elle n'est reliée à Berlin-Ouest que par un chemin étroit. Un jour, les Vopos lui barrèrent le passage alors qu'il se rendait à l'école à Berlin-Ouest. Par la suite, il fut escorté chaque jour par des soldats anglais. «Many thanks», dit le garçon au commandant des troupes anglaises à Berlin, le Général de brigade Whithworth.

LOS INGLESES IMPONEN UN DERECHO. Este muchacho de doce años vive en el enclave de Eiskeller que pertenece al Sector Inglés y que es una isleta en la "DDR". Está unido a Berlín Occidental tan sólo por calle estrecha. Un día los Vopos bloquearon al muchacho el camino a la escuela, que está en Berlín Occidental. Por este motivo se le escoltaba diariamente con carros de combate. El muchacho le dice: "Many thanks" al comandante de las tropas inglesas en Berlín, general de brigada Whithworth.

GLI INGLESI FANNO VALERE UN LORO DIRITTO. Questo ragazzo dodicenne abita nella *enclave* di Eiskeller che appartiene al settore britannico ma è in pratica una piccola isola nella «DDR». Questa *enclave* è unita a Berlino-Ovest solo da una sottile via d'accesso. Un giorno i *Vopos* impedirono il passaggio al ragazzo che si recava a scuola a Berlino-Ovest. In seguito a ciò egli ricevette una scorta militare per il suo quotidiano percorso. Nella foto il ragazzo dice «*Many thanks*» al comandante delle truppe britanniche a Berlino, Generale di brigata Whithworth.

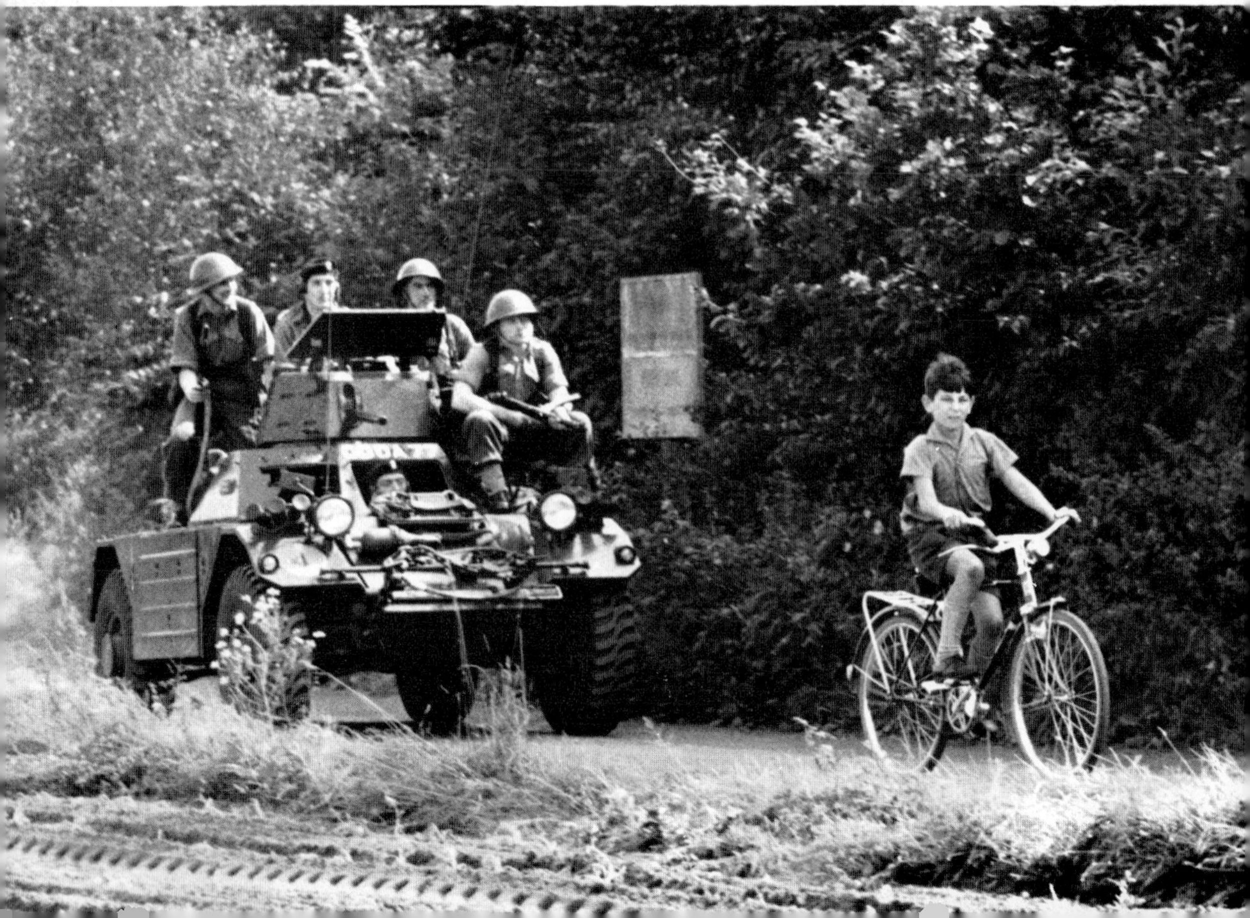

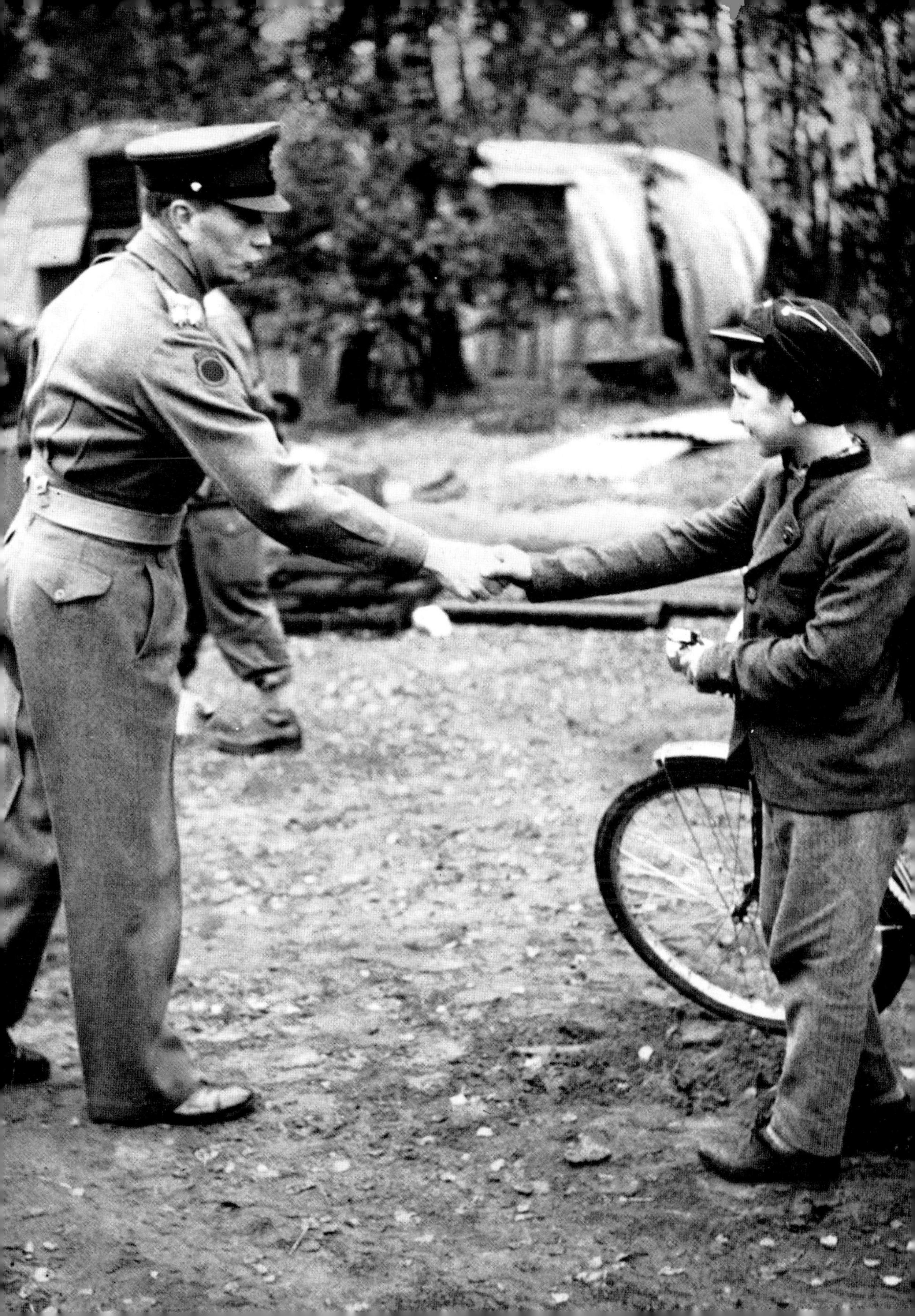

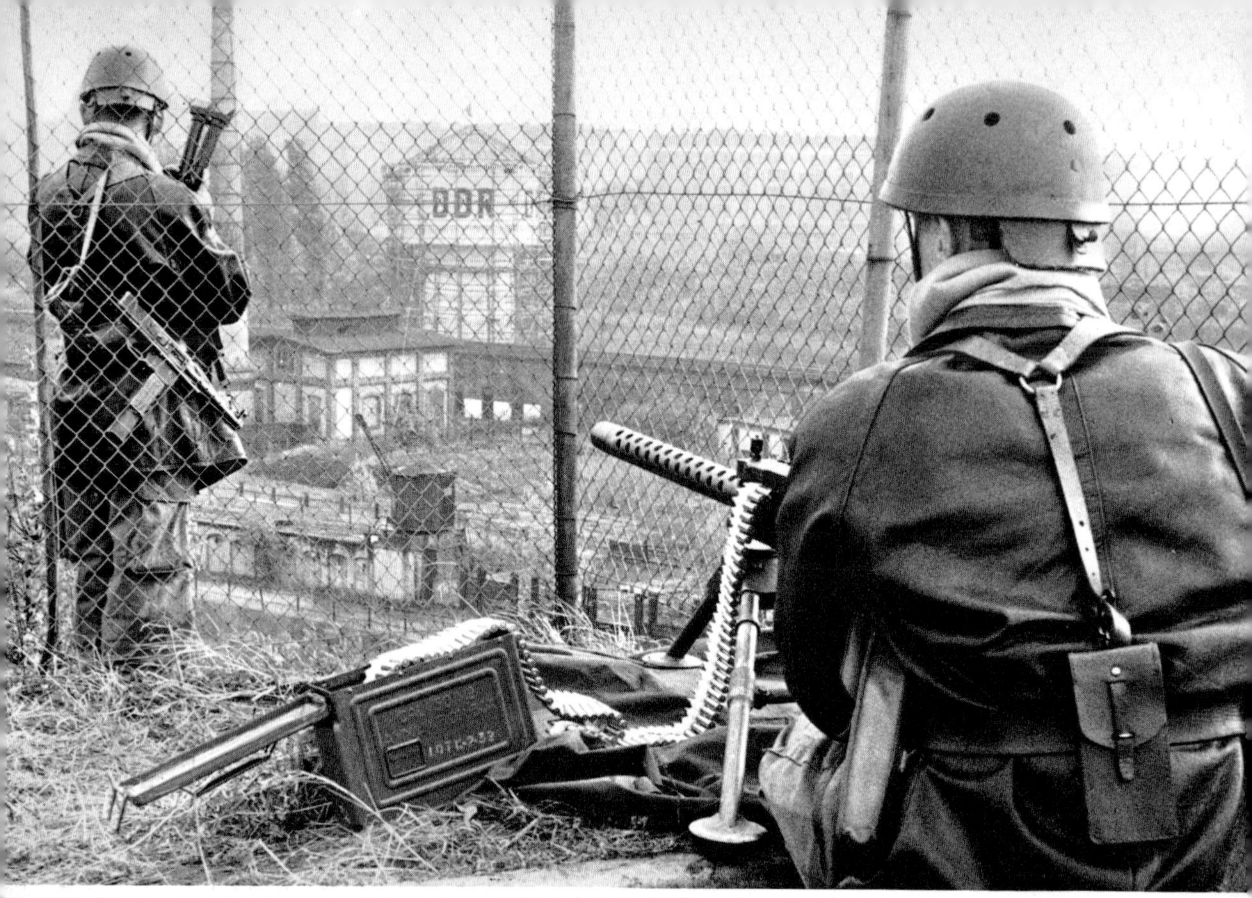
DDR

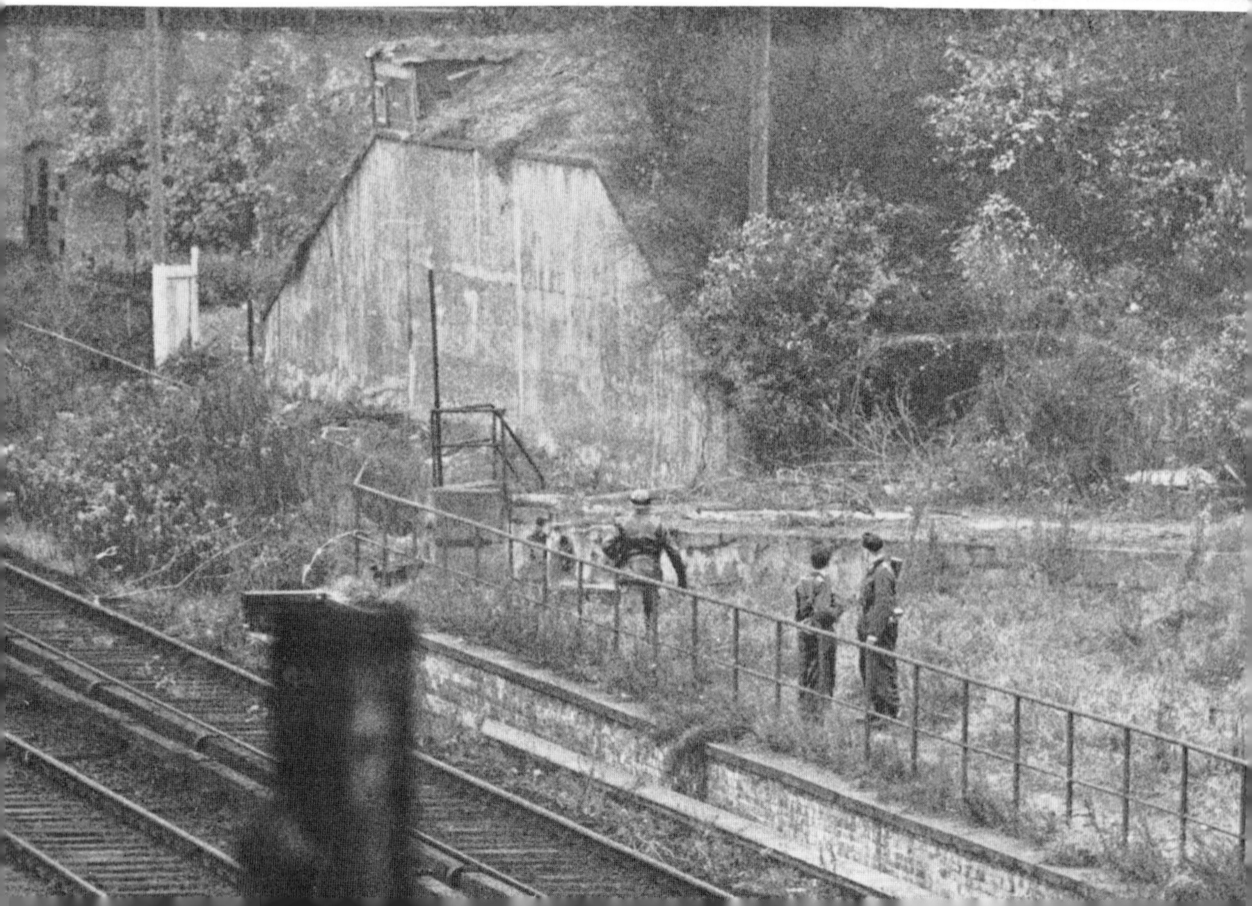

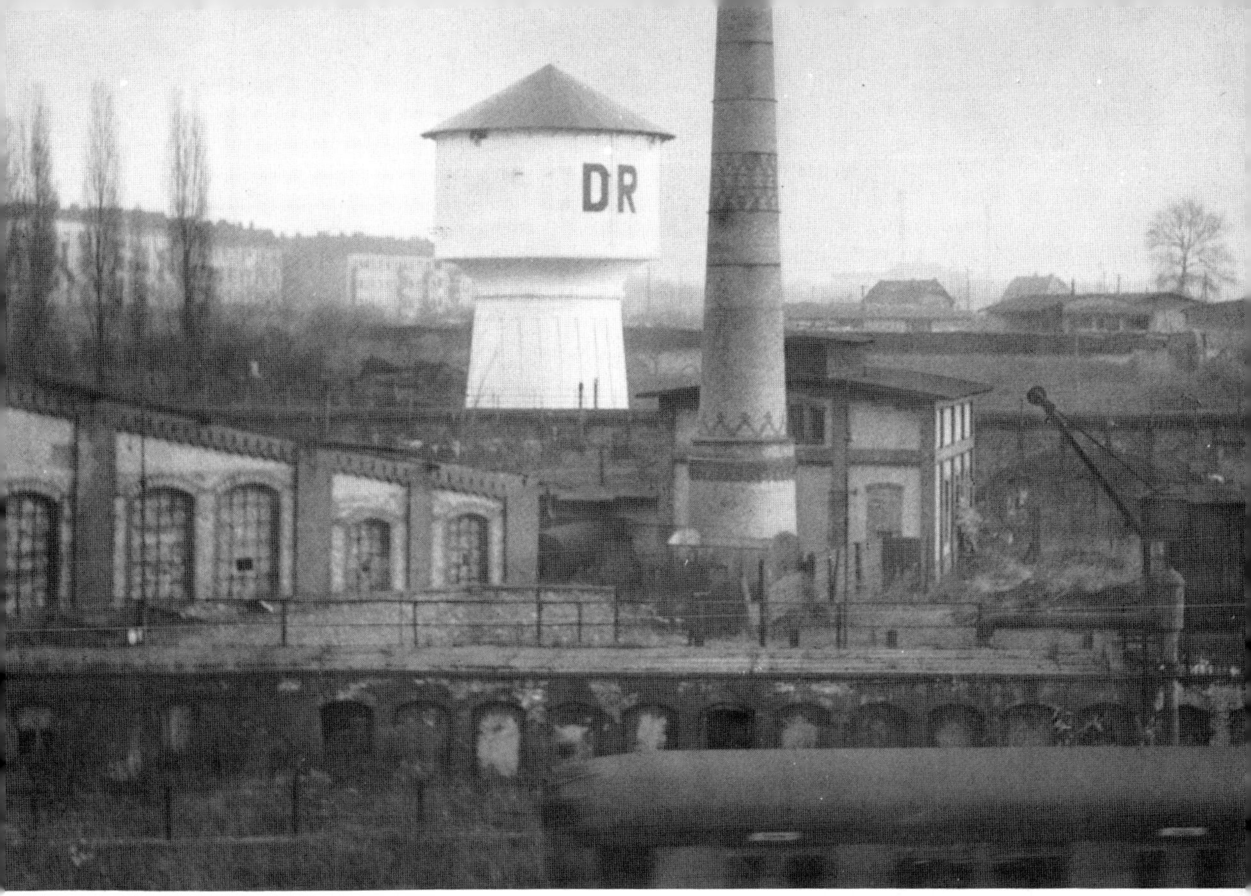

29. 9. 1961

FRANZOSEN SETZEN EIN RECHT DURCH. Dieser Wasserturm befindet sich im französischen Sektor, unmittelbar an der Grenze. Jedoch steht er auf dem Gelände der von der „DDR" verwalteten „Deutschen Reichsbahn". Franzosen besetzten den Turm, konfiszierten eine kommunistische Fahne und forderten die Entfernung der Wandbemalung. So wurde „DR" (Deutsche Reichsbahn) aus „DDR".

THE FRENCH EXERCISE A RIGHT. This water tower is situated on the border, on the area of the "Deutsche Reichsbahn" (the "German Reich's Railways") which is administered by the "DDR's" authorities, but which territorially belongs to the French Sector. The French occupied the tower, confiscated a communist flag and demanded the staff to remove the inscription. Thus "DDR" became "DR" (Deutsche Reichsbahn).

LES FRANÇAIS FONT RESPECTER UN DROIT. Ce château d'eau se trouve en secteur français, tout près de la frontière, mais il s'élève sur le terrain administré par les chemins de fer de la RDA. Les Français occupèrent le château d'eau, confisquèrent le drapeau communiste et exigèrent que l'on transforme l'inscription «DDR» en «DR»: Deutsche Reichsbahn.

LOS FRANCESES IMPONEN UN DERECHO. Esta torre de observación se encuentra en el Sector Francés, inmediata a la frontera, pero está en terreno de los Ferrocarriles Alemanes, administrados por la "DDR". Los franceses ocuparon la torre, confiscaron una bandera comunista y exigieron se borrase un lètrero pintado en la pared. Así se convirtió "DDR" en "DR" (Deutsche Reichsbahn, Ferrocarriles Alemanes).

I FRANCESI FANNO VALERE UN LORO DIRITTO. Questa torre-serbatoio si trova nel settore francese, nelle immediate vicinanze del confine, ma è posta sul terreno della *Deutsche Reichsbahn* (Ferrovie Tedesche) amministrata dalla «DDR». I francesi occuparono la torre, confiscarono una bandiera comunista e fecero cancellare una lettera in modo che, invece di «DDR», si potesse leggere di nuovo «DR» *(Deutsche Reichsbahn)*.

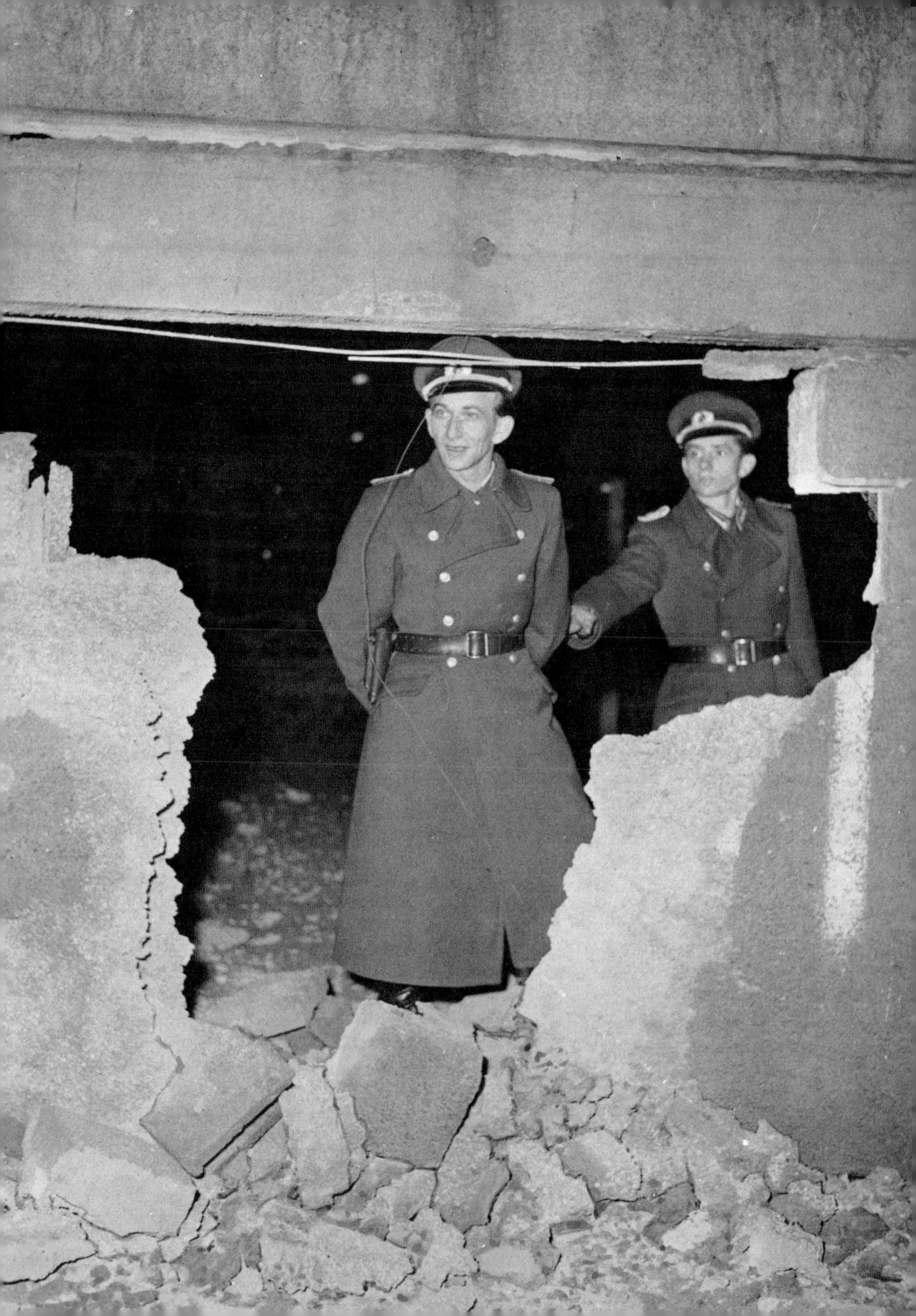

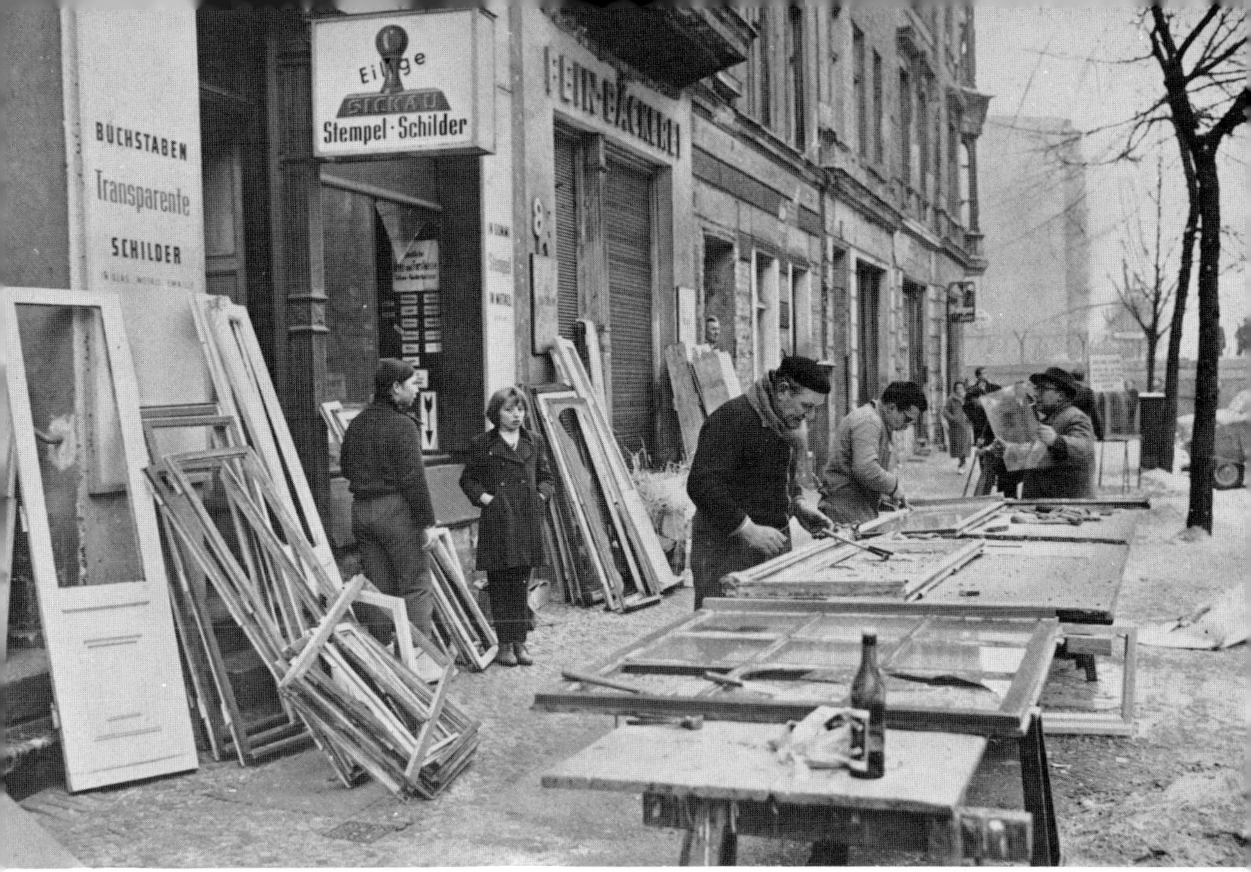

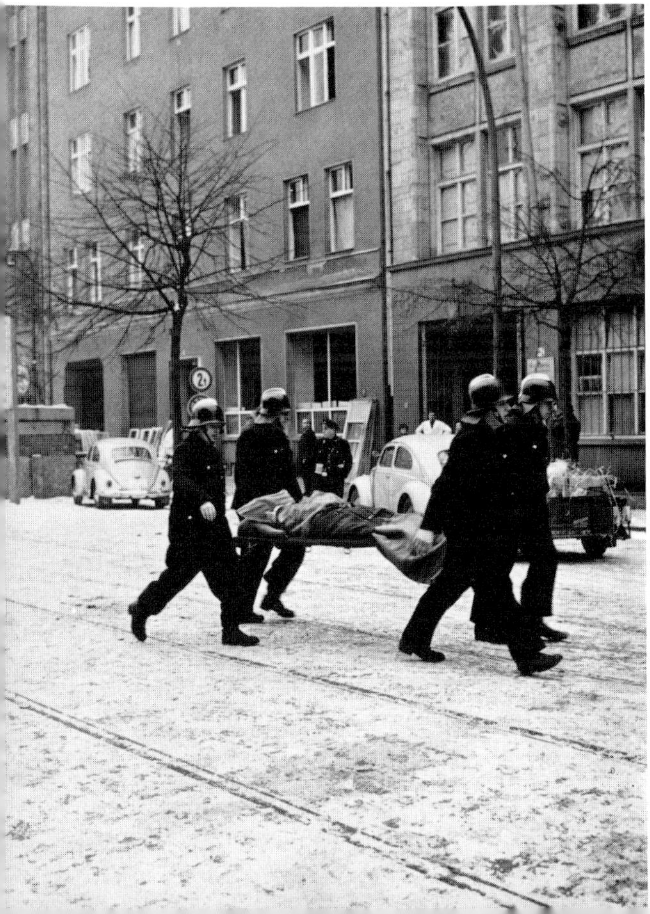

AUFLEHNUNG (96—105) Sprengstoffanschlag. Lindenstraße. Die Glaswerkstätten verlegten ihren Sitz dort auf die Straße: 600 zertrümmerte Scheiben. Eine Frau erlitt durch die Explosion einen Herzschock. 10 Sprengstoffanschläge ereigneten sich im ersten Jahr. Sie endeten erst, als ein mit Sprengstoff experimentierender Student durch eine Explosion in seinem Labor ums Leben kam.

RESISTANCE (96—105) An Attempt on the Wall with Explosives. Lindenstraße. 600 broken panes of glass. One woman got a heart-shock. During the first years 10 attempts on the wall with explosives took place. They did not cease until a student, when experimenting with explosives, lost his life by an explosion in his laboratory.

RÉBELLION (96—105) Explosion, Lindenstrasse. 600 vitres cassées. Une femme eut une crise cardiaque. Pendant la première année on essaya 10 fois de faire sauter le mur par explosion. Les tentatives ne cessèrent qu'après la mort d'un étudiant victime d'une explosion dans son laboratoire.

REBELIÓN (96—105) Atentado con explosivos. La Lindenstraße. Se rompieron más de 600 cristales. Una mujer sufrió un colapso a consecuencia de la explosión. En el primer año se produjeron 10 atentados con explosivos. No acabaron hasta que un estudiante pereció víctima de una explosión en su laboratorio.

RIBELLIONE (96—105) Attentato dinamitardo nella *Lindenstrasse*. 600 vetri infranti. Per lo spavento una donna riportò uno *choc* cardiaco e dovette essere ricoverata. Nel primo anno si verificarono 10 esplosioni. Esse cessarono solo dopo che uno studente perse la vita in uno scoppio da lui causato in casa sua maneggiando esplosivi.

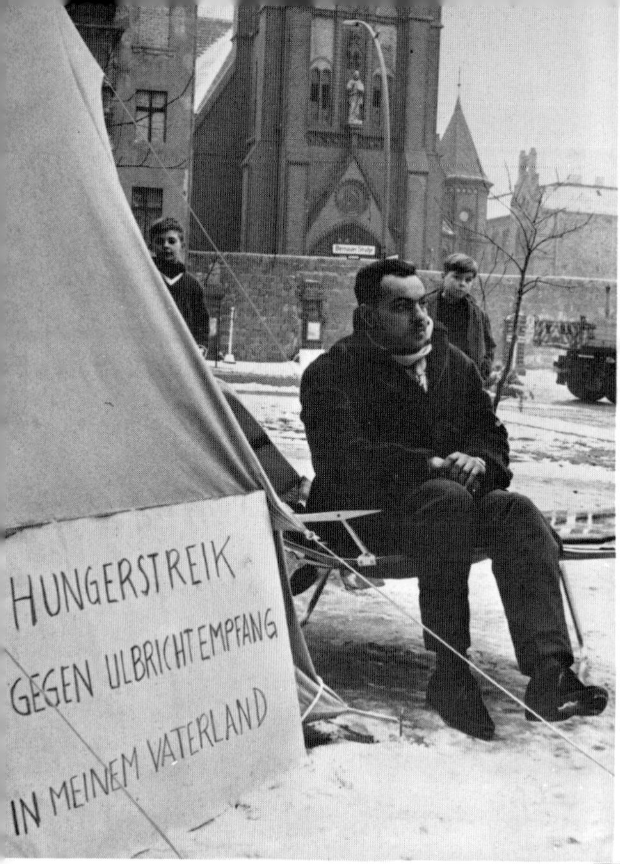

On the occasion of Ulbricht's visit to Cairo an Egyptian student protested by a one week's "hunger-strike against Ulbricht's reception in my fatherland".

With a placard on his chest, demanding freedom for the political prisoners, 20-year-old Carl-Wolfgang Holzapfel wanted to enter East Berlin. A control officer turned him away. One year later, on a similar attempt in October 1965, he was arrested immediately and later on condemmed to 8 years of penal servitude.

On the occasion of the fourth anniversary of "August 13th" West Berliners protested against the inhumanity of the wall. The posters show the names of the refugees shot dead.

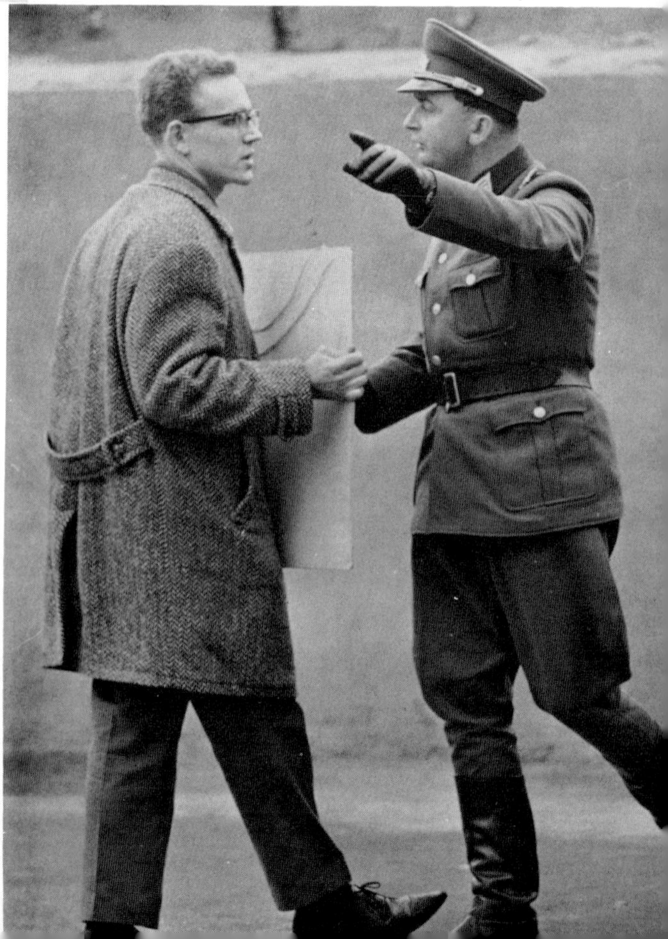

Anläßlich des Ulbricht-Besuches in Kairo protestierte der ägyptische Student Mahmoud Kobtan durch einwöchigen Hungerstreik bei bis zu 28 Grad Kälte.

Mit einem Plakat auf der Brust, welches die Freiheit der politischen Gefangenen forderte, wollte der 20jährige Carl-Wolfgang Holzapfel in den Sowjetsektor gehen. Ein Grenzoffizier weist ihn zurück. Ein Jahr danach, bei einem zweiten gleichartigen Versuch wurde H. sofort verhaftet und später zu 8 Jahren Zuchthaus verurteilt.

Anläßlich der vierjährigen Wiederkehr des „13. August" demonstrierten Westberliner gegen die Unmenschlichkeit der Mauer. Auf den Plakaten stehen die Namen der Erschossenen.

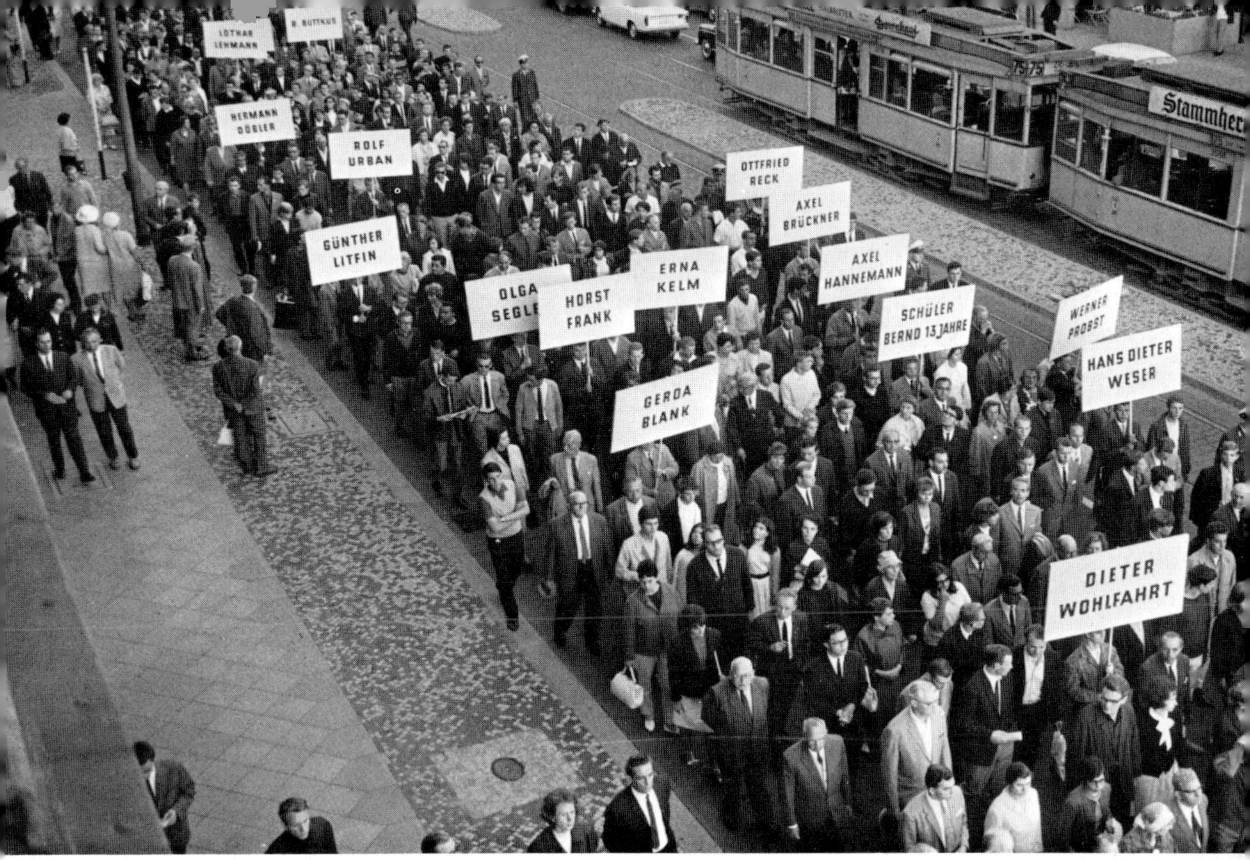

A l'occasion de la visite d'Ulbricht au Caire, un étudiant égyptien protesta par une grève de la faim de 7 jours «contre l'accueil fait à Walter Ulbricht dans ma patrie» et cela par 28 degrès sous zéro.

Muni d'une pancarte demandant la liberté des prisonniers politiques, Carl-Wolfgang Holzapfel voulait se rendre dans le secteur soviétique. Un officier de douane le renvoya. Une année plus tard, lors d'une tentative analogue, H. fut tout de suite arrêté et condamné à 8 ans de prison.

A l'occasion du quatrième anniversaire du «13 août», les Berlinois de l'Ouest protestent contre l'inhumanité du mur. Sur les pancartes, les noms des fusillés.

Con ocasión de la visita de Ulbricht a El Cairo un estudiante egipcio protesta durante una semana con una "huelga del hambre como protesta por recibir a Ulbricht en mi patria".

Con un letrero en el pecho en el cual exigía la libertad para los presos políticos, quiso internarse en el sector soviético Carl-Wolfgang Holzapfel, de 20 años de edad. Un oficial lo rechazó. Al año, H. quiso intentarlo otra vez. Se le detuvo y fué condenado a 8 años de prisión.

En el cuarto aniversario del 13 de agosto, los berlineses occidentales se manifiestan contra la inhumanidad del muro. En los carteles se encuentran los nombres de los asesinados.

In occasione della visita di Ulbricht al Cairo, uno studente egiziano protestò con uno sciopero della fame durato una settimana. Il cartello reca la scritta: «Contro l'ingresso di Ulbricht nella mia Patria».

Recando sul petto un cartello in cui veniva richiesta la scarcerazione dei detenuti politici, il ventenne Carl-Wolfgang Holzapfel tenta di entrare nel settore sovietico. Un ufficiale di confine lo rimanda indietro. Un anno dopo, durante un tentativo della stesso genere, Holzapfel venne subito arrestato e in seguito condannato a 8 anni di carcere.

In occasione del quarto anniversario del «13 Agosto» i berlinesi occidentali dimostrarono contro l'inumanità del Muro. Sui cartelli i nomi degli uccisi.

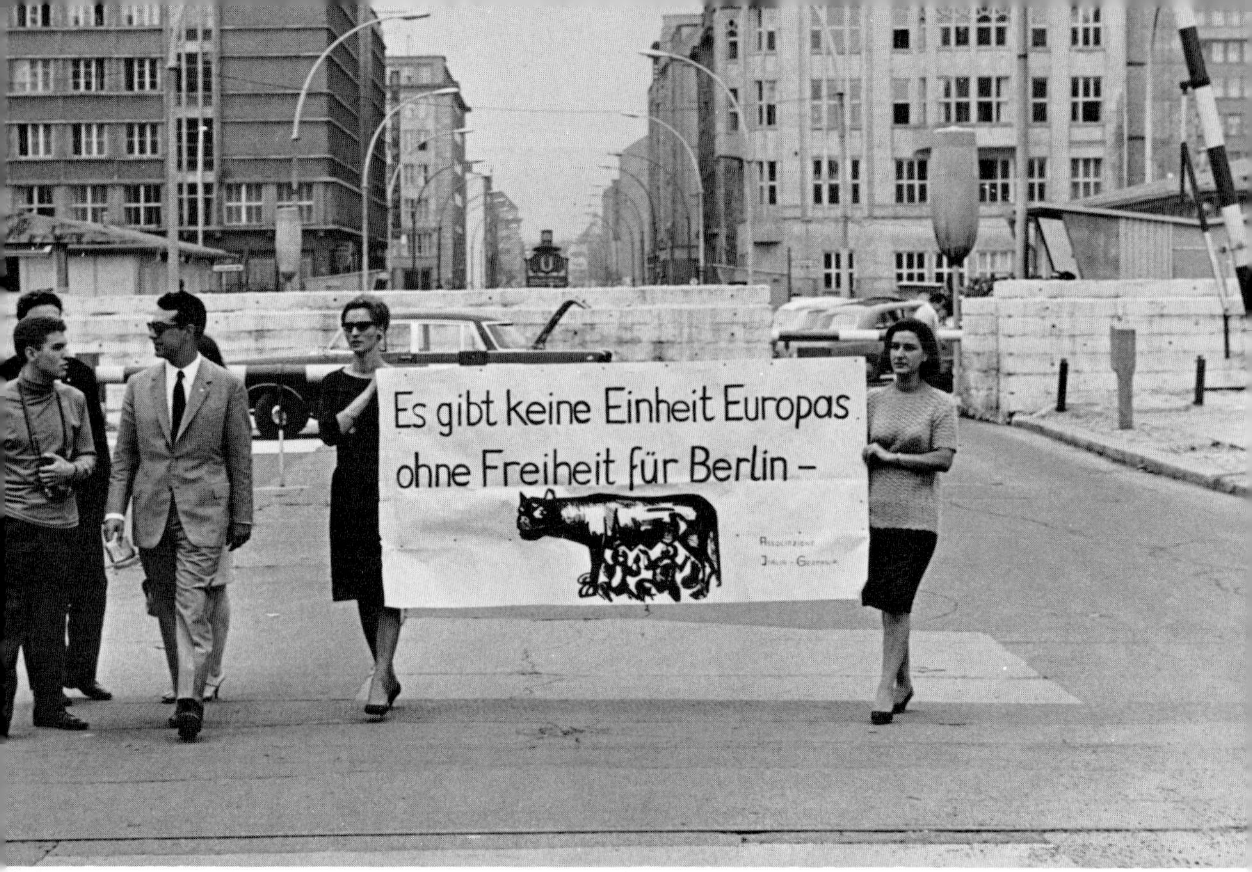

1964

Auf Ostberliner Gebiet demonstrierten junge Italiener mit diesem Schild. Dann stellten sie es auf die Mauer. Großer Applaus aus West-Berlin. Nach 15 Minuten kam ein herbeigerufenes Alarmkommando und entfernte das Schild. Pfui-Rufe aus West-Berlin.
(102/103) An jeder Wiederkehr des „13. August" protestierte in der Nacht eine rebellische Jugend. Die Westberliner Polizei war gezwungen, sie von der Mauer fortzudrängen, um Zwischenfälle zu verhüten.
On East Berlin territory young Italians demonstrated with a placard ("There is no European unity without liberty for Berlin"). Then they put it up on the wall. Much applause from West Berlin. 15 minutes later an alarm-detachment turned up and removed the poster. West Berliners shouted their dísapproval.
(102/103) Whenever there was the anniversary of "August 13th", rebellious youth demonstrated during that night and the West Berlin police were forced to push them back from the wall in order to prevent incidents.
Sur le territoire de Berlin-Est, de jeunes Italiens manifestèrent avec cette pancarte: «Il n'y a pas d'Europe unie sans liberté pour Berlin». Puis, ils la placèrent sur le mur. Applaudissements nourris du côté de Berlin-Ouest. 15 minutes plus tard: un détachement alarmé était sur les lieux et retirait l'écriteau. Les Berlinois de l'Ouest crièrent leur désapprobation.

1965

(102/103) A chaque anniversaire du «13 août»: une jeunesse rebelle manifest dans la nuit. La police de Berlin-Ouest est obligée d'écarter les jeunes gens du MUR pour éviter des incidents.

En Berlín Oriental, jóvenes italianos se manifiestan con un cartel ("No existirá unidad en Europa mientras no exista libertad en Berlín"). Después lo colocaron en el muro. Aplauso desde Berlín Occidental. A los 15 minutos aparece un comando de alarma, que retira el cartel. En Berlín Occidental gritos de desaprobación.
(102/103) En todos los aniversarios del 13 de agosto una juventud rebelde protesta durante la noche, obligando a la policía de Berlín Occidental a apartarla del muro, para evitar incidentes.

Un gruppo di giovani italiani dimostrò nel territorio di Berlin-Est recando un cartello con la scritta: «Non vi può essere unità per l'Europa senza libertà per Berlino.» Quindi lo sistemarono sul muro. Dall'ovest un grande applauso. Dopo 15 minuti arrivò un reparto di polizia orientale che tolse il cartello. Fischi e grida dall'ovest.
(102/103) Nella successiva doppia pagina: ad ogni anniversario dell'erezione del muro, il 13 agosto, la gioventù inscenò di notte manifestazioni di protesta. Ogni volta la polizia di Berlino-Ovest fu costretta ad allontanarli dal muro per evitare incidenti.

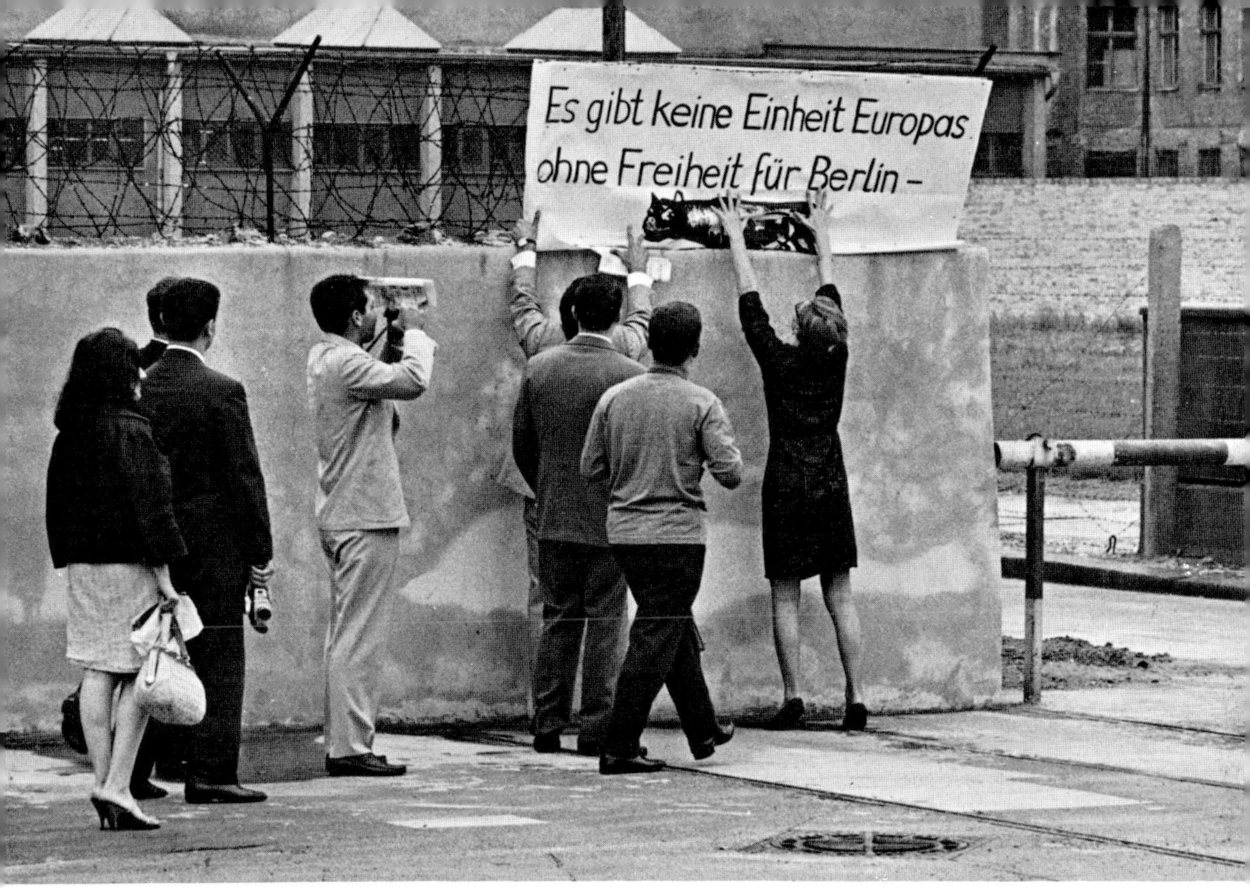
Es gibt keine Einheit Europas
ohne Freiheit für Berlin –

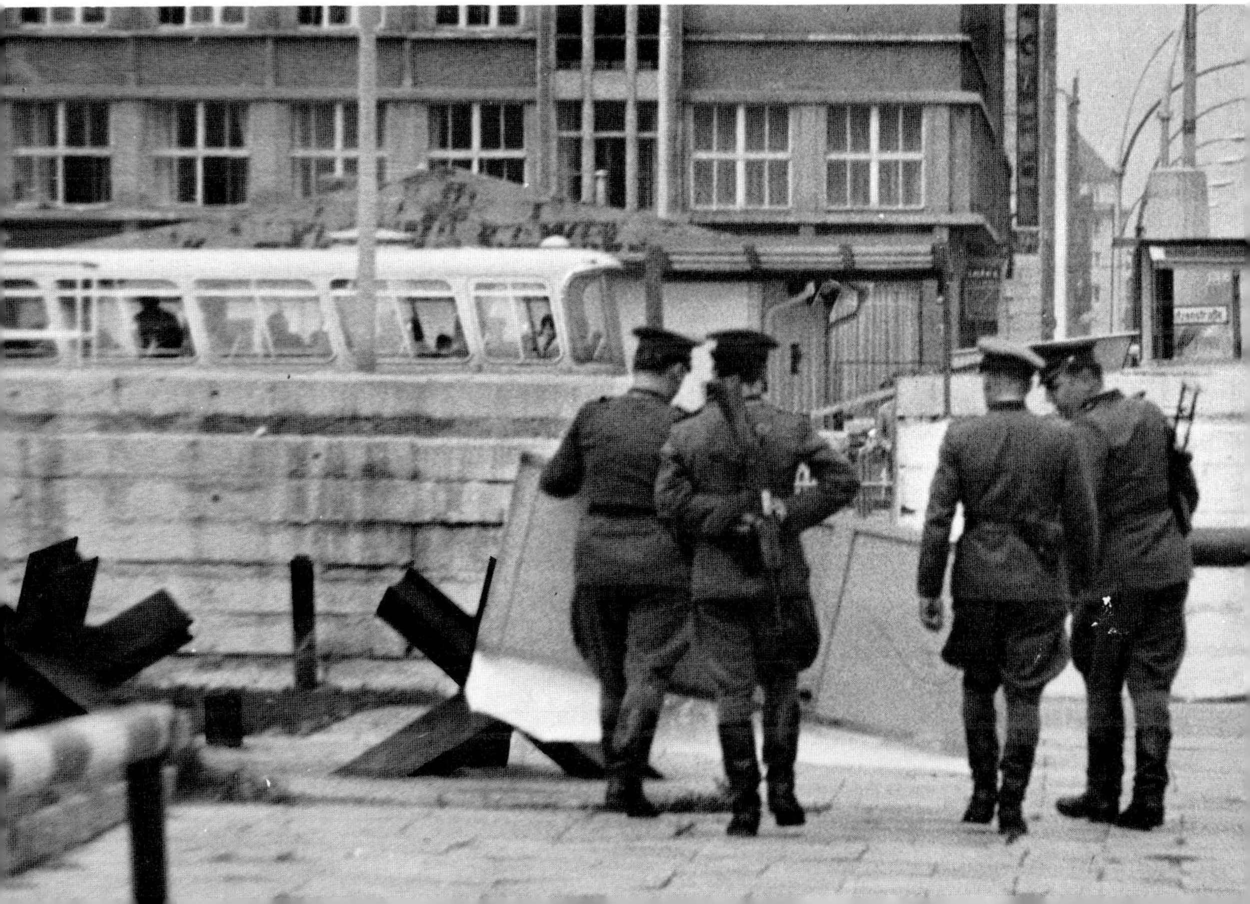

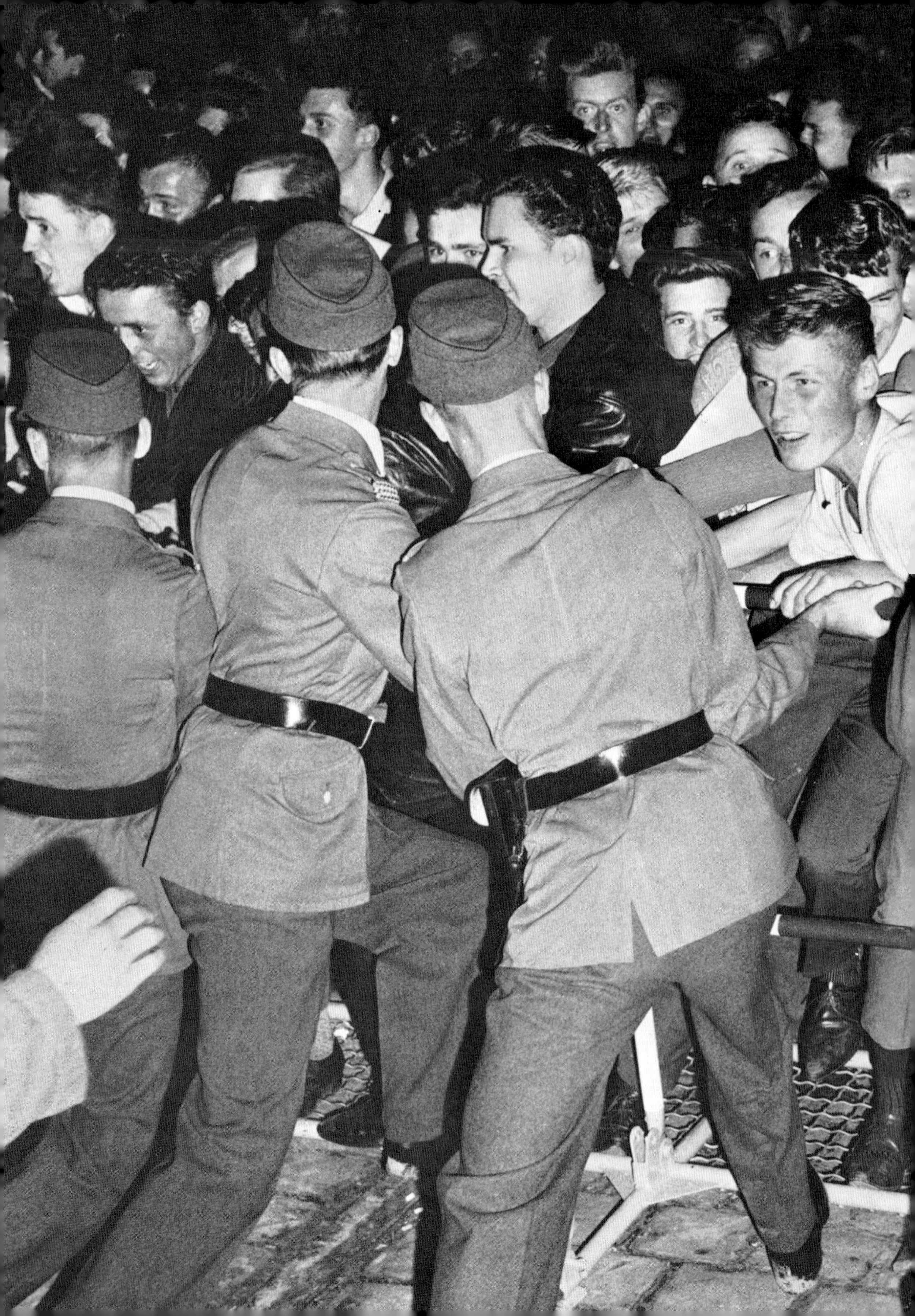

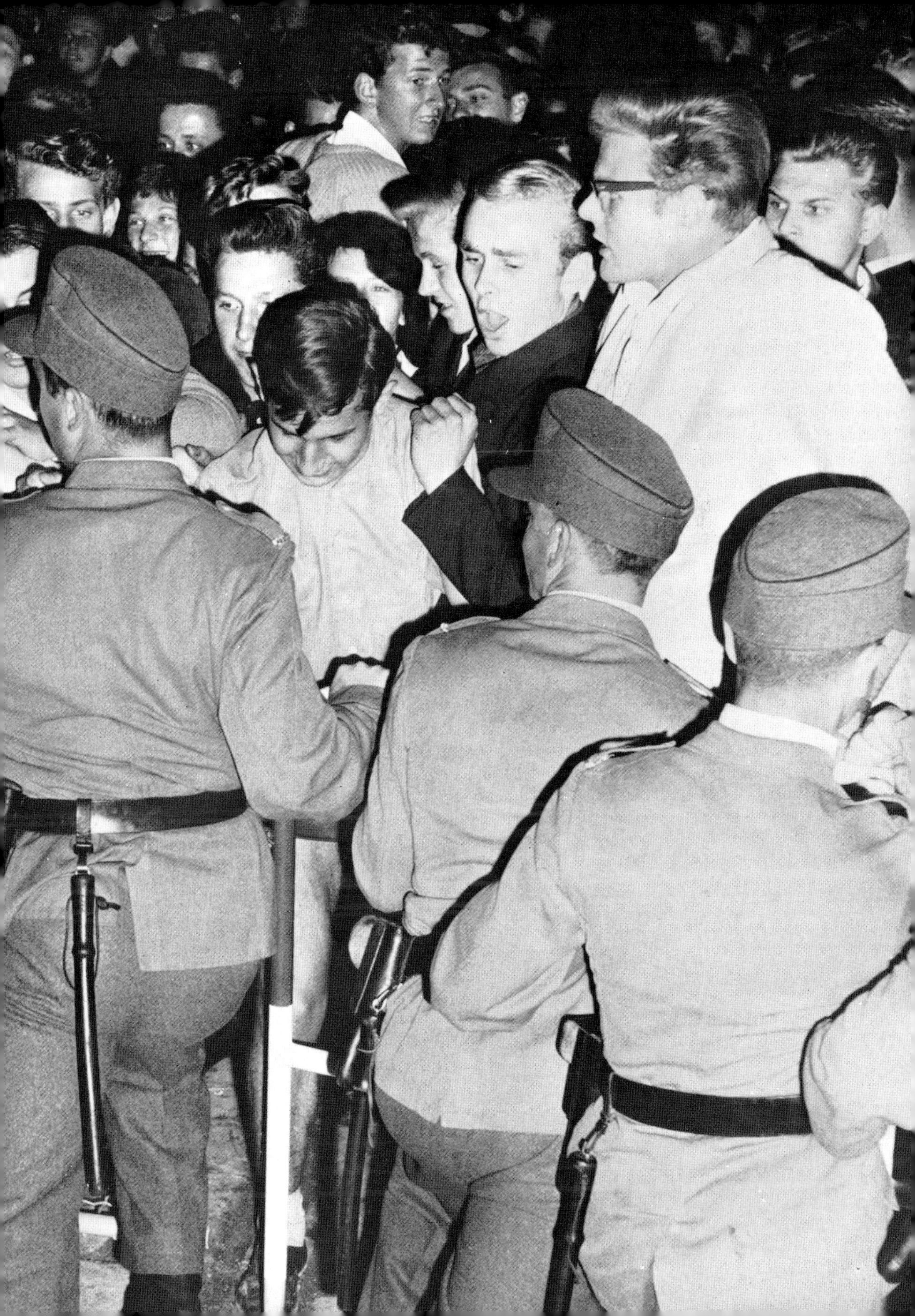

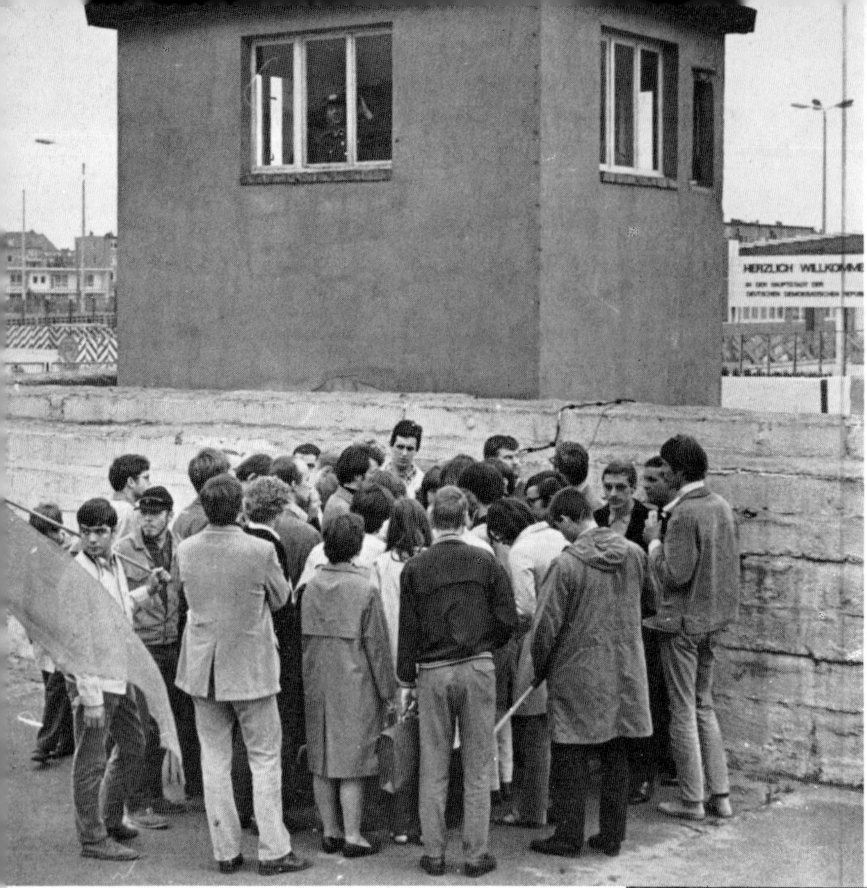

Wegen des 1968 von der DDR eingeführten Visazwangs (für Westdeutsche, welche die Autobahn nach Berlin benutzen) wollten Studenten der „Neuen Linke" in Ost-Berlin protestieren. Aber - obwohl mit Pässen der Bundesrepublik ausgerüstet und mit einer roten Fahne - wurde ihnen das Betreten der DDR verweigert. — Mehrmals versuchte der libanesische Kaufmann Edmont Kyayat, nach Ost-Berlin zu gehen. Stets wurde er abgewiesen. Für ihn ist die MAUER nicht nur ein deutsches Problem, sondern eine allgemein menschliche Aufgabe.

The visa requirement instituted by the GDR in 1968 (for West-German citizens who use the Autobahn to Berlin) was to be the subject of a students protest of the "New Left Wing" in East Berlin. But entry into the GDR was denied them - although equipped with passports of the Federal Republic and a red flag. — Several times a Lebanese merchant tried to enter East Berlin. He was turned away each time. For him the WALL does not mean only a German problem, but a general human task.

Des étudiants de la «Gauche Nouvelle» voulaient aller protester à Berlin-Est contre le visa institué en 1968 par la RDA (pour les Allemands de l'Ouest qui se rendent à Berlin par l'autoroute). Mais - bien qu'ils soient munis de passeports de la République Fédérale et d'un drapeau rouge - ils n'eurent pas le droit de pénétrer en RDA. — Ce Commerçant libanais tenta plusieurs fois d'entrer à Berlin-Est. Chaque fois, on le refoula. Pour lui, le MUR n'est pas seulement un problème allemand, mais un problème humain universel.

Estudiantes de la „Nueva Izquierda" intentaron protestar en Berlín Oriental contra las medidas impuestas por la RDA ne 1968, y por las que habitantes de Alemania Occidental están obligados a tramitar un visado para viajar a Berlín al utilizar la autopista. Pero fueron rechazados en la frontera a pesar de poseer pasaportes de la República Federal y una bandera roja. — Repetidas veces ha intentado el comerciante libanés ir a Berlín Oriental. Siempre fue rechazado. Para él, el MURO no es sólo un problema alemán, sino un deber humano.

Gli studenti della „Nuova Sinistra" avevano intenzione di protestare a Berlino Est contro l'imposizione dei lascia-passare introdotti dalla RDT nell'anno 1968 per i tedeschi occidentali che vogliano far uso dell'autostrada per venire a Berlino. Nonostante essi fossero muniti di passaporti della Repubblica Federale e di una bandiera rossa, venne loro interdetto di entrare nel territorio della RDT. — Il commerciante libanese tentò più volte di entrare a Berlino-Est, ma venne sempre respinto. Per lui il MURO non è soltanto un problema tedesco, ma soprattutto un problema umano in generale.

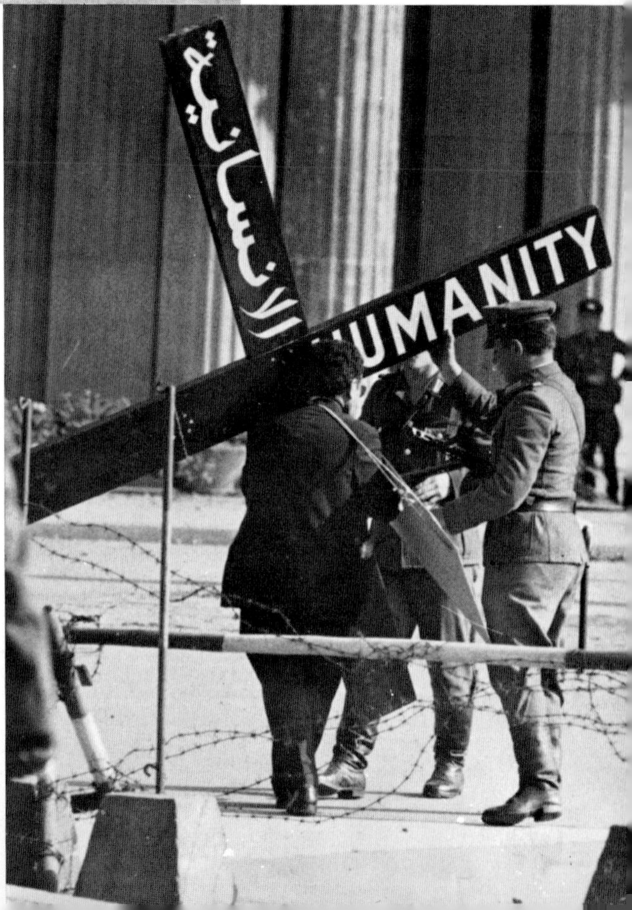

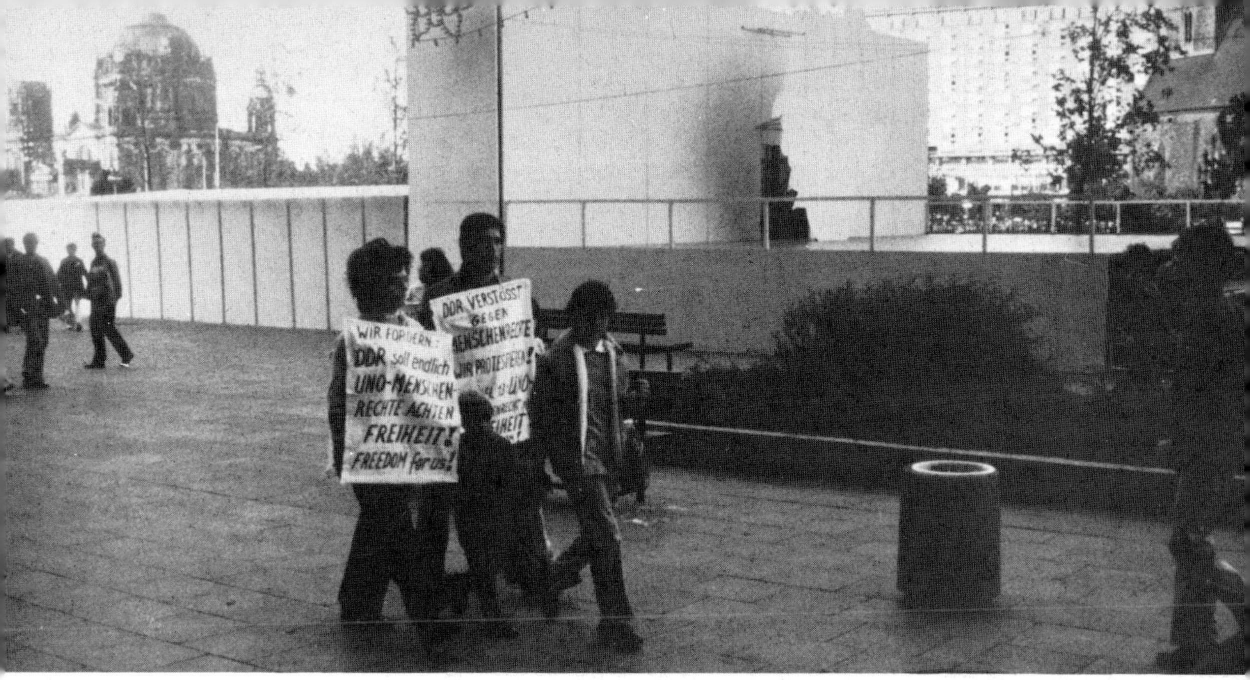

Siegfried Müller, Diplomingenieur (39) und seine Ehefrau Rita (35) konnten nur wenige Minuten mit ihren Kindern (6 und 12) in der Ostberliner Rathausstraße demonstrieren. "Wir fordern: DDR soll endlich UNO-Menschenrechte achten. Freiheit!" stand auf dem Plakat der Frau, ähnliches auf dem des Mannes. Am 24. 3. 1975 verurteilte das Bezirksgericht Cottbus den Ehemann zu 4 Jahren, und seine Frau zu 2½ Jahren Zuchthaus; die Kinder wurden in ein Heim überführt. In denselben Monaten wurden 7 ähnliche Demonstrationen für die Charta der UNO-Menschenrechte bekannt, meist von Eheleuten. Nur anfangs wurden die Demonstranten nicht strafrechtlich verfolgt. Nachdem die DDR jedoch in die UNO aufgenommen war (seit 18. 9. 1973) wurden sie wegen „staatsfeindlicher Hetze" von 2½ Jahren bis zu 6 Jahren Zuchthaus verurteilt.

Siegfried Müller (39), engineer and his wife Rita (35) together with their 2 children (6 and 12) were able to demonstrate in Rathausstrasse in East Berlin for just a few minutes. "We demand: The GDR finally observes United Nations human rigths. Freedom!" was written on the woman's placard and a similar slogan on that of the man. On 24. 3. 1975 the District Court at Cottbus sentenced the husband to 4 years and the wife to 2½ years imprisonment. The children were put in a home. During this period there are reports of 7 similar demonstrations mostly by married couples in support of the UN charter on human rights. Only in the first two cases were no legal proceedings taken against those involved. However since the GDR has become a member of the United Nations (since 18. 9. 1973) people have been sentenced to from 2½ to 6 years for subversive agitation.

Siegfried Müller, ingénieur diplômé (39 ans) et son épouse Rita (35 ans) n'ont pû conduire que pendant quelques minutes leur manifestation avec leurs enfants (âgés de 6 et 12 ans) à Berlin-Est dans la Rathausstrasse. « Notre revendication: La R.D.A. doit en fin respecter les droits de l'homme de l'ONU. Liberté ! » telle était l'inscription sur la pancarte que portait la femme, sur celui de l'homme un texte similaire. Le 25 mars 1975, le tribunal régional de Cottbus condamnait le mari à une peine de prison de 4 ans, et sa femme à deux ans et demi ; les enfants furent confiés à un hôme d'enfants. Au cours de mois où a eu lieu cette affaire, on a eu connaissance de 7 manifestations similaires en faveur de la charte des Nations Unies sur les droits de l'homme, conduites pour la plupart par des couples. Il n'y a que dans les deux premiers cas que les manifestants n'ont pas été poursuivis en juridiction pénale. Pourtant, depuis que la R.D.A. est devenue membre de l'ONU (depuis 18/9/1973), ils ont été condamnés à des peines de prison allant de deux ans et demi à six ans pour « activités antinationales subversives ».

Siegfried Müller, Ingeniero Diplomado (39 años) y su esposa Rita (35 años) pudieron realizar sólo por minutos una manifestación, junto con sus hijos (6 y 12 años), en la calle Rathausstrasse de Berlín Oriental: «Demandamos: ¡Qué de una vez la R.D.A. respete los Derechos Humanos consignados por las NN.UU.; libertad!», decía el cartelón que portaba la mujer, el del marido poseía una inscripción similar. El 24 de Marzo de 1975 fueron condenados a presidio por el Tribunal de Distrito de Cottbus, el marido a 4 años y la mujer a 2 y medio.

Sigfrido Müller, ingegnere laureato (39) e sua moglie Rita (35) potevano dimostrare solo per pochi minuti assieme ai loro figli (6 e 12) nella Rathausstrasse di Berlino Est. «Chiediamo: la R.D.T. voglia finalmente rispettare i diritti dell'uomo previsti dall'O.N.U.: la libertà» c'era scritto sul cartellone della donna, e parole simili su quello dell'uomo. Il 24. 3. 1975 il Tribunale distrettuale di Cottbus condannò il marito a 4 e sua moglie a 2 anni e mezzo di carcere; i loro figli sono stati trasferiti in un asilo infantile.

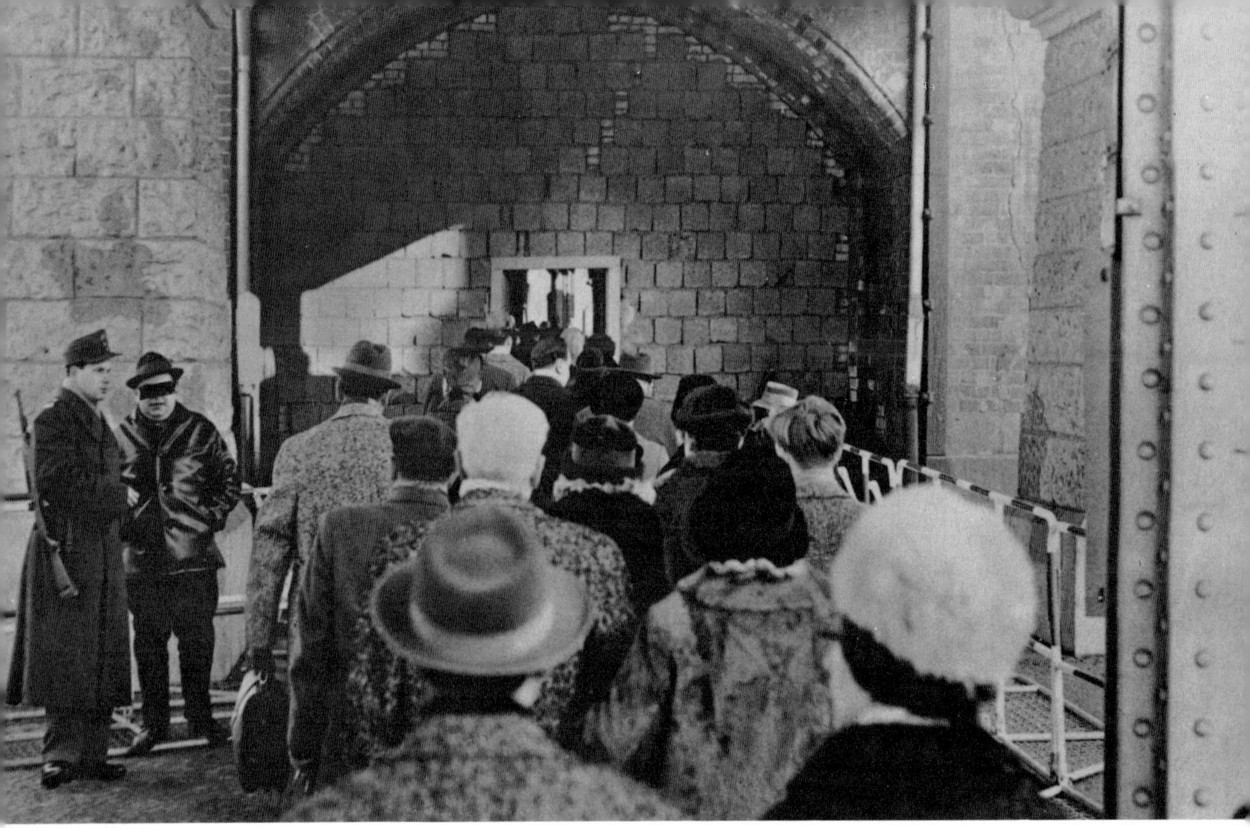

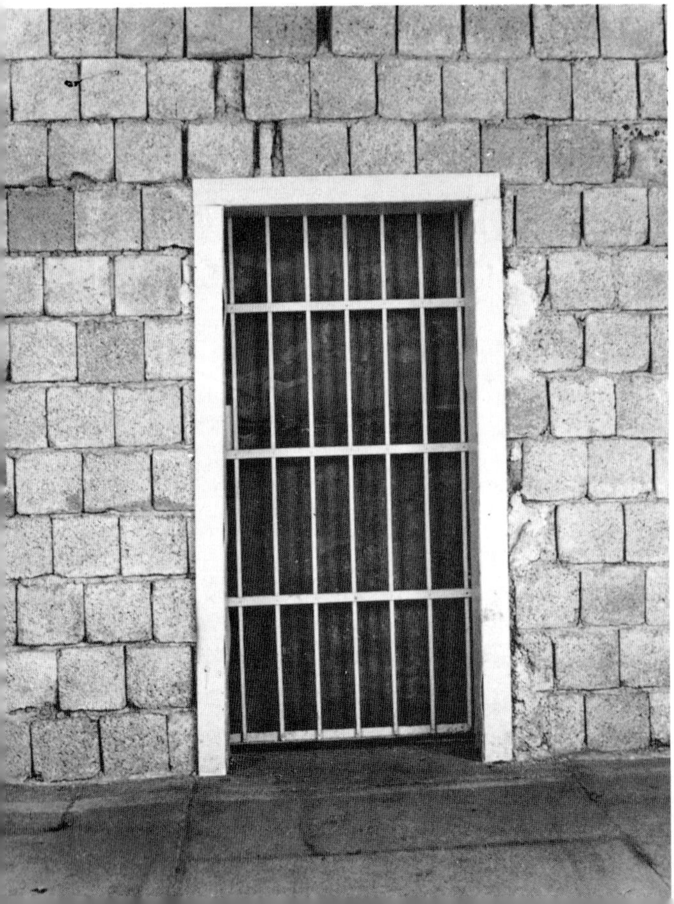

PASSIERSCHEINE. Weihnachten 1963, zweieinhalb Jahre nach dem Bau der MAUER, durften erstmals West-Berliner für einige Stunden nach Ost-Berlin, sofern sie dort nachweislich Verwandte hatten. Zu diesem Zweck wurde ein weiterer Grenzübergang geschaffen und dieses Loch in die MAUER gebrochen. Anschließend wurde die Stelle nicht mehr zugemauert, sondern eine Tür eingesetzt — eine Einladung, mit der DDR-Regierung weiter zu verhandeln, um auch künftig Passierscheine zu erhalten. In harten und schwierigen Gesprächen mit DDR-Beauftragten, in denen diese verschiedene vergebliche Erpressungsversuche unternahmen und auch eine politische Anerkennung der DDR zu erzwingen versuchten, konnten dennoch mehrmals die Passierscheinabkommen erneuert werden und wenigstens an Festtagen die seltenen Begegnungen in Ost-Berlin stattfinden.
Autoschlangen zwischen Helmstedt und Berlin infolge oft stundenlanger Verzögerungen bei der Abfertigung. Menschenschlangen, als erstmals »Passierscheine« an West-Berliner ausgegeben wurden (1963).

PASSING PERMITS. Christmas 1963, two and a half years after the construction of the WALL, the West Berliners were allowed for the first time to go to East Berlin for a few hours provided that they could prove that they had relations there. To this end another border-crossing point had been established by this hole in the WALL. After the period of the permits had elapsed, this hole was walled up again, but a door was built in — an invitation to further negotiations with the GDR-government in order to get permits in the future, too. In hard and difficult discussions with the commissioners of the GDR — with the latter fruitlessly attempting extortians and trying to enforce a political acknowledgement of

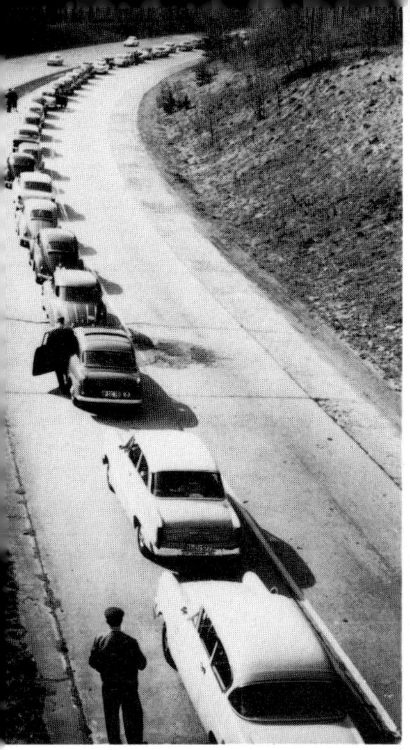

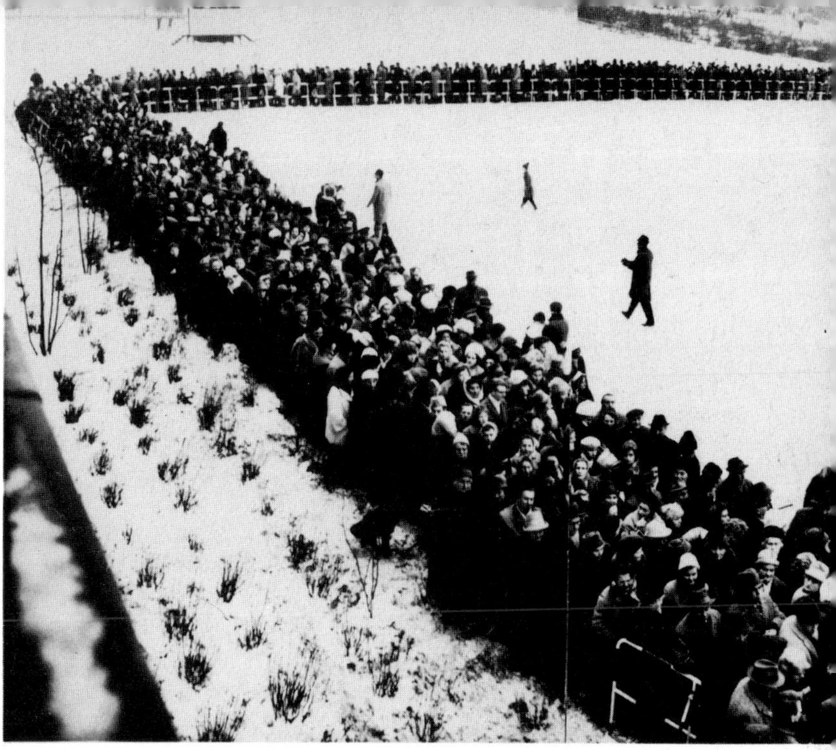

the GDR — it has nevertheless been possible to renew the permit-arrangements several times so that people could see each other during the holidays, at least.
Queues of vehicles between Helmstedt and Berlin due to delays which often last several hours at the checkpoints. Queues of people as the first »Permits« were issued to West Berliners (1963).

LAISSEZ-PASSER. A noël 1983, deux ans et demi après la construction du MUR, les Berlinois de l'Ouest obtinrent pour la première fois la permission de passer quelques heures à Berlin-Est, pour peu qu'ils puissent prouver avoir de la parenté dans la ville. On construisit à cet effet un autre passage-frontière en faisant ce trou dans le MUR. On ne referma pas le mur à cet endroit, mais on y installa une porte — c'était une invitation à de futures négaciations avec le régime de la zone soviétique pour abtenir d'autres laissez-passer. Au cours d'entretiens pénibles et difficiles avec les délégués de la RDA, qui tentèrent vainement de faire du chantage et d'obtenir la reconnaissance politique de la RDA, on put tout de même plusieurs fois renouveler les laissez-passer et les visites à Berlin-Est eurent lieu au moins les jours de fete.
Entre Helmstedt et Berlin, à la suite des ralentissements de longues files de voitures étaient provoquées en raison des contrôles aux postes frontières. Les uns derrière les autres en longues files, les Berlinois de l'Ouest durent attendre quand ils obtinrent pour la première fois des «laissez-passer» (1963).

LOS SALVOCONDUCTOS. En Navidades de 1963, dos años y medio después muro, pudieron los habitantes de Berlin Occidental visitar por primera vez durante unas horas Berlin Oriental, siempre y cuando pudiesen demostrar que tenían familiares allá. Por esta causa se construyó otro paso, haciendo este agujero en el muro. Al final, no se volvió a tapiar el lugar, sino se construyó una puerta en él, una invitación para seguir negociando con el gobierno de la RDA, y poder conseguir en el futuro nuevos salvoconductos. Después de duras y difíciles conversaciones con los delegados de la RDA, en las que emprendieron repetidamente diferentes intentos de chantaje y pretendieron el reconocimento político de la RDA, pudieron renovarse varias veces los acuerdos adoptados sobre los salvoconductos y con ello celebrarse algunas visitas, al menos en las fiestas más señaladas.
Caravanas de coches entre Helmstedt y Berlin, motivadas frecuentemente por las Horas interminables de demora en la adjudicación del »permiso de tránsito«. Colas de personas que por primera vez adquieren un »permiso de tránsito« (1963).

LASCIAPASSARE. Nel natale del 1963, due anni e mezzo dopo l'erezione del MURO, i berlinesi occidentali potettero per la prima volta e solo per poche ore, recarsi a Berlino-Est; a condizione che potessero dimostrare di avere parenti colà residenti. In questa situazione venne stabilito un altro varco di frontiera, praticando una piccola e semplice apertura nel MURO. In seguito, questa semplice apertura non rivenne murata, bensì diventò un cancello, — un invito a continuare le trattative col governo della RDT, per ottenere anche in futuro dei lasciapassare. Attraverso dure e difficili conversazioni con incaricati della RDT, nel corso delle quali essi fecero vari inutili tentativi di ricatto per ottenere un riconoscimento politico della RDT; gli accordi sui lasciapassare potettero essere, ciononostante, rinnovati varie volte, in modo da assicurare per lo meno per i giorni festivi rari incontri a Berlino-Est.
Code di macchine tra Helmstedt e Berlino a causa di ritardi spesso di ore nei controlli. Code di gente quando per la prima volta vennero concessi »permessi« ai cittadini di Berlino Ovest (1963).

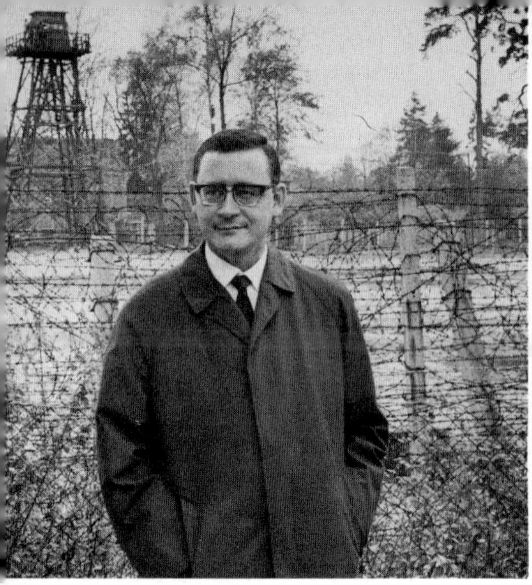

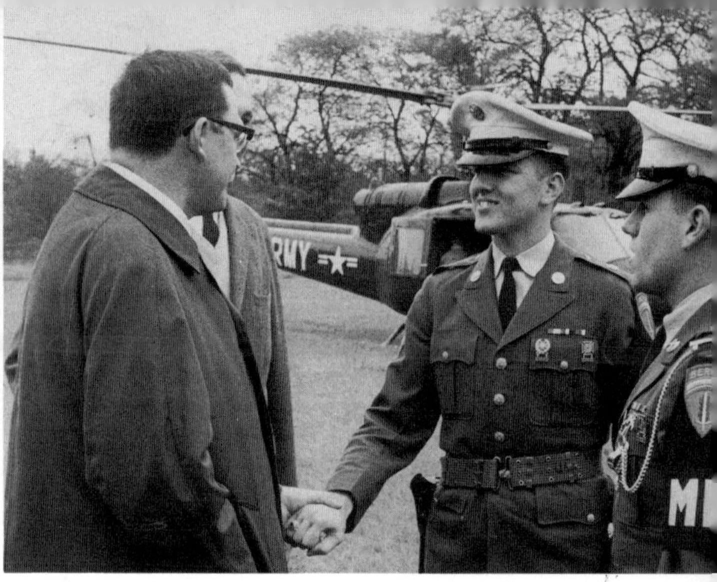

Kurz nach seinem Amtsantritt besuchte Berlins Regierender Bürgermeister Klaus Schütz die in der DDR gelegene und zu West-Berlin gehörende Exklave Steinstücken. Er mußte mit einem amerikanischen Hubschrauber fliegen. Nur die 200 Bewohner der kleinen »Insel« erhielten Passierscheine. Erst 1972, in Zusammenhang mit dem »Grundvertrag«, erhielt die »Insel« einen neuen Status: durch einen unkontrollierten Korridor, der ebenso allen West-Berlinern freien Zugang ermöglichte.

Shortly after taking up office, Berlin's Governing Mayor Klaus Schütz visited the exclave of Steinstücken which belongs to West Berlin but lies in the GDR. He had to fly there in an American helicopter. Only the 200 inhabitants of the tiny »island« have passes. In connection with the Basic Relations Treaty, the »island« first gained new status in 1972; through an uncontrolled corridor.

Peu après son entrée en fonctions, le bourgmestre régnant de Berlin, M. Klaus Schütz, se rendit à Steinstücken, exclave faisant partie de Berlin-Ouest et située en RDA. Pour y parvenir, il dut prendre un hélicoptère américain. Seuls les 200 habitants de cette localité peuvent obtenir un laissez-passer. Ce n'est qu'en 1972 qu'obtint «l'île» dans le cadre du «Traité fondamental» un nouveau status la concernant, à savoir un corridor non-contrôlé.

Poco después de la toma de posesión de su cargo, Klaus Schütz, Alcalde-Gobernador de Berlin, visitó el enclave Steinstücken, el cual pertenece al Berlin-Oeste y está situado en la RDA. Tuvo que desplazarse en un helicóptero americano, ya que solamente los 200 habitantes de la pequeña isla pueden obtener un salvoconducto. Recientemente en 1972 y dependiendodirectam entene del «Grundlagenvertrag» (Acuerdo fundamental) adquiere la isla una situación nueva: por mediación de un passillo sin control.

Poco dopo aver assunto la carica, il Borgomastro governante di Berlino, Klaus Schütz, visitò l'exclave di Steinstücken, situata nella RDT, ma appartenente a Berlino-Ovest. Egli dovette volare con un elicottero americano. Soltanto i 200 abitanti della piccola »isola« ottennero dei lasciapassare. Solo nel 1972, in relazione al »Trattato fondamentale«, l'isola ottenne un nuovo statuto: attraverso un corridoio non controllato, che permettesse il libero passaggio a tutti i berlinesi occidentali.

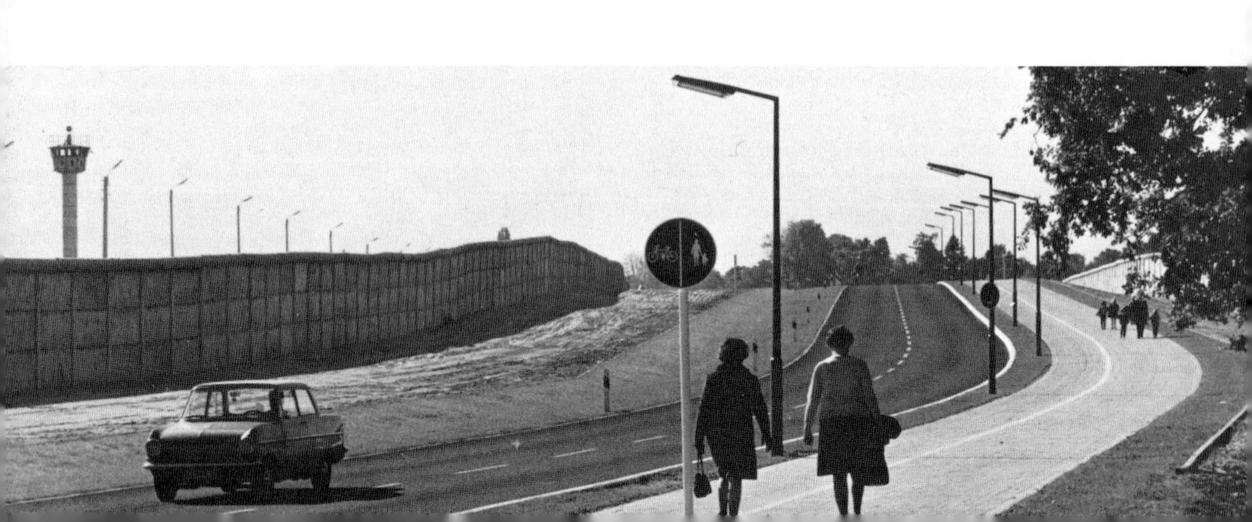

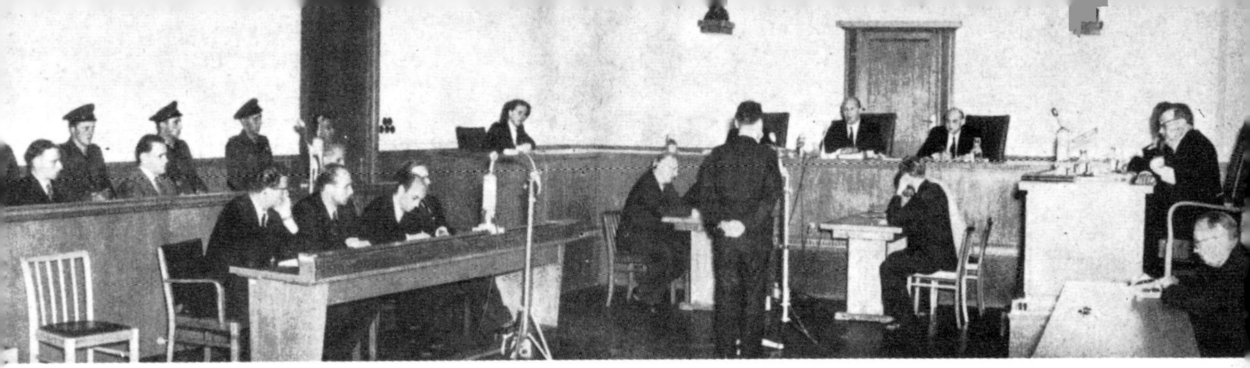

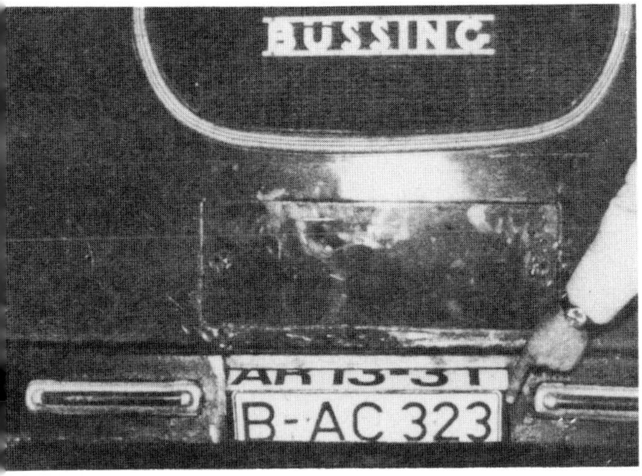

Ein Prozeß vor dem Obersten Gericht der DDR. Einige West-Berliner Fluchthelferorganisationen nutzten die seit 1973 geringeren Kontrollen, wie besonders hier auf dem Autobahnkontrollpunkt Helmstedt. Sie wurden mit Zuchthaus bis zu 13 Jahren wegen »organisierten Menschenhandels« verurteilt, obwohl sie nur die Fahrer der Fluchtautos waren.

A trial before the People's Court in the GDR. Several West Berlin Escape Organisations took advantage of the decreases in checks since 1973, especially at the Autobahn Controlpoint Helmstedt. They were sentenced to 13 years hard labour for "organised trading in human beings" even though they were only the drivers of the escape vehicles.

Un procès devant le Tribunal Populaire de la RDA. Quelques organisations de Berlin-Ouest profitaient depuis 1973 des contrôles moins sévères, comme c'est tout particulièrement le cas du point de contrôle sur l'autoroute à Helmstedt, pour aider des personnes à se réfugier. Bien que seulement chauffeurs de la voiture utilisée pour la fuite, les personnes arrêtées furent condamnées à treize ans de pénitencier pour «avoir d'une facon organisée fait le commerce de vies humaines».

Un proceso ante el Tribunal Popular de la RDA. Varias organizaciones ayuda prófugos de Berlín Oeste aprovecharon los meňos severos controles practicados desde 1973, en particular en el punto de control de la autopista de Helmstedt. Los acusados fueron condenados hasta a 13 años de presidio por «tráfico organizado de hombres», no obstante haber sólo guiado los automóviles empleados para huir.

Un processo davanti alla Corte Popolare della RDT. Alcune organizzazioni aiuto profughi di Berlino-Ovest approfittarono dei ridotti controlli che dal 1973 furono praticati, particolarmente qui al posto di controllo sull'autostrada di Helmstedt. Gli imputati furono condannati fino a 13 anni di detenzione, »per tratta organizzata di uomini«, nonostante avessero soltanto guidato le automobili utilizzate nella fuga.

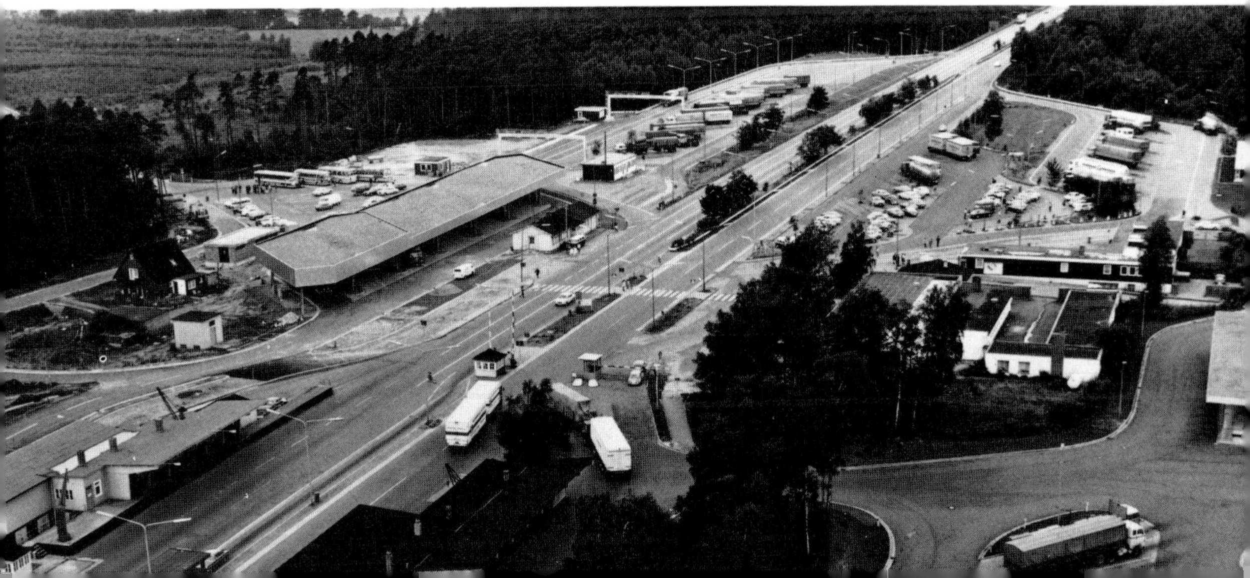

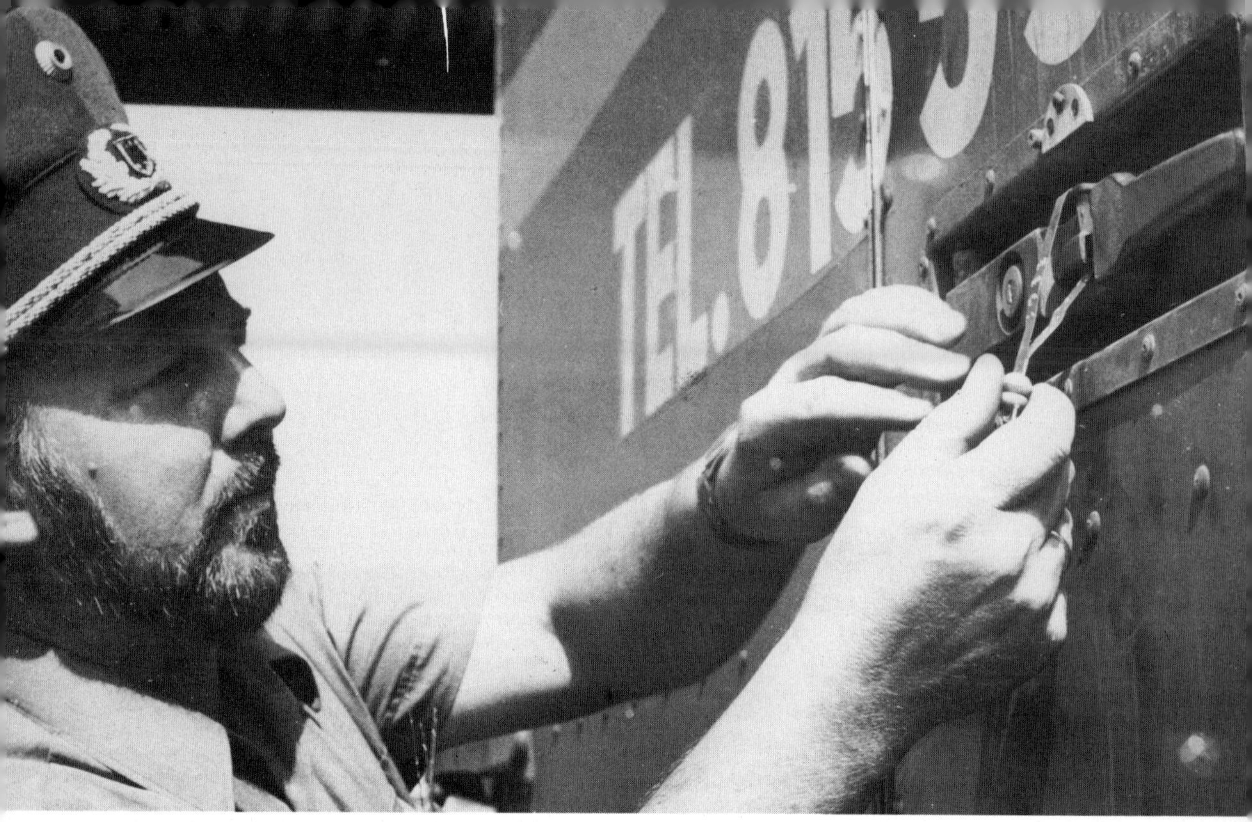

In Zusammenhang mit dem Viermächte-Abkommen (in Kraft getreten am 3. 6. 72) und den innerdeutschen Vereinbarungen (Grundlagenvertrag, Transitabkommen, Regelung über Erleichterungen des Reise- und Besucherverkehrs für West-Berliner in die DDR und nach Ost-Berlin etc.) wurden wesentliche Besserungen erzielt. Eine rasche Abfertigung mit geringen Kontrollen ist gewährleistet. Die die Transitstrecken benutzenden Lkws brauchen nicht mehr untersucht zu werden, sondern werden verplombt. Durch eine vereinfachte Regelung für Besuche in Ost-Berlin kann auch hier eine zügige Abfertigung erfolgen.
Trotzdem bleibt das Problem einer Freizügigkeit, die überwiegend nur in eine Richtung gewährt wird.

In connection with the Four-Power-Agreement which came into force on 3. 6. 1972, and the inner German negotiations (Treaty on the Basis of Relations between the Federal Republic of Germany and the German Democratic Republic, transit agreement, regulations for simplifying travel and visiting facilities for West Berliners to East Germany and to East Berlin), considerable improvements have been achieved. Quick clearance with few controls is guaranteed. Lorries that drive in transit do not have to be checked, they are sealed up. By simplifying the regulations for visitors to East Berlin uninterrupted clearance can be achieved.
Nevertheless, the problem of being free to move about still remains; as it is kept up almost only in one direction.

Avec l'Accord Quadripartite (entré en vigueur le 3. 6. 72) et les ententes interallemandes (accords de base, sur le transit el allégements de la circulation et du passage dans le secteur Est de Berlin et en RDA pour les Berlinois de l'Ouest etc.), d'essentielles améliorations ont été obtenues. Un passage rapide comprenant de moindres contrôles est garanti. Les camions utilisant la voie de transit n'ont plus besoin d'être contrôlés, ils sont scellés. Une réglementation simplifiée pour les visites à Berlin-Est assure ici aussi un passage plus rapide. Cependant demeure le problème de la libre circulation n'étant en grande partie garantie que dans une seule direction.

En relación con el Tratado de las cuatro potencias (entrado en vigor el 3-6-'72), y los convenios interalemanes (Tratado Básico, convenio sobre el tránsito, arreglo sobre facilitaciones para el tráfico y las visitas de berlineses occidentales en la RDA y a Berlín Oriental, etc.), se han obtenido importantes mejoras. Un rápido despacho con pocos controles está garantizado. Los camiones que van por las arterías de tránsito, no son ya controlados sino precintados. Gracias a una norma simplificada para visitar a Berlín Oriental, el despacho es efectuado con gran rapidez.
No obstante todo, queda el problema de una libre circulación otorgada, las más de las veces, en una sola dirección.

In relazione all'Accordo quadripartito (entrato in vigore il 3-6-'72) ed alle intese intergermaniche (trattato fondamentale; l'accordo sul transito; la regolamentazione sulle agevolazioni riguardanti il traffico dei viaggiatori, in particolare dei berlinesi occidentali che si recano in visita nella RDT e a Berlino-Est; ecc.) furono conseguiti essenziali miglioramenti. Un rapido disbrigo con pochi controlli è garantito. I camion che utilizzano le vie di transito non vanno più controllati, ma messi a sigillo. Attraverso un più semplice regolamento per visite a Berlino-Est, è stato ottenuto anche in questo caso un controllo più celere.
Ciononostante, rimane il problema di una libera circolazione concessa per lo più solo a senso unico.

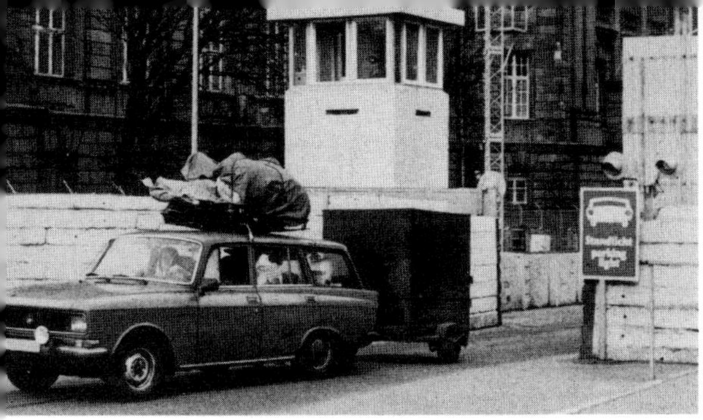

Trotz der Verbesserungen im innerdeutschen Verhältnis weist die Statistik nach, daß sich die jährliche Gesamtzahl der Flüchtenden von ca. 5000 seit 1967 kaum verändert hat, sondern allenfalls die Fluchtmethoden. Die Mehrzahl flüchtet heute nicht mehr über die Sperranlagen, sondern über Drittländer (vor allem ČSSR und Ungarn, aber auch Rumänien, Bulgarien und Polen). Der kostspielige Ausbau der »modernen Grenze« erweist sich als Fehlinvestition, und es bewahrheitet sich, daß mit künstlichen Mitteln kein natürliches Ergebnis erzielbar ist. Deshalb bleibt mit der Mauer das Anliegen, sie durchlässiger zu machen, so wie dies der Fall war, als die DDR im Frühjahr 1984 in einer bisher einmaligen Aktion über 27.000 Personen die Aussiedlung gestattete. Während die Mehrzahl der ausreisewilligen DDR-Bürger während vieler Jahre Ausreiseanträge gestellt hatte und diese häufig unbeantwortet blieben oder ohne Begründung abgelehnt wurden, durften nun einzelne sogar mit ihrem eigenen Pkw ausreisen. Insgesamt konnten seit dem Bau der Mauer 383.181 Personen (Stand 31. 12. 88) legal die DDR verlassen, jedoch waren es bis 1980 vornehmlich Personen im Rentenalter und Kranke.

In spite of the improvements in inner German relations, statistics still show that the total number of refugees per year — approximately 5000 since 1967 — has hardly changed, but the methods of escaping have changed. The majority do not escape over the border obstacles but via other countries (in particular Czechoslovakia and Hungary, but also via Rumania, Bulgaria and Poland). So the expensive construction of the »modern border« has proved itself to be a bad investment and has also shown that no natural result can be achieved by artificial means. With the existence of the wall therefore, the desire still remains to make it more penetrable, as was the case in spring 1984 when East Germany allowed 27.000 people to move out; this only happened once. Whilst the majority of East German citizens wanting to leave East Germany had made exit applications year after year, and frequently these remained unanswered or were turned down without comment, now single people were suddenly allowed to leave even in their own private car. Since the erection of the wall a total of 383.181 people (number registered on 31. 12. 88) has been able to leave East Germany legally; however up to 1980 it was practically only pensioners and people who were ill.

Malgré les améliorations des rapports interallemands, les statistiques montrent que le nombre annuel total des réfugiés, d'environ 5000 depuis 1967, n'a pour ainsi dire pas changé. La plupart ne s'évade plus aujourd'hui en passant les installations de barrage mais par les pays tiers (surtout la Tchécoslavaquie et la Hongrie mais aussi la Roumanie, la Bulgarie et la Pologne). Le coût élevé de l'aménagement de la «frontière moderne» se révèle être un mauvais investissement, il est vrai qu'on n'obtient pas de résultat naturel avec des moyens artificiels. C'est pourquoi il reste avec le mur le désir de le rendre plus perméable, comme ce fut le cas au début de l'année 1984, lorsque la RDA permit à 27.000 personnes de s'expatrier, lors d'une action restée jusque là unique. Alors que la majorité des citoyens de la RDA qui voulaient s'expatrier, avaient fait leur demande d'expatriation depuis de nombreuses années, laquelle restait sans réponse ou était refusée sans raison, on permit alors à quelques particuliers de partir, dans leur propre voiture même. En tout, depuis la construction du mur, 383.181 personnes (jusqu'au 31. 12. 88) purent quitter légalement la RDA, mais jusqu'en 1980, ce furent surtout des personnes de l'âge de la retraite et des malades.

No obstante el mejoramiento de las relaciones interalemanas, la estadística demuestra que el número anual de prófugos, en total unos 5000, ha apenas cambiado desde 1967, todo lo más, han cambiado los métodos de fuga. Hoy, la mayoría no huye a través de las barreras, sino a través de otros países (sobre todo la ČSSR y la Hungría, pero también a través de Rumania, Bulgaria y Polonia). El costoso ampliamento de la »frontera moderna« resulta ser una inversión inútil, mientras aparece la verdad de que con medios artificiales no se puede obtener nada natural. Por consiguiente, con el muro permanece el deseo de hacerlo más permeable, como acaeció en la primavera de 1984, cuando la RDA concedió a más de 27000 personas el permiso de trasladarse, acción única hasta la fecha. Mientras que la mayoría de los habitantes de la RDA, deseosos de trasladarse, presentaban durante años solicitudes que muchas veces quedaban sin contestación o eran rechazadas sin la menor explicación, ahora varias personas han podido marcharse hasta en su propio coche. Desde el levantamiento del muro, 383.181 personas (situación al 31-12-'88), han podido dejar legalmente la RDA, pero hasta 1980 la mayoría eran jubilados o enfermos.

Nonostante i miglioramenti nelle relazioni intertedesche, la statistica dimostra che il numero annuale di profughi, ascendente a circa 5000 persone, è appena cambiato dal 1967, in realtà, ciò che è cambiato sono i metodi di fuga. La maggior parte scappa oggi non più attraverso gli sbarramenti, ma attraverso paesi terzi (soprattutto attraverso la ČSSR e l'Ungheria, ma anche la Romania, la Bulgaria e la Polonia). Il costoso ampliamento della »frontiera moderna« risulta quindi essere un investimento sbagliato; appare la verità che con mezzi artificiali non è possibile ottenere qualcosa di naturale. Perciò, con il muro rimane l'istanza di renderlo più permeabile, com'era il caso quando la RDT, nella primavera del 1984, lasciò partire oltre 27.000 persone attraverso un'azione rimasta finora unica. Mentre la maggior parte dei cittadini della RDT, che desideravano partire e che avevano presentato da anni domande di espatrio, rimaste spesso senza risposta o respinte senza alcuna motivazione, ora singole persone potettero partire perfino con la propria automobile. Dalla costruzione del muro, 383.181 persone (cifra al 31-12-'88), potettero lasciare legalmente la RDT, ma fino al 1980 si trattava, nella maggior parte, di pensionati e malati.

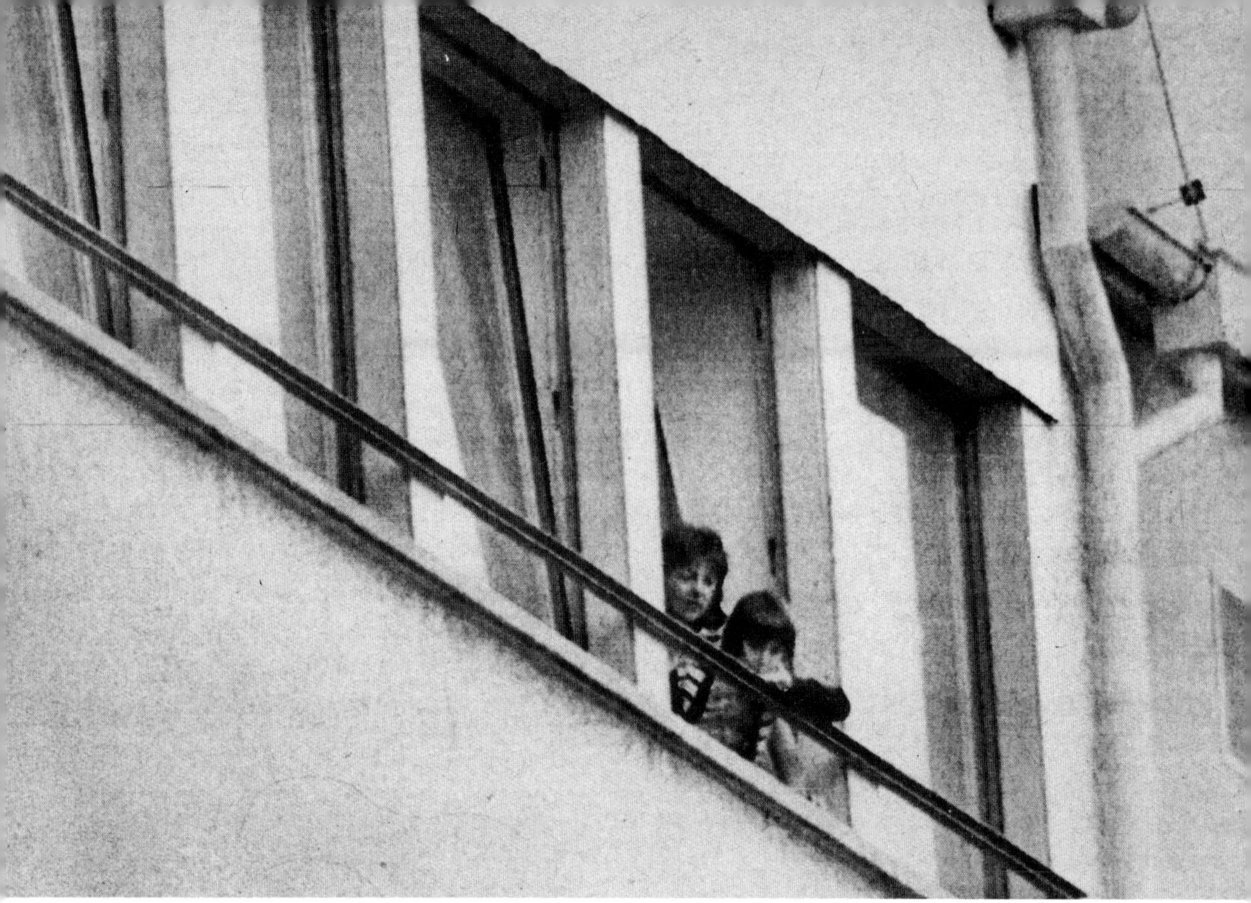

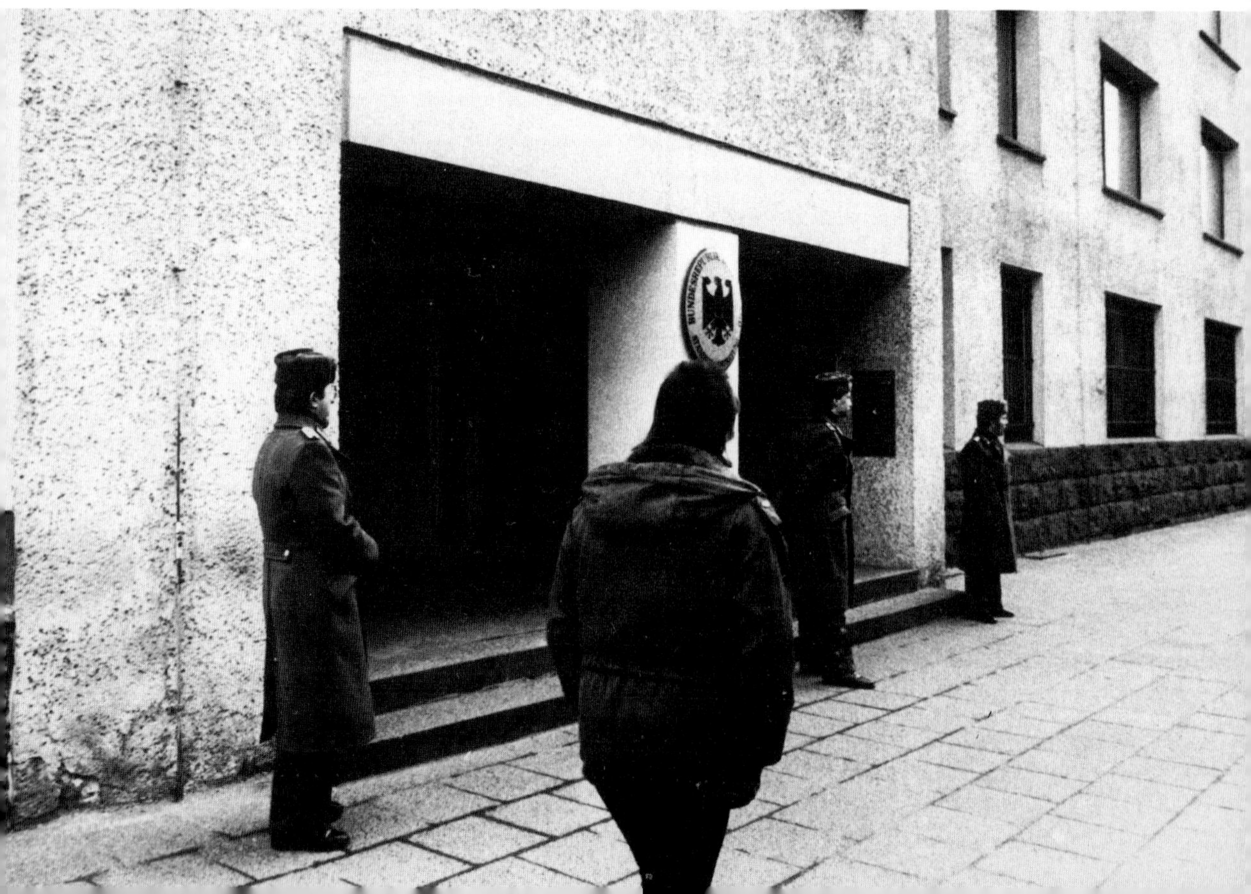

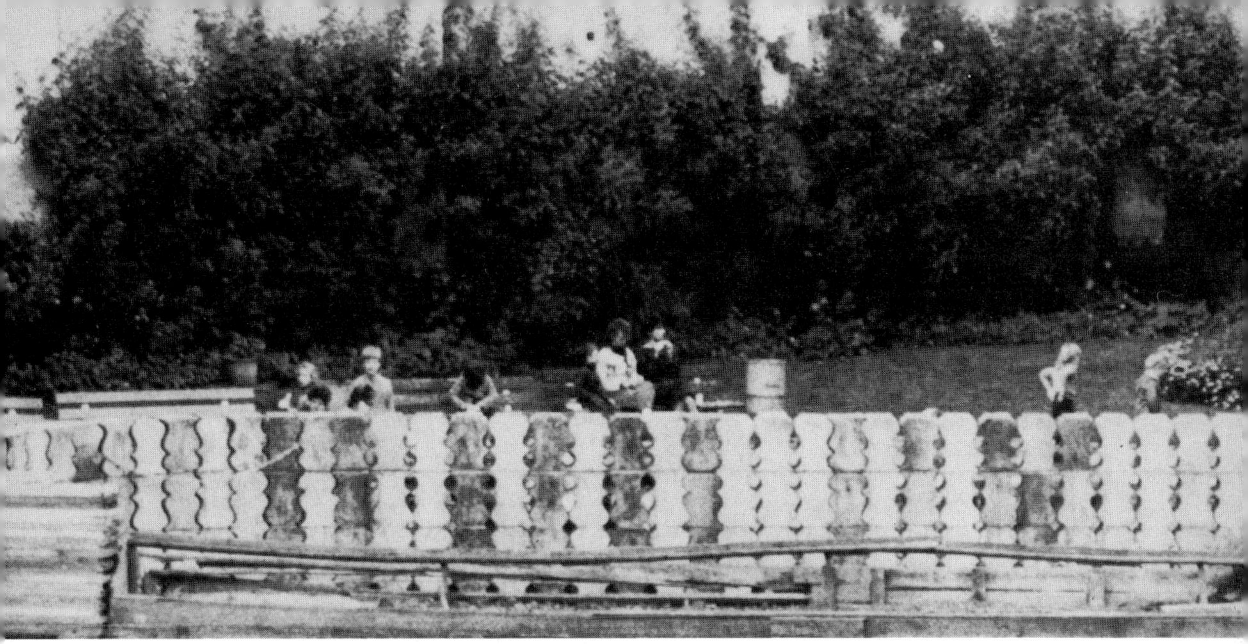

Andere versuchten, über die Ständige Vertretung der Bundesrepublik in Ost-Berlin oder über die Prager Botschaft in den Westen zu gelangen. So hielten sich im Juni/Juli 1984 ca. 55 Personen in der Ständigen Vertretung auf, was zu ihrer verstärkten Bewachung durch Volkspolizei und Staatssicherheit führte und zur zeitweiligen Schließung.
Anfang Oktober 1984 hatten insgesamt ca. 150 DDR-Bürger in der Deutschen Botschaft in Prag Zuflucht gesucht, um so ihre Aussiedlung zu erzwingen. Mehrere Monate mußten sie ausharren, bis es im Rahmen innerdeutscher Gespräche gelungen war, sie auszusiedeln. Die Gegenleistungen der Bundesregierung blieben unbekannt.
In den nichtpolitischen Bereichen — Kultur, Wissenschaft, Sport — verbesserten sich die innerdeutschen Beziehungen.

Others attempted to get into the West via the permanent residence of West Germany in East Berlin or via the Embassy in Prague. During june and july 1984 about 55 people stayed in the permanent residence, and this resulted in its being more heavily guarded by the police and by the secret service and to a temporary closure.
At the beginning of October 1984 a total of 150 East Germans had found asylym in the German Embassy in Prague, so as to force their resettlement. They had to stay there for several months before it was possible to resettle them within the framework of inner German talks. The concessions made by West Germany were not revealed.
In other non-political fields, like culture, science and sport, the inner German relations have improved.

D'autres essayèrent de passer à l'Ouest par le Bureau permanent de représentation de la République fédérale à Berlin-Est ou bien par l'Ambassade de Prague. C'est ainsi qu'en juin-juillet 1984, environ 55 personnes se réunirent et séjournèrent dans le Bureau, ce qui amena un renforcement de sa surveillance par la police populaire et la Sûreté de l'Etat de même que sa fermeture provisoire.
Début octobre 1984, environ 150 citoyens de la RDA, en tout, s'étaient réfugiés à l'Ambassade allemande de Prague pour obtenir de force leur expatriation. Ils durent persévérer durant plusieurs mois avant de pouvoir l'obtenir à la suite de débats interallemands. On ne sut pas quelles prestations la République fédérale dut payer pour ces expatriations.
Dans les domaines non-politiques — culture, science, sport — les relations interallemandes se sont améliorées.

Otros intentaron conseguir su traslado a Occidente a través de la Representancia permanente de la República Federal en Berlín Oriental, o bien a través de la Embajada en Praga. Así, en los meses de junio y julio de 1984, alrededor de 55 personas moraban en la Representancia permanente, lo cual motivó una más estrecha vigilancia por parte de la Policía popular y del Servicio de Seguridad del Estado y su temporáneo cierre.
A comienzos de octubre de 1984, alrededor de 150 habitantes de la RDA buscaron refugio en la Embajada alemana en Praga, para subrayar su deseo de trasladarse. Ellos tuvieron que esperar varios meses, hasta que, en el marco de las conversaciones interalemanas, pudieron ser evacuados. Las contraprestaciones del gobierno federal son desconocidas.
En los sectores apolíticos, — cultura, ciencia, deportes — las relaciones interalemanas han mejorado.

Altri tentarono di raggiungere l'occidente attraverso la Rappresentanza permanente della Repubblica federale a Berlino-Est, oppure attraverso l'ambasciata a Praga. Così, nei mesi di giugno e di luglio del 1984, circa 55 persone si trovavano nella Rappresentanza permante; fatto che comportò la sua più severa sorveglianza da parte della polizia popolare e del servizio di sicurezza dello Stato nonchè alla sua temporanea chiusura.
Ai primi dell'ottobre del 1984, circa 150 cittadini della RDT hanno cercato rifugio nell'Ambasciata tedesca a Praga, con il proposito di farsi rilasciare dalla RDT via libera per l'occidente. Essi dovettero però attendere alcuni mesi, finchè nell'ambito delle conversazioni intertedesche si è riusciti a farli partire. Le contropartite della Repubblica federale rimasero sconosciute.
Nei settori non politici, quali quelli culturali, scientifici e sportivi, le relazioni intertedesche sono migliorate.

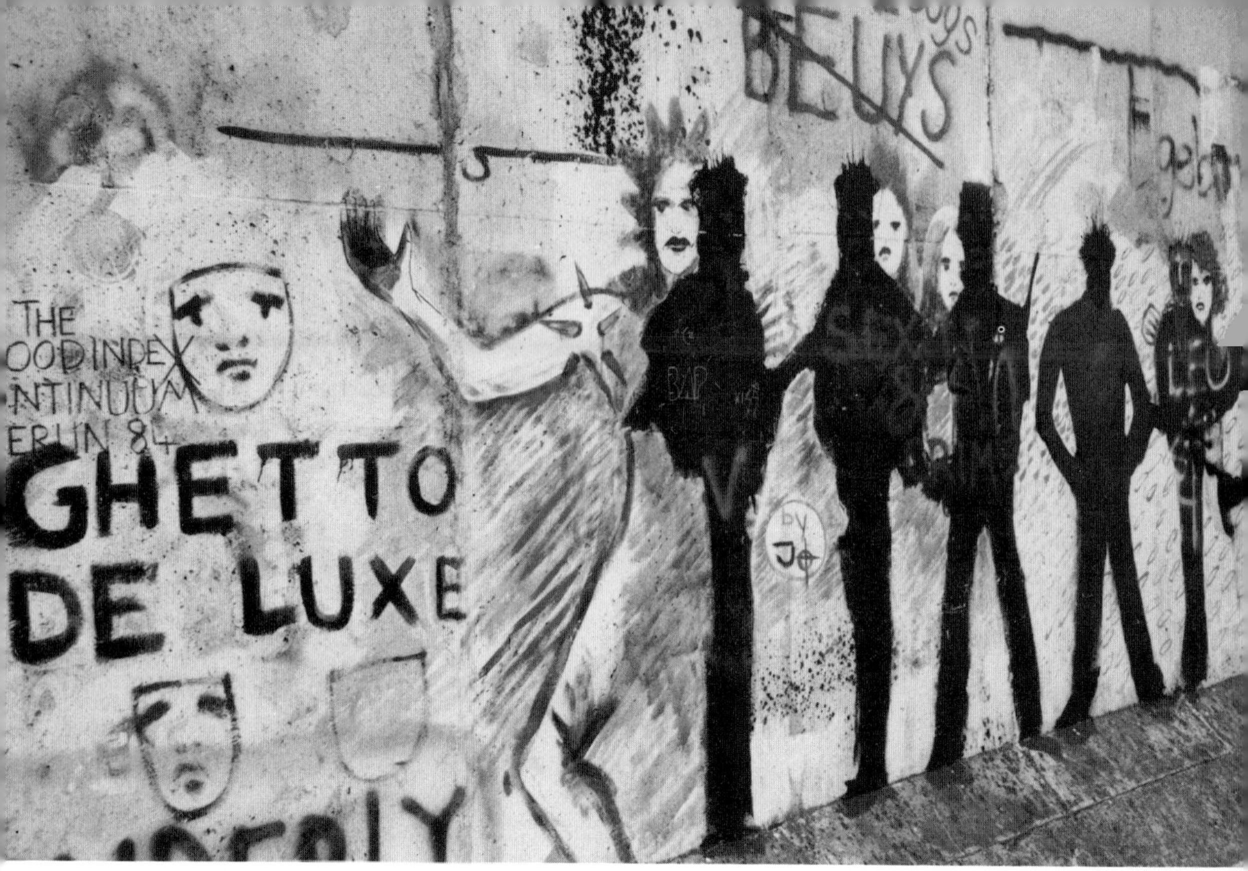

Die DDR-Kenner sind sich mit den Tiefenpsychologen einig, daß der eigentliche Initiator der Bemalungen der MAUER die DDR ist. Sie begnügte sich nicht mit der MAUER der Dritten Generation mit horizontalen Platten, die durch Gestänge zusammengehalten wurden. War es der Wunsch, eine MAUER zu bauen, die Dauerhaftigkeit und Stabilität demonstriert? Jedenfalls entstand eine fugenlose MAUER, eine »Betonleinwand« von beliebig benutzbarer Länge, die auf viele komisch wirkte, andere zum Nachdenken anregte und mehr und mehr Maler stimulierte, darunter auch international bekannte wie Richard Hambleton.

Those people who really know East Germany agree with psychologists that the real initiator of the painting of the WALL is East Germany. They were not satisfied with the WALL of the third generation with horizontal blocks held together by wired rods. Did they really want to construct a wall which demonstrates permanence and stability? In any event a WALL merged without joints, a »cement screen« of the best loved length which seemed odd to some people, but which caused others to contemplate and which stimulated more and more artists, among them some internationally famous ones like Richard Hambleton.

Ceux qui connaissent bien la RDA sont d'accord avec les psychologues de la Tiefenpsychologie pour dire que la véritable initiatrice des peintures de MUR, c'est bien elle. Elle qui ne se contenta pas du MUR de la troisième génération avec ses plaques horizontales maintenues par des barres. Etait-ce le désir de construire un MUR qui soit le manifeste de la persistance et de la stabilité? En tout cas, c'est un MUR sans jointure qui apparut, un «écran de béton» d'une longueur utilisable à volonté, à l'effet bizarre pour beaucoup, qui en incita d'autres à la réflexion et stimula de plus en plus de peintres, parmi lesquels des célébrités internationales comme Richard Hambleton.

Todos los conocedores de la RDA están de acuerdo con los psicólogos del profundo en que la RDA es el verdadero promotor de las pinturas que aparecen en el MURO. Ella no se conformó con el MURO de la Tercera generación, con losas de hormigón unidas por varillas. ¿Que la haya impulsado el deseo de construir un MURO que demostrase durabilidad y estabilidad? Sea como fuere, surgió un MURO sin juntas, auténtico »lienzo de hormigón«, cuya longitud puede ser utilizada a voluntad y que brindó a muchas personas impresiones cómicas moviendo otras a reflexionar y estimuló a un cada vez mayor número de pintores, entre los que figuran hasta artistas de fama internacional, como, por ej., Richard Hambleton.

Tutti gli esperti conoscitori della RDT sono d'accordo con gli psicologi del profondo, sul fatto che il vero promotore delle pitture sul MURO è la stessa RDT. Essa non si è contentata del MURO della Terza generazione, il quale era formato da lastre orizzontali tenute insieme da sbarre. C'era forse il desiderio di mettere su un muro che dimostrasse durevolezza e stabilità? Ad ogni modo, nacque un MURO senza giunture; una »tela di calcestruzzo« di una lunghezza utilizzabilie a volontà, che suscitò in molte persone impressioni comiche, spingendo altre a rifletterci su e dette lo stimolo a un sempre maggior numero di pittori, tra i quali figurano anche alcuni di fama internazionale, come lo è, ad esempio, Richard Hambleton.

Christophe Bouchet: «Hommage à Duchamp»

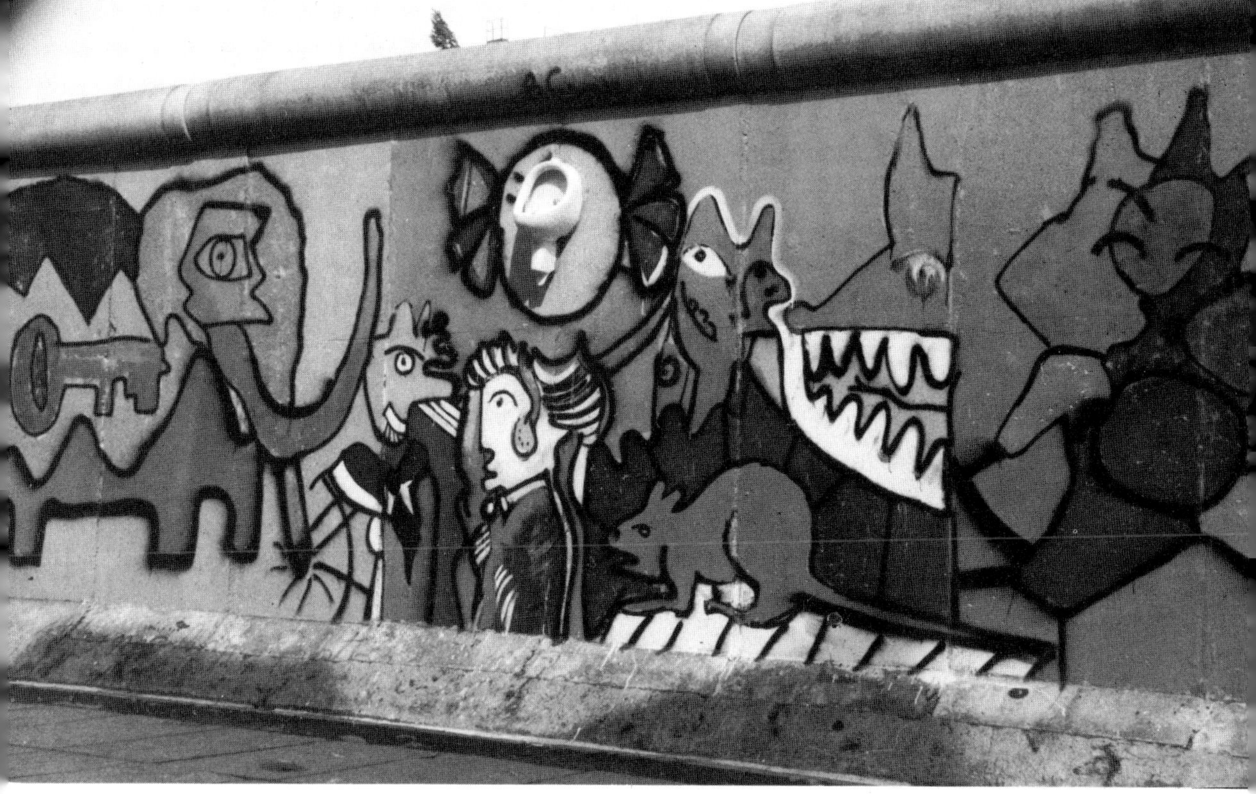

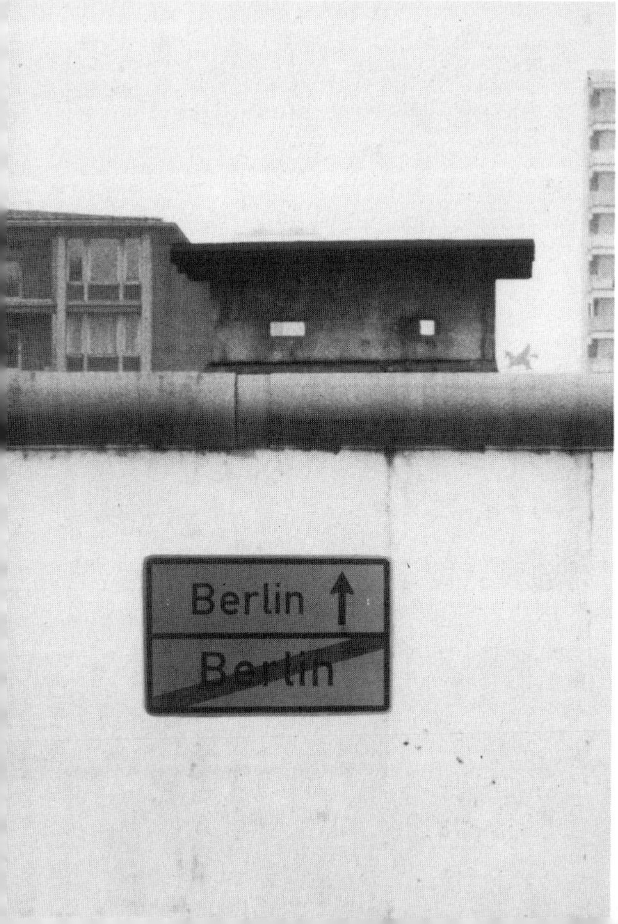

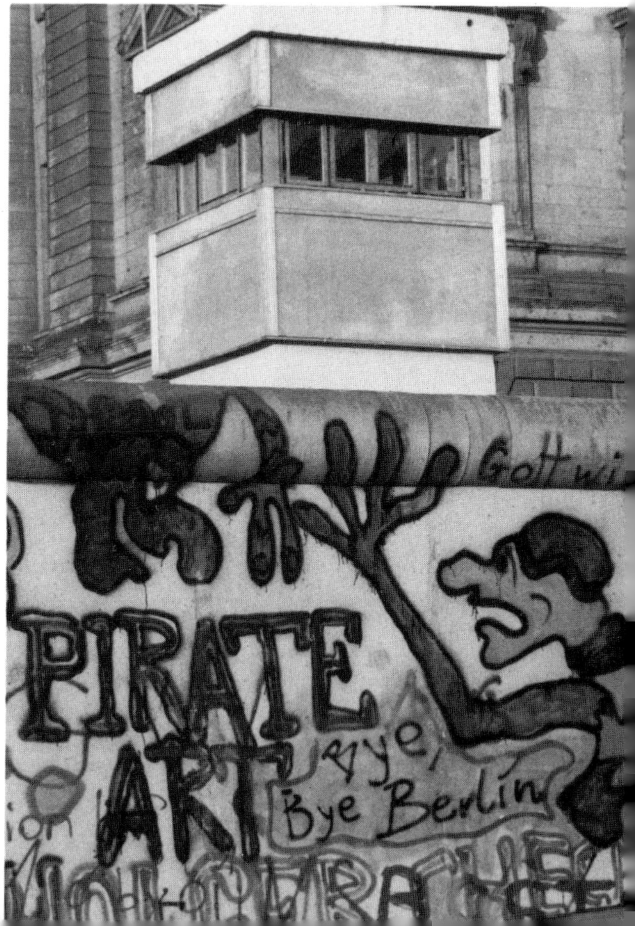

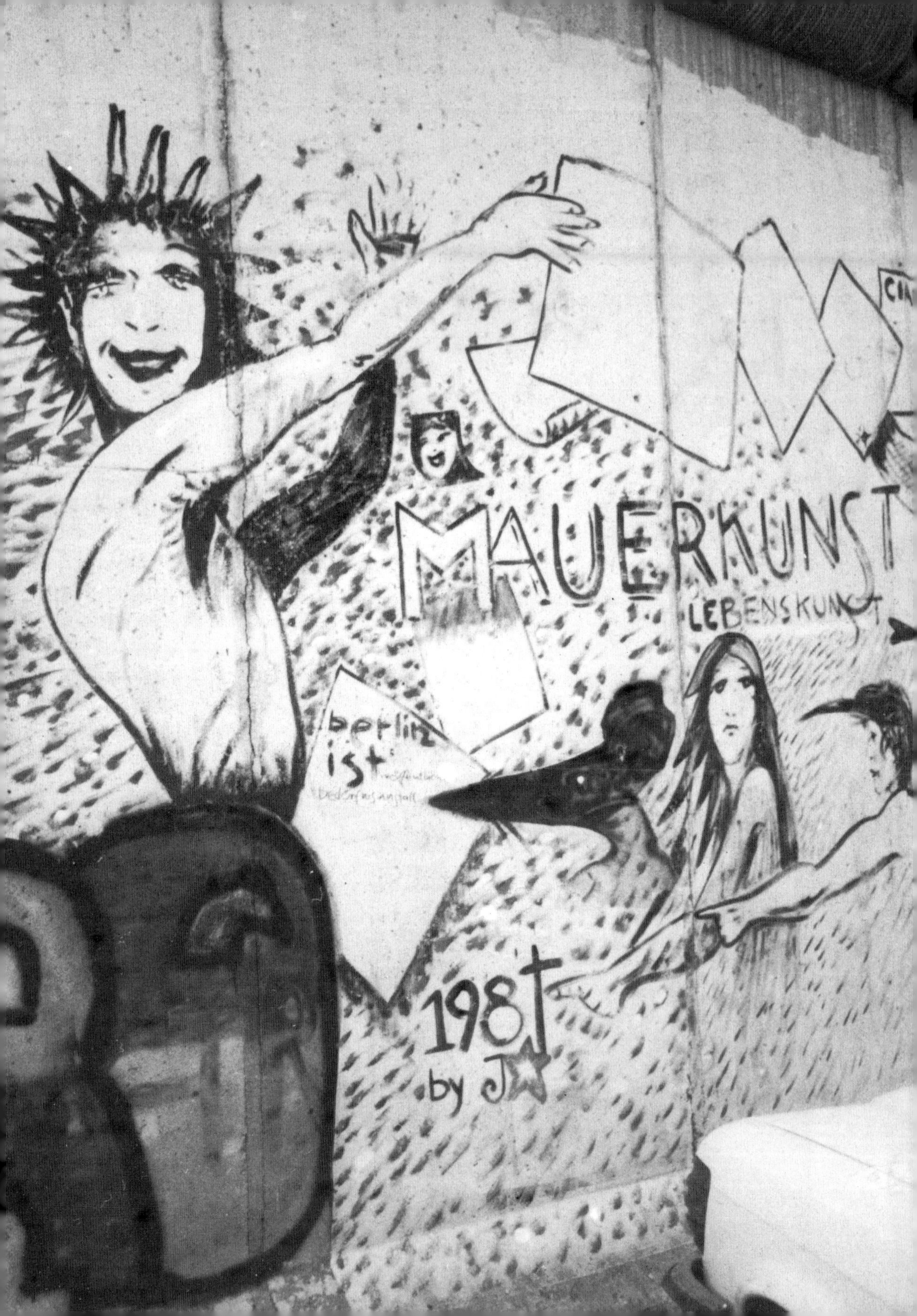
MAUERKUNST
LEBENSKUNST
berlin
ist
198
by J

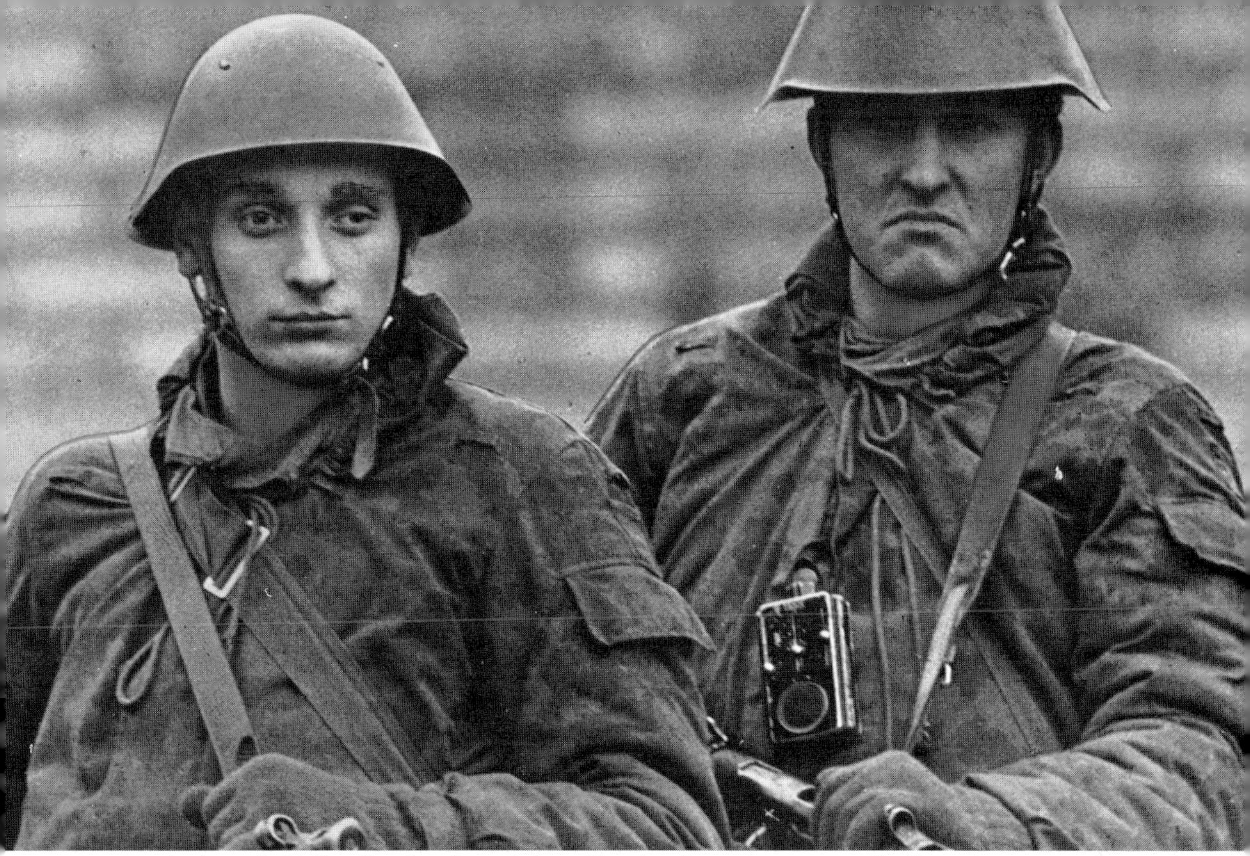

Durchschaut die Uniform! See through the uniform! Regardez a travers l'uniforme!
Mira a traves del uniforme! Guardate sotto la loro uniforme!

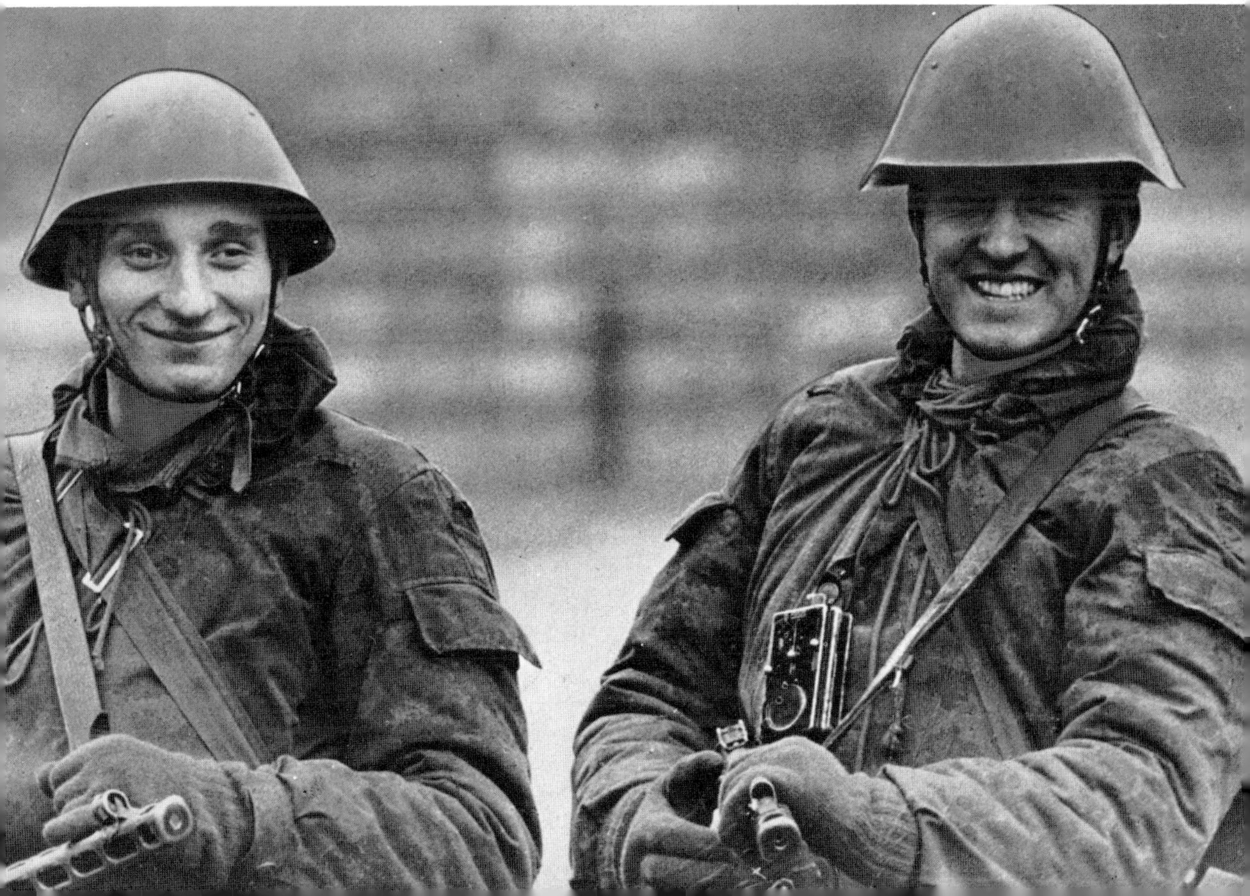

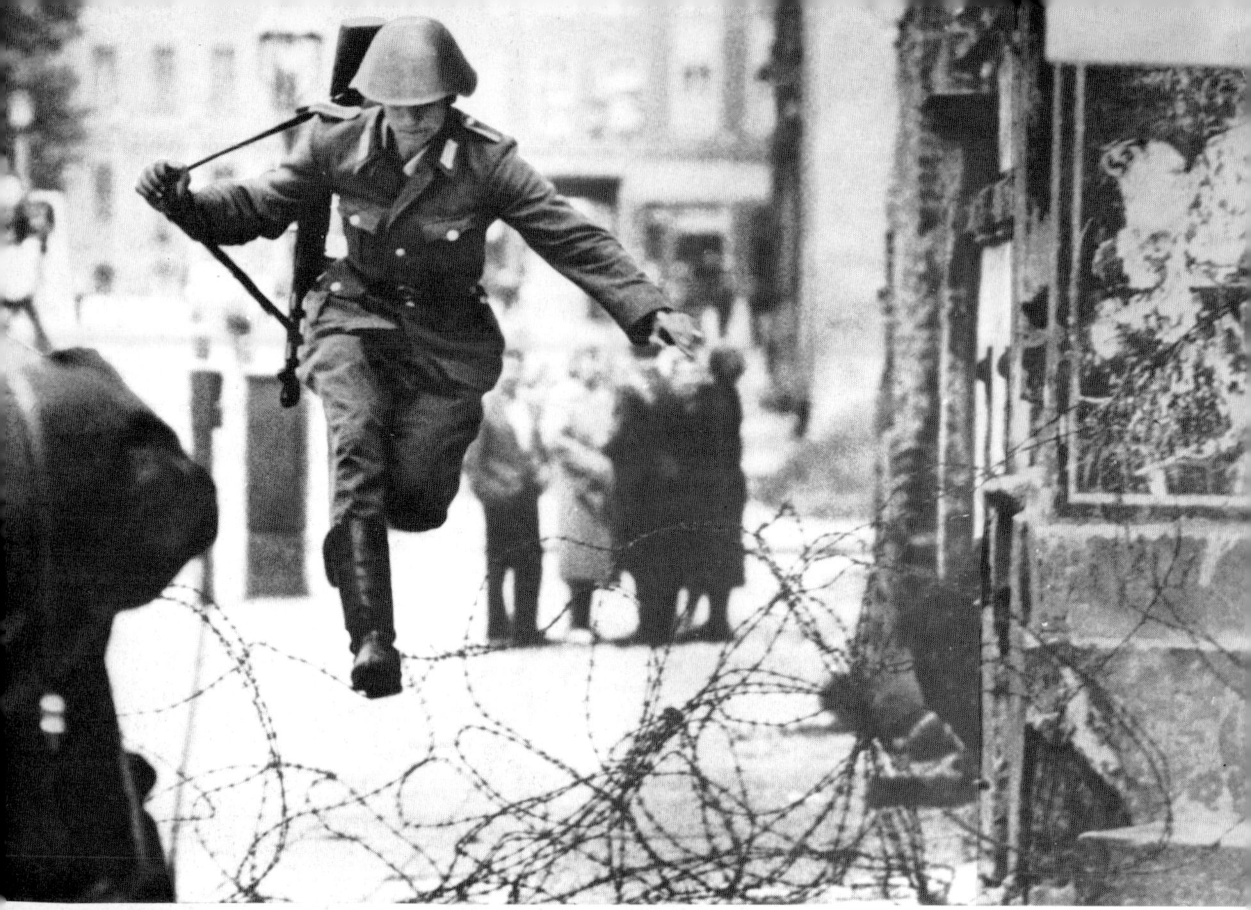

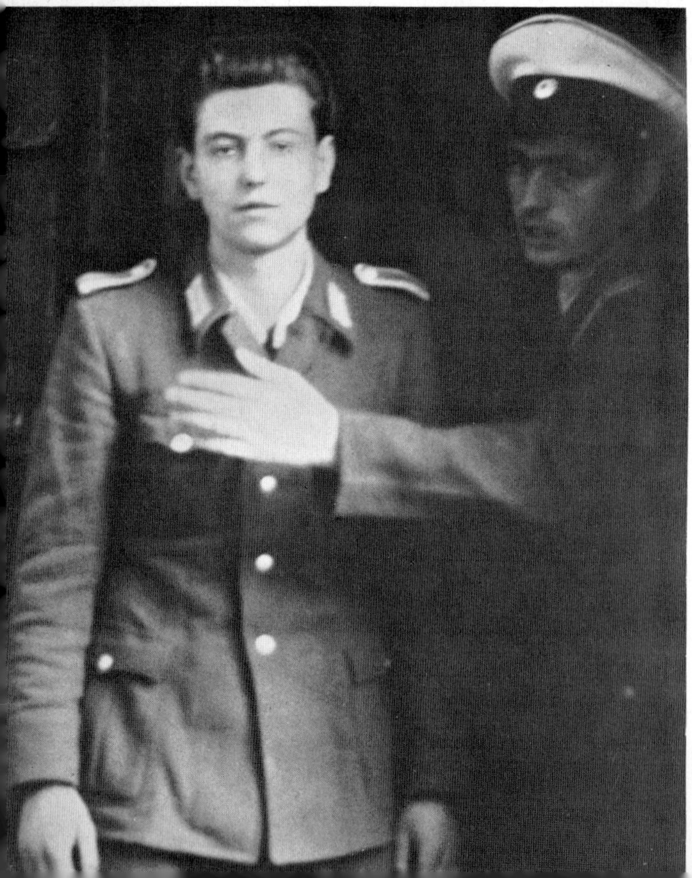

Der erste geflüchtete Volksarmist — 15. 8. 61. Plötz lich rannte er los, warf sein Gewehr fort, um noc schneller zu sein. Die begeisterte Menge vor den West-Berliner Polizeirevier will ihn noch einmal se hen.

The first East German soldier to flee — 15. 8. 196 Suddenly he began to run, threw away his gun to b able to run even more quickly. The enthusiasti crowd in front of the police-station wants to see hin once more.

Le premier soldat de l'Armée populaire réfugié — 15. 8. 1961. Tout à coup, il se mit à courir, jeta so fusil pour aller plus vite encore. La foule enthou siaste, devant le poste de police veut le voir encor une fois.

El primer soldado huido del Ejército Popular — 5 - 8 1961. Repentinamente salió corriendo, y tiró el fusi para llegar más de prisa. La enardecida muchedum bre, ante la comisaría de policía, quiere volver a ver le.

Il primo soldato fuggito dell'Esercito Popolare — 15 - 8 -1961. Improvvisamente si mise a correre, la sciando cadere il fucile per essere ancora più velo ce. La folla entusiasta davanti al Commissariato d Berlino-Ovest vuole vederlo ancora una volta.

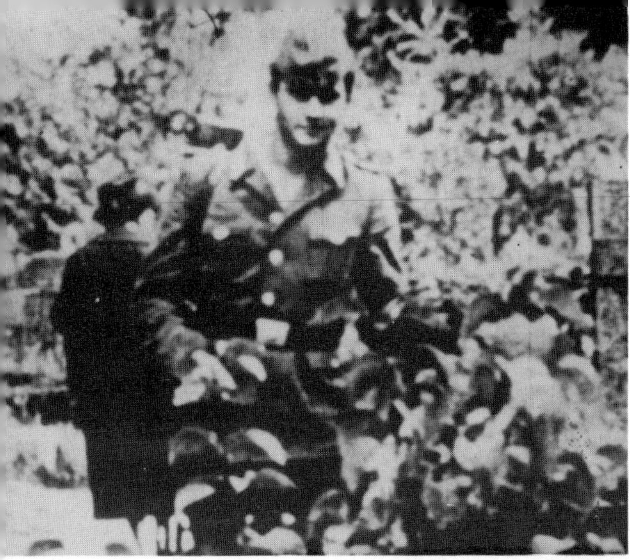
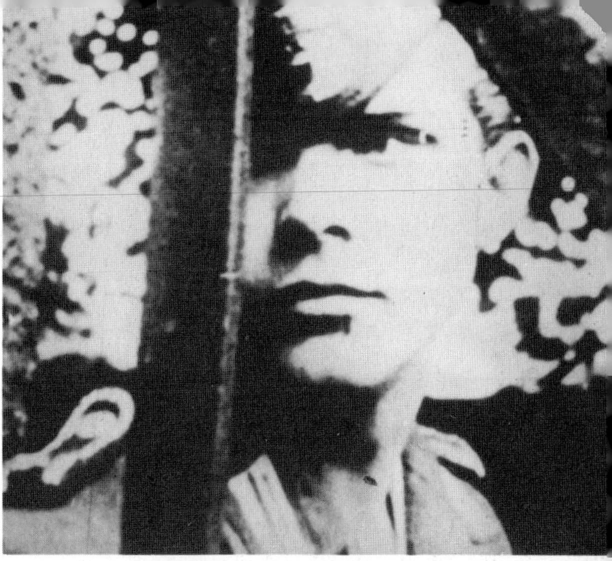
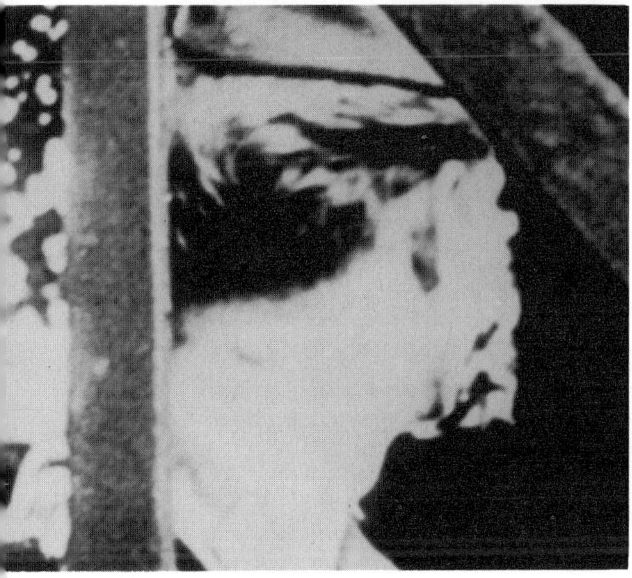
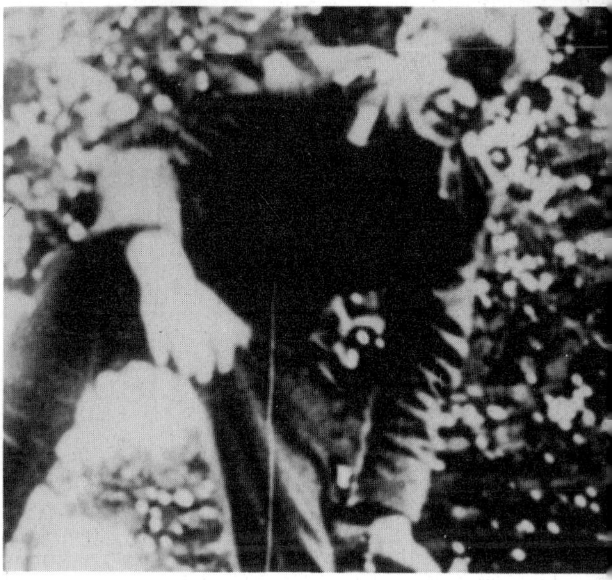

In den nächsten Tagen flohen weitere. »Komm doch, komm doch!« riefen ihm die West-Berliner zu. Es war wenige Tage nach dem »13. August«. Zunächst war er unentschlossen (1), dann zeichnet sich in seinem Gesicht die Spannung ab, nachdem der Entschluß gefaßt war (2), immer wieder schaute er zurück (3), denn auf Fahnenflüchtige wird ohne Warnschuß sofort gezielt geschossen. In wenigen Sekunden gelang der Sprung in die Freiheit (4).

A lot more fled during the next few days. »Come on, come!« the West Berliners shouted to him. It happened a few days after »August 13th«. At first he was still undecided (1), then his face reflected the close attention after the decision had been made (2), he looked back again and again (3), for deserters are fired at without warning. Within a few seconds he succeeded in jumping to freedom (4).

Les jours suivants d'autres s'enfuirent. «Viens donc, viens», lui crièrent les Berlinois de l'Ouest. Cela se passait quelques jours après le «13 août». D'abord, il est encore indécis (1), puis, une fois la décision prise, son visage reflète la tension (2), sans cesse, il se retourne (3), car on fusille aussi les déserteurs. En quelques secondes il parvint à gagner le territoire libre (4).

En los días siguientes huyeron otros. »¡Ven, Ven!«, le gritaron los berlineses occidentales. Ocurió pocos días después del 13 de agosto. Primero estaba indeciso (1), entonces se mostró en su rostro la tensión al momento de decidirse (2), continuó mirando hacia atrás (3), porque a los desertores se les dispara inmediatamente, sin avisar. En pocos segundos consiguió el salto a la libertad (4).

Nei giorni seguenti fuggirono altri. »Vieni di qual! Corri!« gli gridarono i berlinesi occidentali. Erano passati pochi giorni dal »13 Agosto«. Dapprima rimase indeciso (1), quindi sul suo volto si potè leggere la tensione dopo che ebbe preso la sua decisione (2). Poi si guardò intorno molte volte, perchè sui disertori si spara subito e senza preavviso. E in pochi secondi raggiunse con un salto la libertà (4).

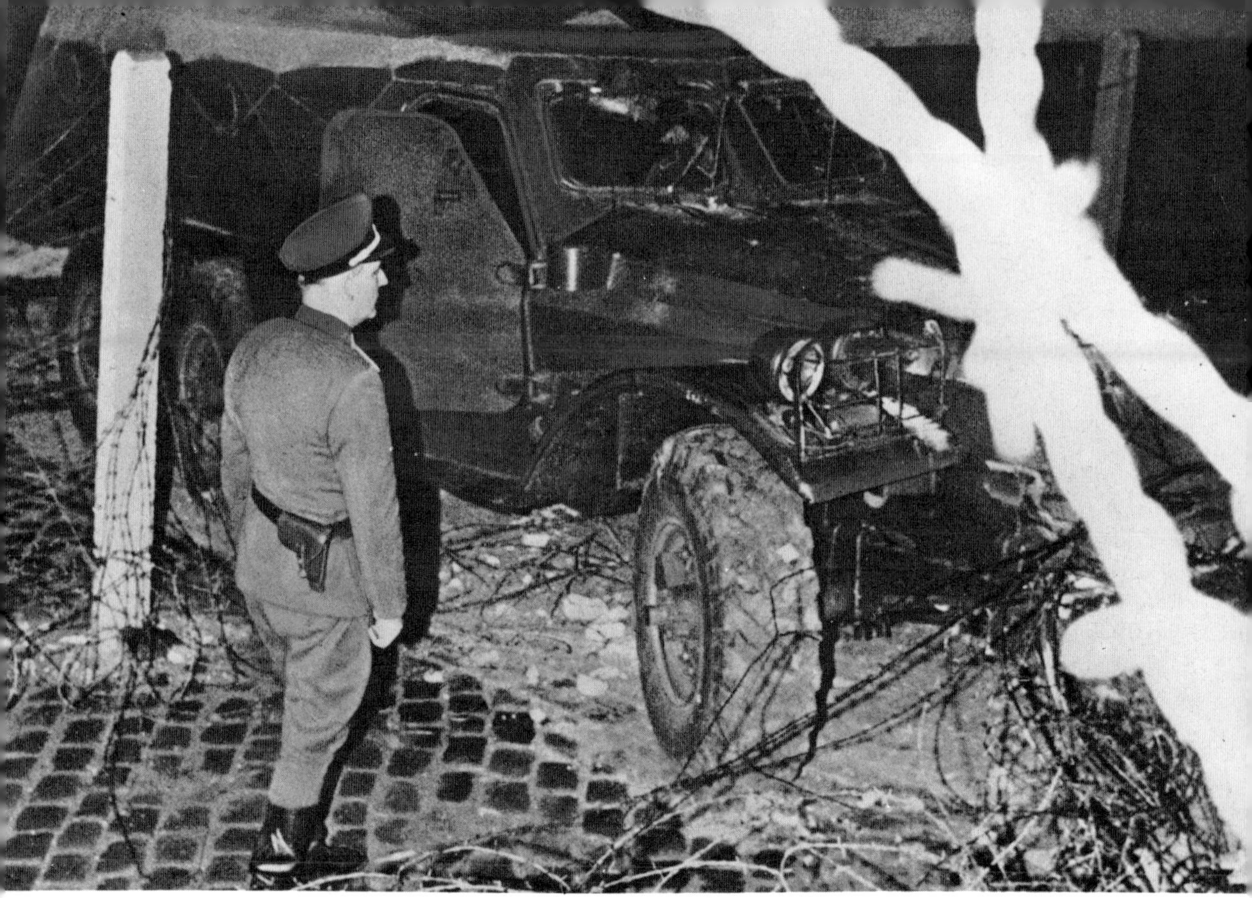

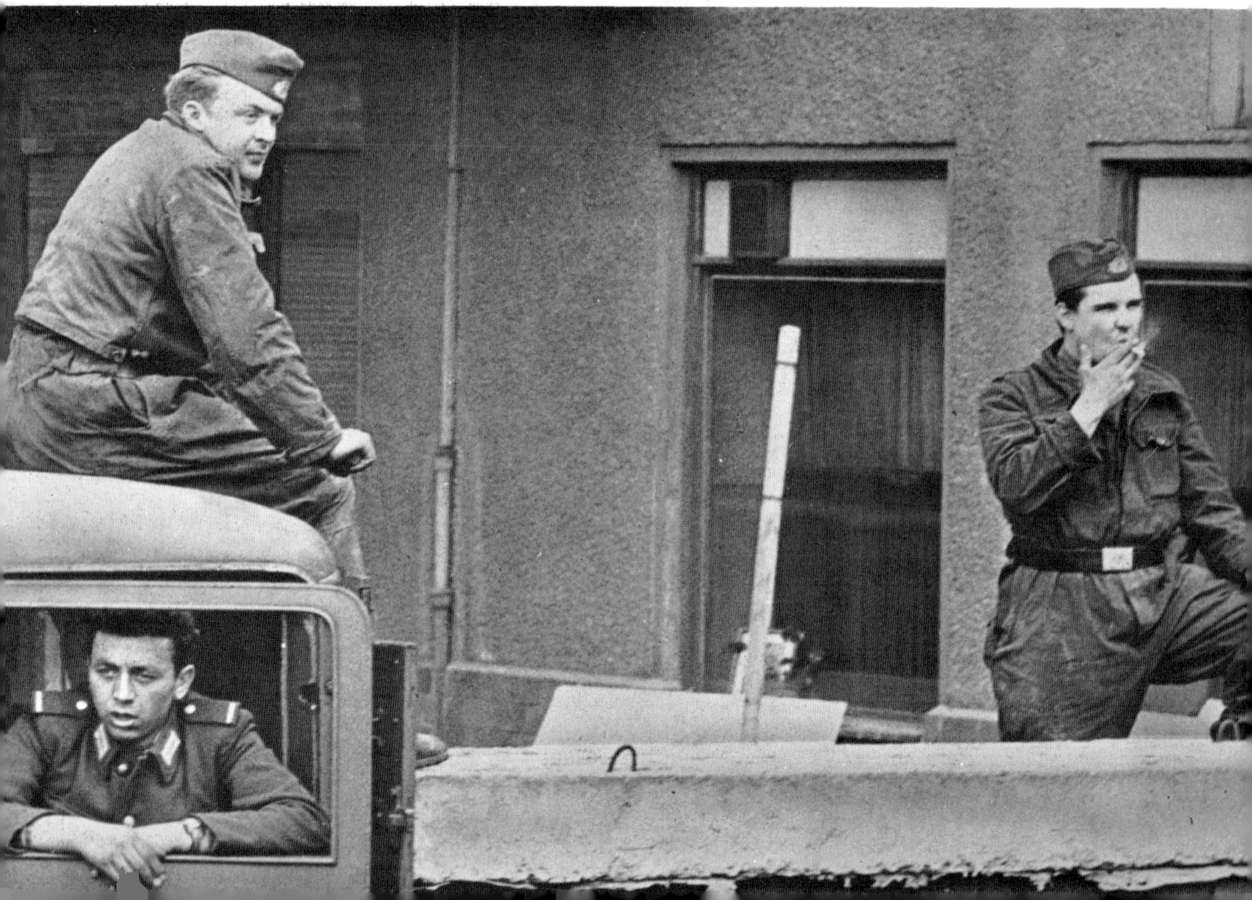

Ein Armeewagen ist durchgebrochen. Der Fahrer wußte, an welcher Stelle die „Grenzsicherungsanlagen" ausbesserungsbedürftig waren und nutzte seine Kenntnis.

Am nächsten Morgen während der Ausbesserungsarbeiten: Drei Soldaten und drei Offiziere betrachten die Durchbruchstelle des Fahrzeuges ihrer Kompanie.

An army vehicle has broken through the wire entanglements. The driver knew where the "installations for securing the frontier" needed repair and he made good use of his knowledge.

Next morning during the repair work: Three soldiers and three officers have a look at the place where the vehicle of their company has broken through.

Un camion militaire a enfoncé le mur. Le conducteur savait à quel endroit les installations de sécurité frontalière n'étaient pas en bon état et il en profita.

Le lendemain matin, pendant les réparations: trois soldats et trois officiers contemplent la brèche faite par le camion de leur compagnie.

Un camión militar pasó. El conductor sabía en que lugar estaban por reparar "las instalaciones para asegurar la frontera" y se aprovechó de ello.

A la mañana siguiente durante los trabajos de reparación: tres soldados y tres oficiales contemplan la brecha del vehículo de su compañía.

Un autocarro militare ha abbattuto gli sbarramenti. Il conducente sapeva dov'era il punto più debole degli «impianti confinari di sicurezza» e fece uso delle sue cognizioni.

Il giorno seguente, durante le operazioni di riparazione, tre soldati e tre ufficiali osservano il punto dove si è schiantato l'automezzo della loro compagnia.

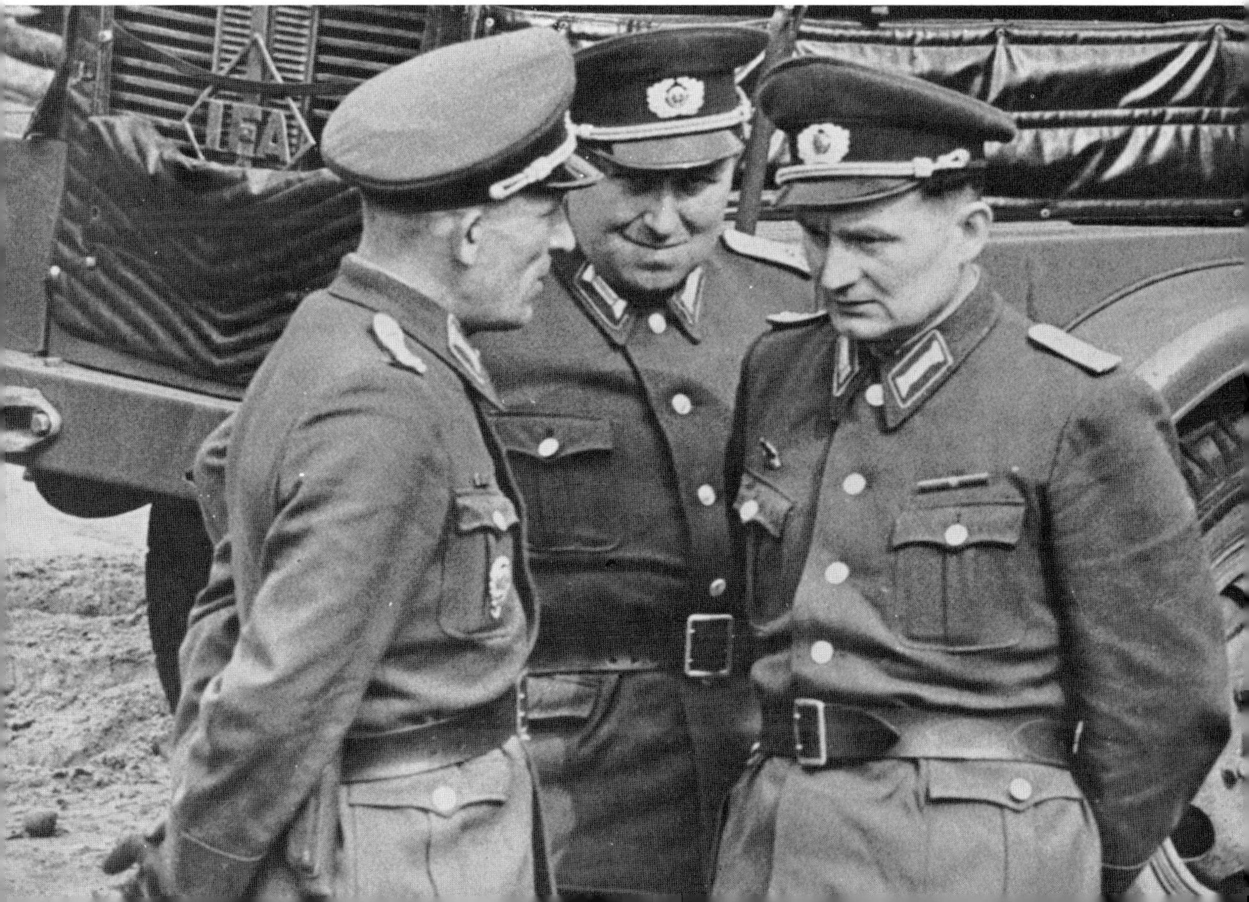

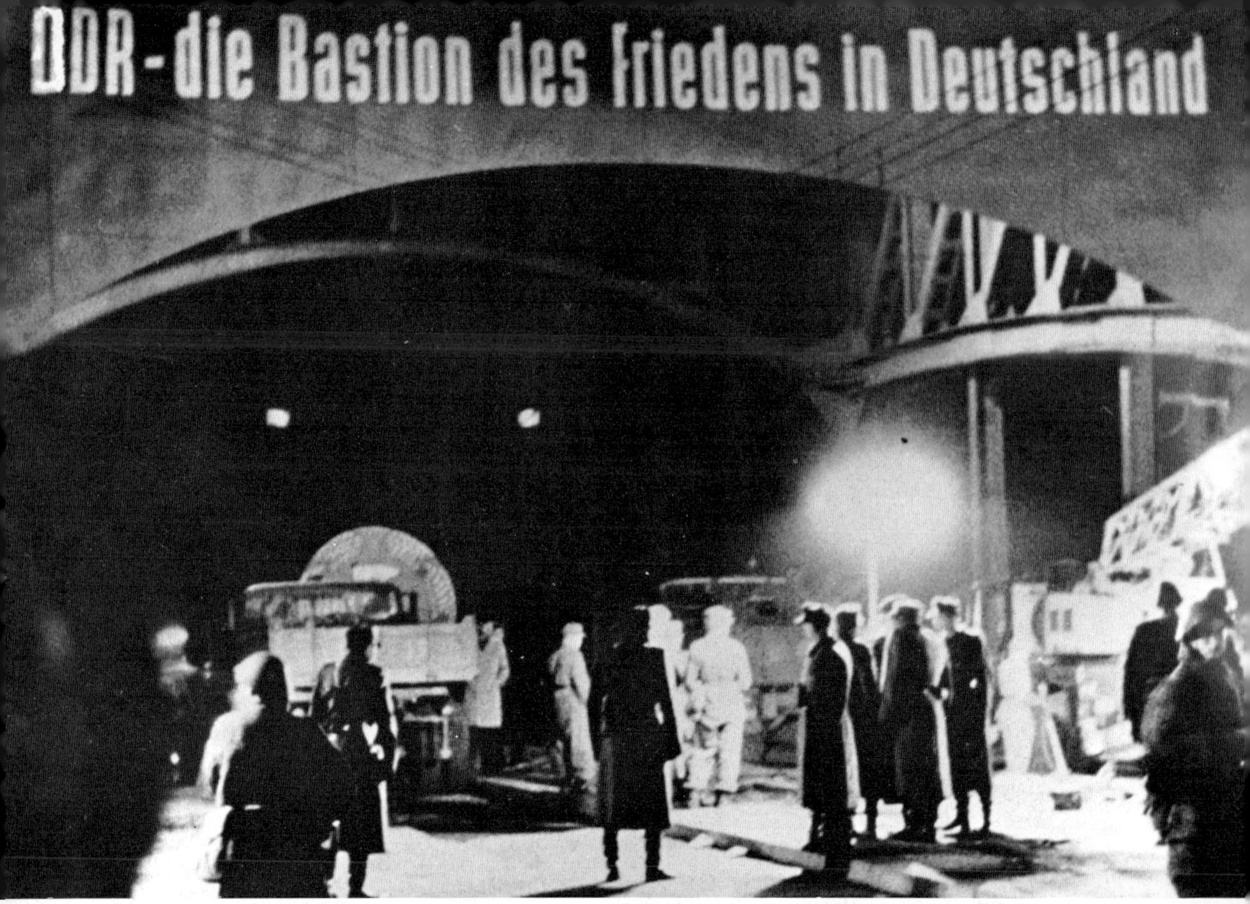
DDR-die Bastion des Friedens in Deutschland

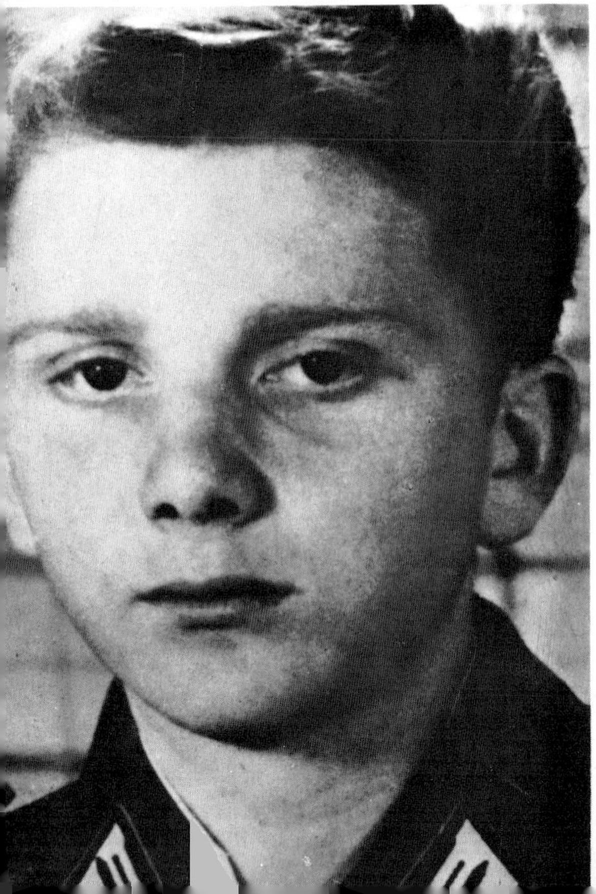

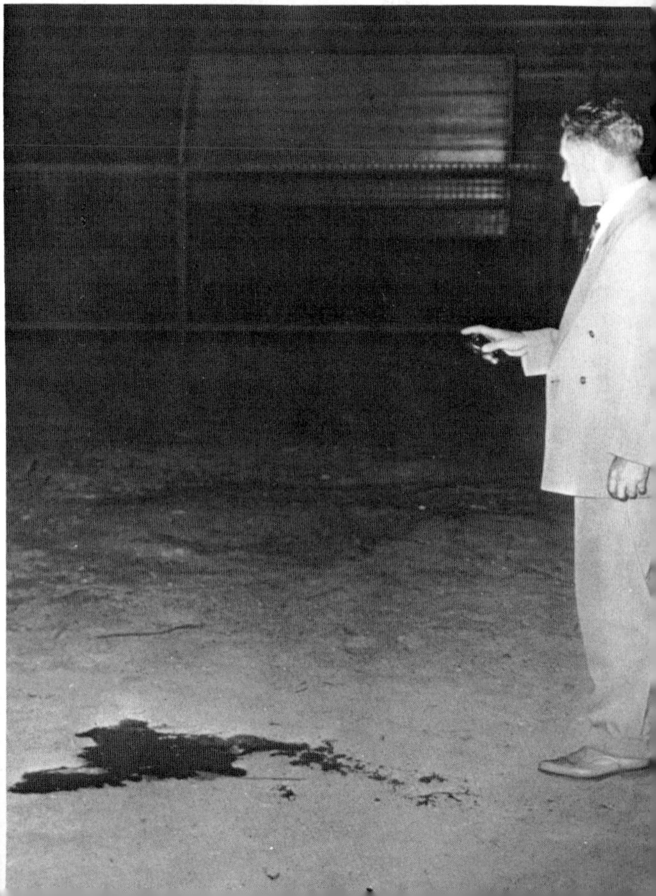

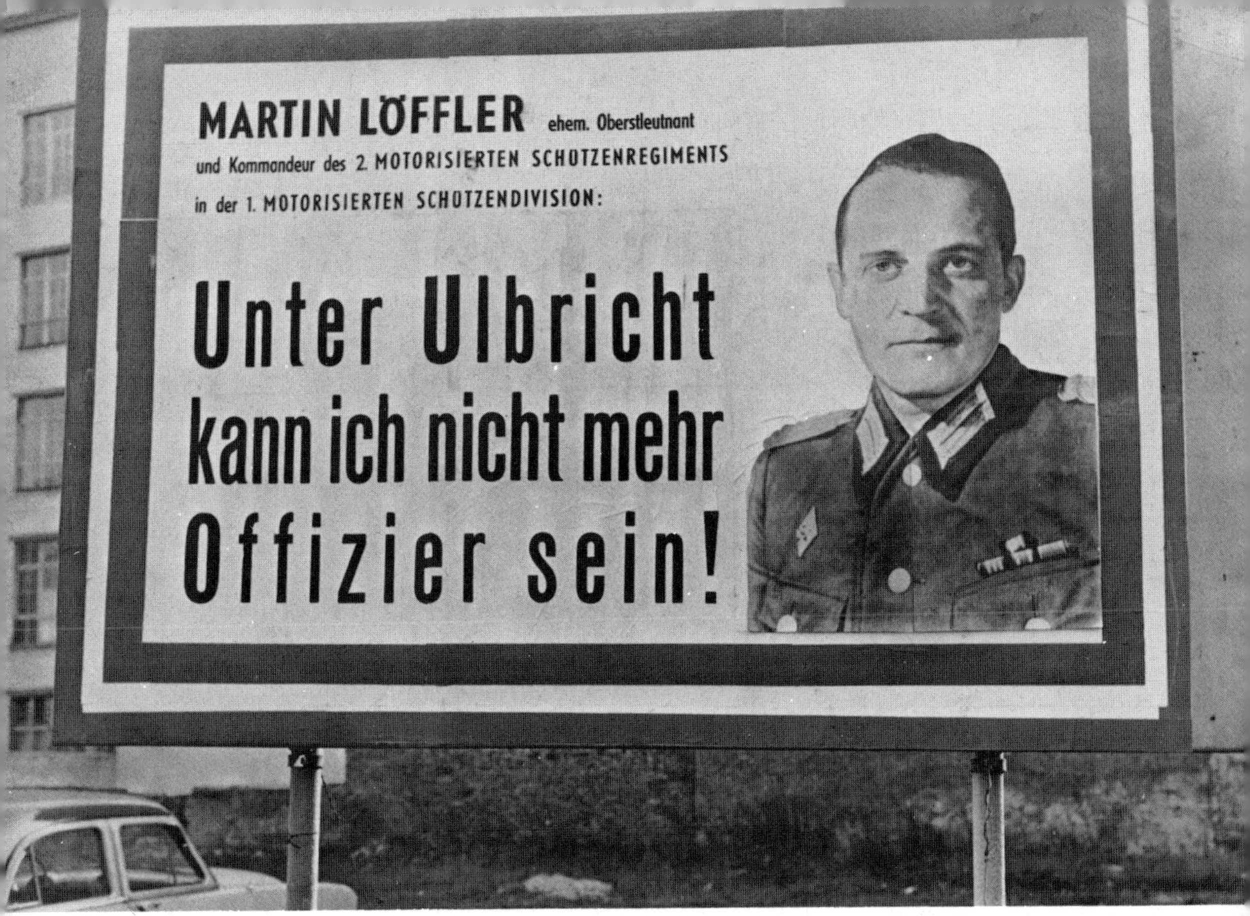

23. 8. 1962

Dieter Wesa. Von den Kameraden seiner eigenen Kompanie erschossen, unter dieser Brücke, unter den Worten „Die Bastion des Friedens".
Westberliner Plakat an die Grenzposten gerichtet: „Unter Ulbricht kann ich nicht mehr Offizier sein", sagte dieser geflüchtete Oberstleutnant. Am ganzen Ring um West-Berlin war Alarm nach seiner Flucht. Er ist einer von 2000 geflüchteten Soldaten und Offizieren in den fünf Jahren nach dem Bau der Mauer.

Dieter Wesa. Shot dead by comrades of his own company, under this bridge, under the saying: "The bastion of peace".
West Berlin poster — addressed to the frontier guards: "I can no longer be an officer under Ulbricht", this lieutenant-colonel said after his escape. The whole military ring around West Berlin was alarmed after his flight. He is one of 2000 soldiers and officers who have escaped during the period of 5 years after the construction of the WALL!

Dieter Wesa. Tué à coups de balles par les camarades de sa compagnie, sous ce pont, sous l'inscription: le bastion de la paix. Une pancarte de Berlin-Ouest s'adressant aux gardes-frontière: «Je ne peux plus être officier sous Ulbricht», a dit

6. 11. 1962

ce colonel après s'être évadé. Tout autour de l'enceinte de Berlin-Ouest, on donna l'alerte après sa fuite. Il est l'un des 2000 soldats et officiers qui se sont enfuis au cours des cinq premières années après la construction du MUR!

Dieter Wesa. Ametrallado por sus mismos camaradas de compañía bajo este puente, bajo las palabras "El bastión de la paz".
Un cartel en Berlín Occidental dirigido a los Vopos: "Bajo Ulbricht no puedo seguir siendo oficial", dijo este Teniente Coronel huído. Después de su huída hubo alarma en todo el cinturón alrededor de Berlín Occidental. El es uno de los 2.000, entre soldados y oficiales, huídos durante los cinco años de existencia del muro.

Dieter Wesa. Ucciso dai suoi stessi commilitoni sotto questo ponte recante la scritta: «DDR — bastione della pace».
Cartello occidentale rivolto ai soldati di frontiera: «Non posso più fare l'ufficiale sotto Ulbricht!» Sono le parole pronunciate da questo tenente colonnello fuggito in occidente. Dopo la sua fuga fu dato l'allarme tutt'intorno a Berlino-Ovest. Egli è uno dei 2000 fra soldati e ufficiali fuggiti nei cinque anni successivi all'erezione del muro.

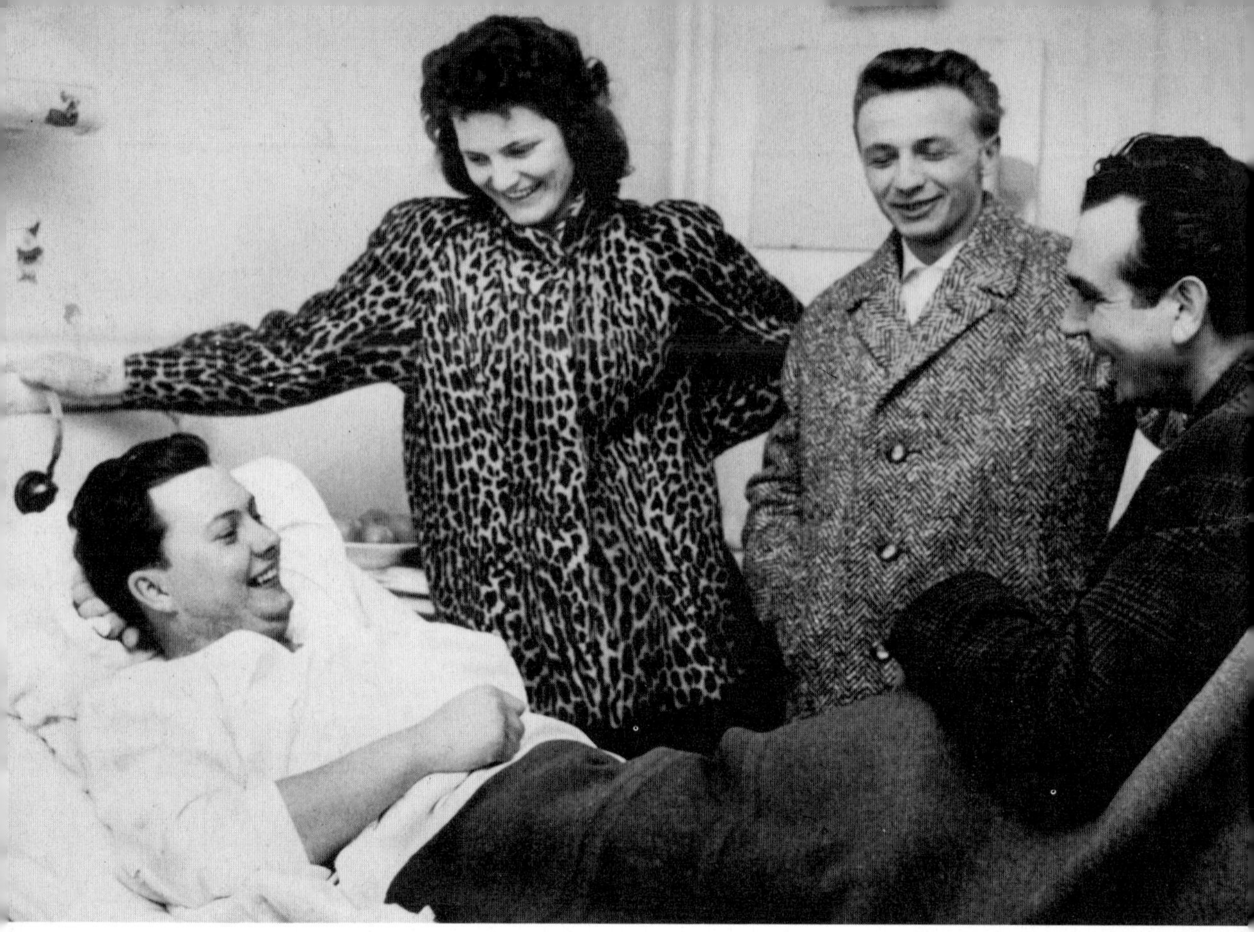

Zusammen mit drei Freunden (Foto) flüchtete der im Grenzdienst eingesetzte Unteroffizier der Volksarmee, Rudi Thurow (zweiter von rechts; Februar 1962). Die Gruppe wurde jedoch von anderen DDR-Posten entdeckt und beschossen. Thurow erwiderte die Schüsse und deckte so die Flucht. Anschließend flüchtete er selbst. Nur einer erlitt leichte Verletzungen. Thurow rechtfertigte seine Schüsse später öffentlich. Er habe bewußt über die Köpfe der Posten hinweggezielt, um sie in Deckung zu zwingen. Ihm sei es in erster Linie um das Leben seiner Freunde gegangen.

Rudi Thurow (2nd on the right, February 1962) a non-commissioned officer of the East German Army on duty on the border, escaped with 3 friends. However, the group was noticed by other East German guards and was fired upon. Thurow fired back and so covered the escape for the others. Then he escaped himself. Only one of the group was slightly wounded. Later on in public Thurow justified his shooting. He had purposely fired above the heads of the sentries to force them to take cover. What mattered most to him was the lives of his friends.

Rudi Thurow (2ème à droite; fév. 1962), sous-officier de l'Armée populaire en service à la frontière, s'évada avec trois de ses amis (photo). Le groupe fut cependant découvert par d'autres sentinelles de garde qui tirèrent. Thurow riposta aux coups de feu pour couvrir la fuite du groupe. Puis il prit lui-même la fuite. Une seule personne fut légèrement blessée. Par la suite, Thurow défendit publiquement sa riposte. Il avait tiré intentionnellement au-dessus des têtes des sentinelles pour les obliger à se mettre à l'abri des balles. La vie de ses amis lui avait en premier lieu importé.

Junto con tres amigos (foto), huyó el suboficial del Ejército Popular, Rudi Thurow, destinado al servicio en la frontera (segundo de la derecha; febrero de 1962). Pero el grupo fue descubierto por otras centinelas de la RDA que abrieron el fuego sobre ellos. Thurow contestó a los tiros, cubrió la huida fugándose después él mismo. Sólo uno de los fugitivos quedó ligeramente herido. Más tarde, Thurow dió publica justificación a sus tiros. Dijo haber mirado con deliberada intención por encima de las cabezas de las guardias para obligarlas a resguardarse. Quería, ante todo, salvar a sus amigos.

Insieme a tre amici (foto) è fuggito il sottuficiale dell'Esercito Popolare, adibito al servizio di frontiera, Rudi Thurow (secondo da destra; febbraio 1962). Ma il gruppo venne scoperto da altre sentinelle della RDT le quali aprirono il fuoco su di loro. Thurow sparò a sua volta, coprendo in questo modo la fuga riuscendo a scappare egli stesso. Solo uno di essi rimase leggermente ferito. Più tardi, Thurow dette giustificazione pubblica ai suoi spari. Disse di aver mirato volutamente sopra le teste delle sentinelle, onde costringerle a cercar riparo. La cosa più importante per lui era la slavaguardia della vita dei suoi amici.

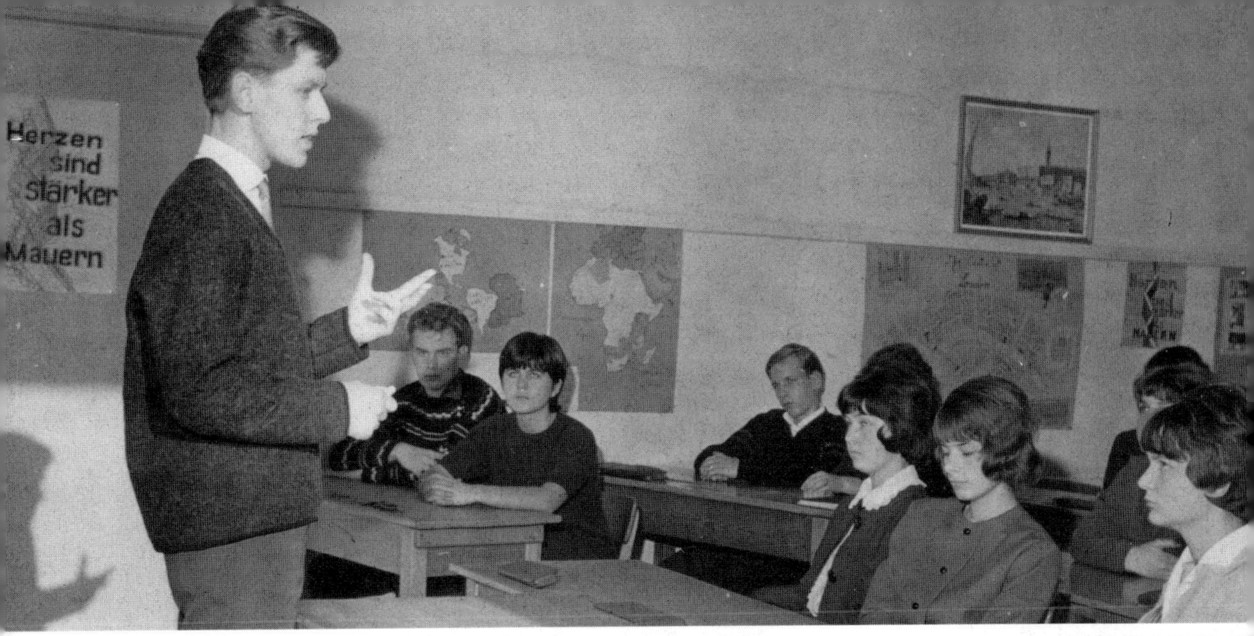

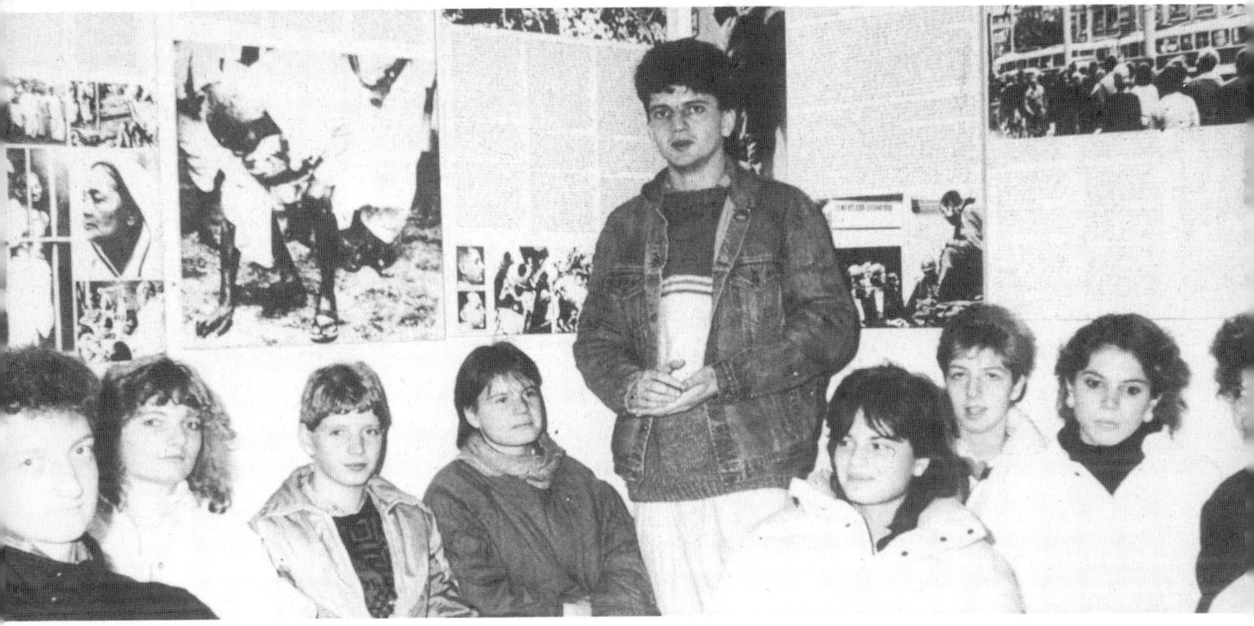

Geflüchtete DDR-Posten, darunter auch Offiziere, halten Vorträge über die Situation in der DDR und speziell in der Nationalen Volksarmee. Michael Mara, Ex-Soldat und Redakteur einer FDJ-Zeitung, spricht an einer Schule, Ex-Leutnant Ralf Molter im Haus am Checkpoint Charlie.

Former East German sentries who have escaped — among them officers — give talks on the situation in East Germany and in particular on the East German Army. Michael Mara, previously a soldier and editor of a Free German Youth Newspaper gives lectures in a school; former lieutenant Ralf Molter in the House at Checkpoint Charlie.

Des réfugiés des postes de garde de la RDA, parmi eux des officiers, font des conférences sur la situation en RDA et en particulier dans l'armée nationale populaire. Michael Mara, ex-soldat et rédacteur d'un journal de la FDJ, parle dans une école et l'ex-lieutenant Ralf Molter à la Haus am Checkpoint Charlie.

Puestos de guardia de la RDA, huidos, entre ellos oficiales, dan conferencias sobre la situación reinante en la RDA y, especialmente, en el Ejército Popular Nacional. Michael Mara, ex-soldado y redactor de un periódico de la Juventud Libre Alemaña (FDJ) habla en una escuela; el ex-teniente Ralf Molter en la Haus am Checkpoint Charlie.

Alcune fuggitive sentinelle della RDT, tra le quali anche ufficiali, danno delle conferenze sulla situazione nella RDT e, in particolare, nell'Esercito Popolare Nazionale. Michael Mara, ex-soldato e redattore di un giornale della Libera gioventù tedesca (FDJ) parla in una scuola; l'ex-tenente Ralf Molter nella »Haus am Checkpoint Charlie«.

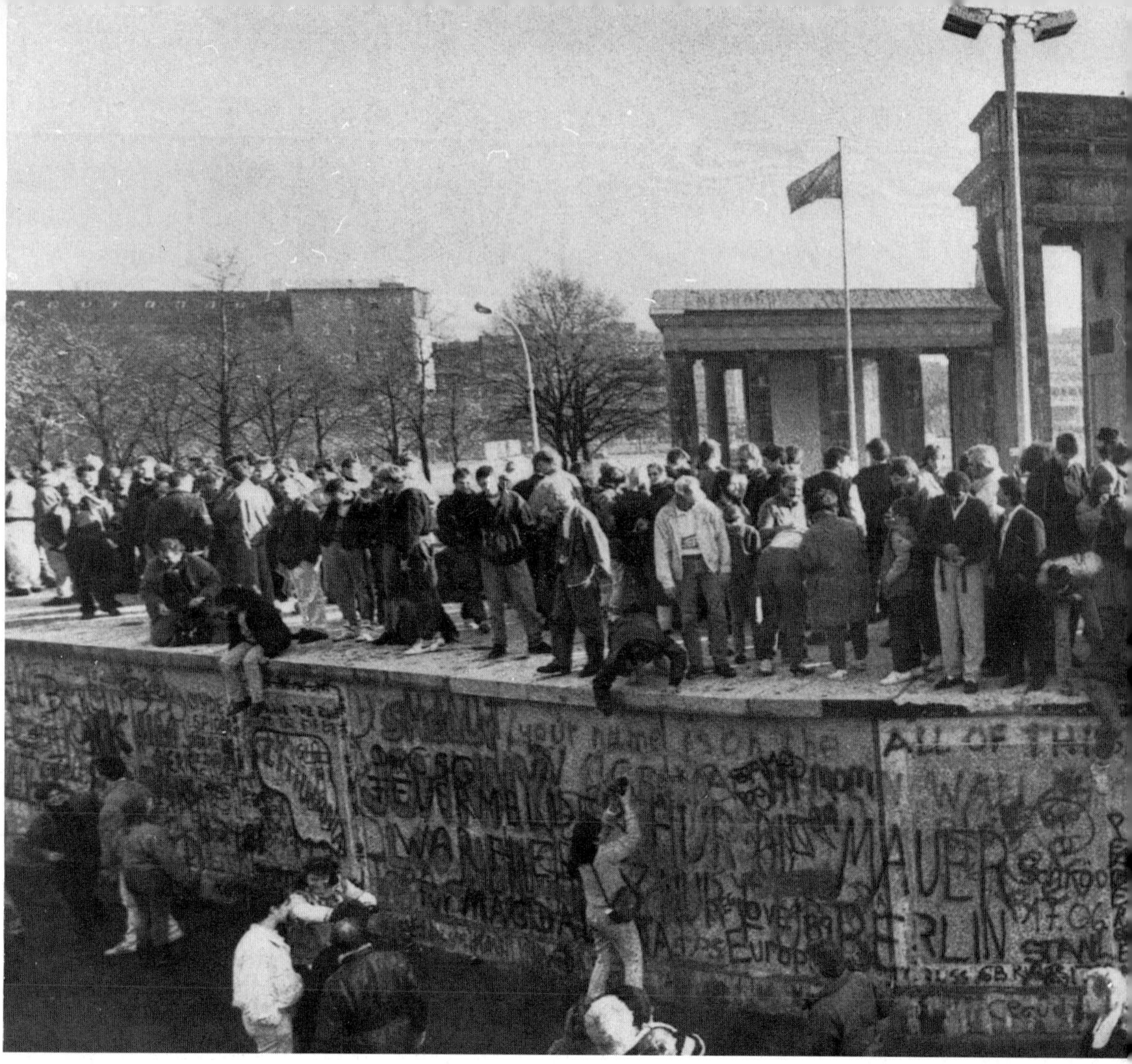

9./10. November 1989

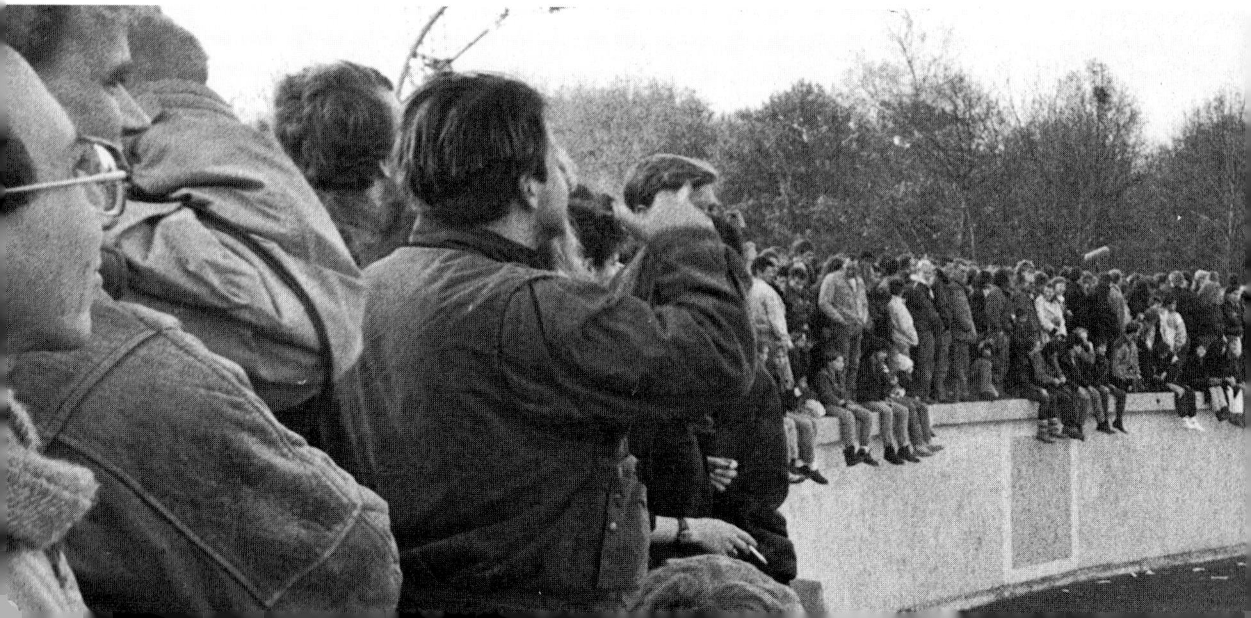

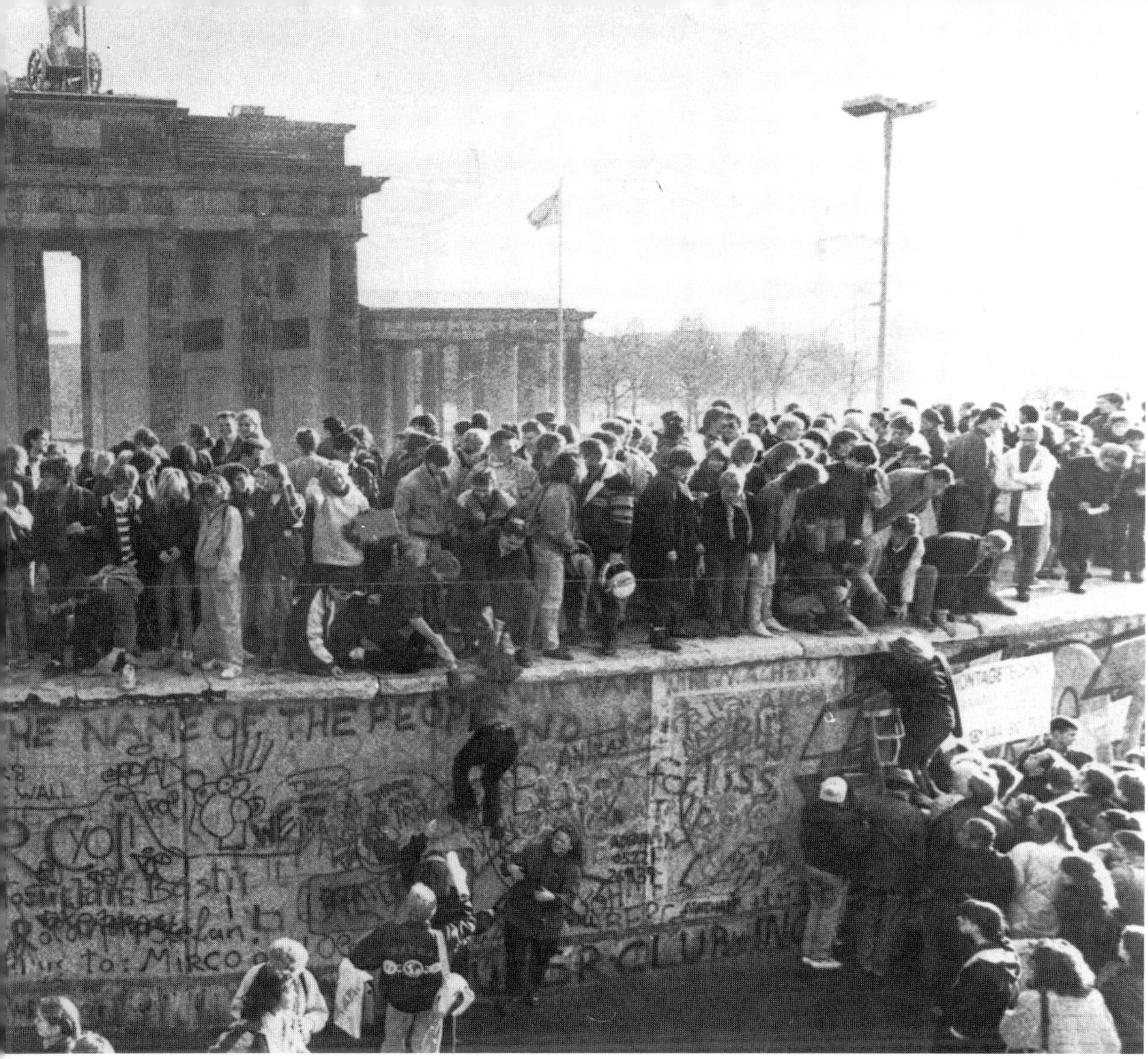

Ex oriente lux

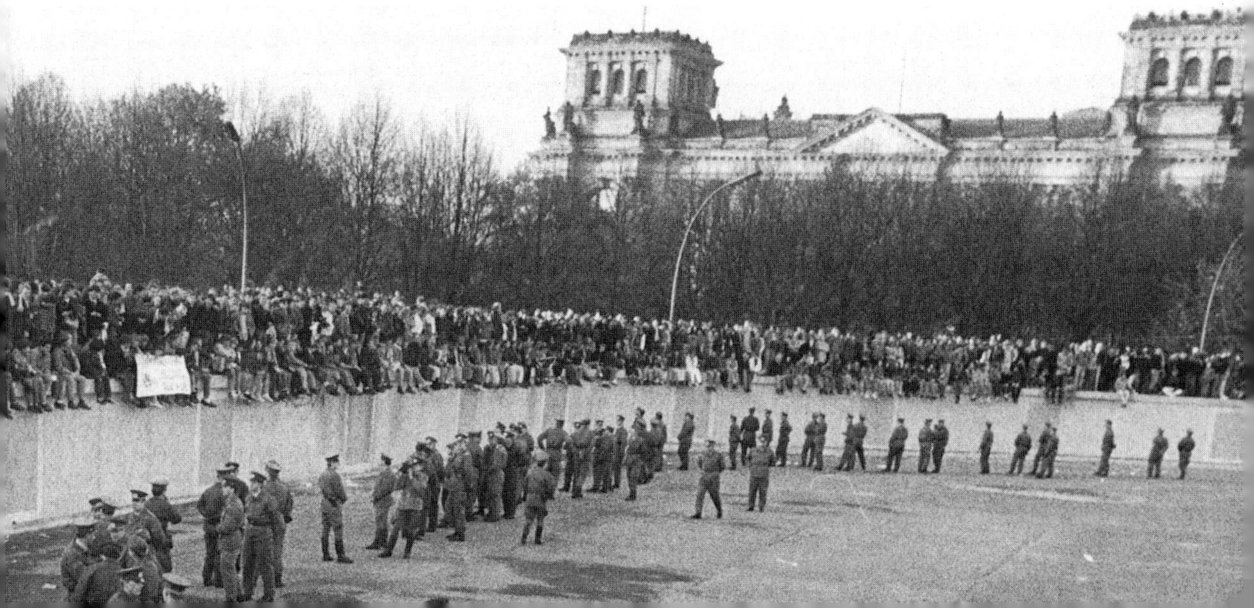

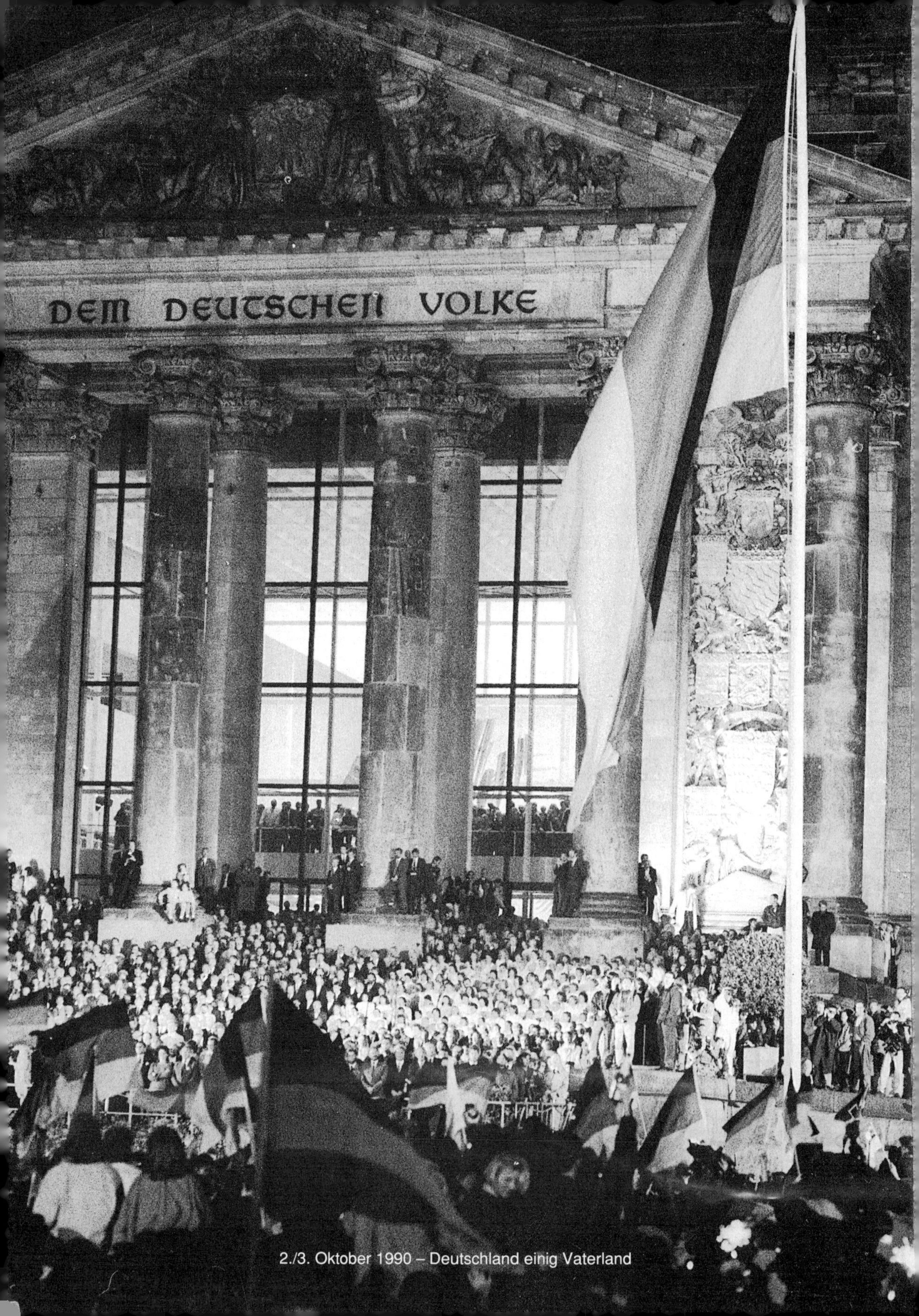

2./3. Oktober 1990 – Deutschland einig Vaterland